뿌리민족의 혼 4

일제강점기와 동족상잔 6.25

뿌리민족의 혼 4
일제강점기와 동족상잔 6.25

© 오경, 2017

1판 1쇄 인쇄__2017년 07월 10일
1판 1쇄 발행__2017년 07월 20일

지은이__오경
펴낸이__이종엽
펴낸곳__글모아출판
      등록__제324-2005-42호

공급처__(주)글로벌콘텐츠출판그룹
      대표__홍정표
      이사__양정섭
      디자인편집__김미미   **기획·마케팅**__노경민
      주소__서울특별시 강동구 천중로 196 정일빌딩 401호
      전화__02) 488-3280 **팩스**__02) 488-3281
      홈페이지__http://www.gcbook.co.kr
      이메일__edit@gcbook.co.kr

값 17,000원
ISBN 978-89-94626-56-7 03100

뿌리민족의 혼 ❹

일제강점기와 동족상잔 6.25

오 경 지음

글모아출판

차 례

업그레이드(upgrade) 시대: 동서양(東西洋) 유(물질)무(정신) 상통(相通)의 시대다. 컴퓨터가 보편화되기 시작한 1988년 전후로는 아날로그의 정점이자 디지털의 시발점으로 서양의 물질문명이 밀려와 '양의 기운이 차오르는 1차시대'였다. 무엇이 필요한 때였을까. 인연맞이 시대에 음의 기운이 아닐까 싶은데 물질은 양(陽)이요, 정신은 음(陰)인지라 업그레이드의 진정성은 서양 지식의 물질사상에 동양 지혜의 정신사상을 부가시켜 나가는데 있다. 물질에 물질만을 부가시킨다면 양양이 상충을 일으킬 것이요, 정신에 정신만을 부합시킨다면 음음이 상극을 일으킬 것이라 음의 정신이 양을 물질을 혼화시켜 나가야 하는 시대에 돌입했다. 그리하여 1988년 서울 하계올림픽부터 2018년 평창 동계올림픽까지는 '양의 기운이 꽉 찬 2차시대'로 아쉬워서 찾아오는 활동주체의 양의 질량에 이로워서 맞이하는 운용주체의 음의 질량을 채워 나가야 한다. 2018년 이후부터 '양이 기운이 넘쳐나는 시대'로서 음의 기운이 부재한 만큼 동물에 치이고 인공지능에 치어 자칫하다간 태반이 인간구실조차 하지 못한다.

『물은 구석구석 흘러 만물을 소생시키고, 만물은 물과 조화를 일으켜 결실을 맺는다』
"물은 이로운 음의 기운 운용주체요, 만물은 아쉬운 양의 기운 활동주체다." "활동주체는 다시 이로운 운용주체와 아쉬운 활동주체로 나뉘어 결실은 합일(合一)을 이룰 때 맺는다."

운용주체(運用主體): 전체를 주관하는 음의 기운이자 이로운 갑(甲)의 위치다. 물질이든 정신이든 더 많아 가진 이들로서 경우에 따라 활동주체가 되기도 한다. "아쉬워서 찾아오는 자가 활동주체요, 이로워서 맞이하는 자가 운용주체라" 하나 되어 나가느냐 못 나가느냐는 운용주체 하기 나름이다.

활동주체(活動主體): 부분을 관장하는 양의 기운이자 아쉬운 을(乙)의 입장이다. 채워 주기보다 채워야 하는 입장이지만 때에 따라 운용주체가 되기도 한다. 찾아오는 활동주체의 아쉬움을 채워 줄 때 운용주체의 아쉬움도 채워지는 법이다.

『나 하기 나름에 따라 달리 나타나는 선순환 법은 "덕이 되고 득이 되는" "무덕하니 무익하고" "해하니 독이 되는" 상극(相剋), 상충(相沖), 상비(相比)의 인생방정식을 방증함에 따라 이로운 운용주체와 아쉬운 활동주체의 사이에는 작용반작용의 법칙 상대성 원리가 작용하고 있다.』

선천질량은 활동주체 양의 기운 육생(肉生)질량으로 나를 위한 물질, 겉, 사랑, 신앙, 지식, 생각, 이기…

후천질량은 운용주체 음의 기운 정신(精神)질량으로 너를 위한 정신, 속, 행복, 종교, 지혜, 마음, 이타…

인생질량은 육생문물에 정신문화를 혼화시켜 하나 되어나가는 행복의 차원이다.

물질의 교환을 위한 것에 있지 않다. 삶의 질을 높여가야 하는 시대를 맞이하여 물질과 정신 즉, 이기와 이타의 교환을 위한 것이므로, 아쉬워서 찾아가는 자가 활동주체 을(乙)의 입장이요, 이로워서 맞이하는 자가 운용주체 갑(甲)의 위치다.

또 육 건사를 위한 것이 물질이요, 화합을 위해 필요한 것은 정신이다. 고로, 맞이하는 운용주체가 찾아오는 활동주체의 손을 잡고 나가지 않으면 하나 되지 못한다. 양의 물질은 음의 기운 정신이 아쉬워서 찾아든다. 이때 물질에 정신을 채워 나가지 못하면 돌연변이 이념이 자생하여 인공지능 시대에 인간은 동물보다 못한 삶을 살아가야 할지 모른다.

세상은 천·지·인(天地人), 육·해·공(陸海空), 상·중·하(上中下) 등 세 개의 차원으로 나뉘어 운행되어 불리는 이름이 듯이, 인간의 육신도 머리·몸통·다리로 나뉘어 움직이고, 나무도 뿌리·몸통·가지로 나뉘어 성장한다. 지구 70%의 물이 30%의 지판을 운영하여 만물을 소생시키듯이, 인체 70%의 물이 30%의 인육을 운영하는 것처럼, 오대양육대주가 인간 화합을 위한 소통을 담당하듯, 오장육부도 인체의 성장발육을 담당한다. 이와 같이 인간 삶의 터전 '지판'과 '인체'와 '나무'의 순환법도가 다를 바 없기에 비교 설명하였다. 세상에서 가장 안정적인 음양비율이 3:7함수이듯 삼면이 바다로 둘러싸인 반도는 길이는 3천 리, 둘레는 7천 리, 산이 70%, 들이 30% 3:7 음양합의 0의 수를 드러내고 있다. 그리하여 반도는 지판의 뿌리(인체의 머리)로서 압록강과 두만강은 대륙몸통을 경계하며, 히말라야 산맥과 천산산맥은 몸통과 가지(인체의 다리)를 경계한다. 아랍 국가(중동)는 몸통과 가지 사이에 위치하여 몸가지역이라 명하였다.

이쯤 되면 해 돋는 뿌리(반도), 해가 중천에 뜬 몸통(대륙), 해 지는 가지(해양)의 의미를 알 수 있지 않을까. 뿌리는 머리로서 운용주체요, 오장육부가 자리한 몸통은 물질과 정신의 교역의 장소이고, 가지는 다리로서 물질 생산을 담당하는 활동주체라는 사실에 있어서 말이다. 힘의 논리 전쟁을 방편으로 인류의 물질문명 발전 루트가 해 지는 서쪽에서 해가 중천에 뜬 중쪽으로, 다시 해 돋는 동쪽으로 들어왔듯이, 도와 덕 인류의 정신문명의 루트는 해 돋는 뿌리(동쪽)에서, 해가 중천에 뜬 몸통(중쪽)으로, 다시 해가 지는 가지(서쪽)로 되돌아가야 하는 법이다. 과연 운용주체 뿌리(머리)가 가지(다리)가 하는 일을 할 수 있을까. 쌍방이 흉내는 낼지 모르나 활동주체 가지 역시 뿌리가 하는 일을 할 수 없다. 오장육부 기능을 가진 몸통의 역할은 교역이므로 상술이 뛰어날 수밖에 없지만 몸통의 롤 모델이 뿌리인 만큼 정신질량을 공급받지 못하면 혼란을 막지 못한다. 두둑(열도)은 가지의 전초기지라 경술국치 이후 가지(서양)의 모든 문명은 두둑을 걸쳐 들어왔다.

1. 홍익인간

일제강점기와 동족상잔 6.25를 논하려면, B.C. 2333년에 건국한 한(韓)민족 최초의 일국시대 고조선에서부터 B.C. 108년도에 멸망할 때까지의 역사와 B.C. 2세기에 건국하여 A.D. 494년에 멸망한 북부여의 역사, 그리고 B.C. 1세기에 건국하여 A.D. 668년에 멸망한 고구려의 역사와 A.D. 698년에 건국하여 A.D. 926년에 멸망한 발해의 역사까지, 밝혀지지 않은 이면의 역사를 추론해 봐야 할 것 같다. 왜 그런 것인가는 필자의 논리에서 유추해 보기로 하자. 유의할 점은 유물유적이 흔치 않은 상고사의 역사인데다가 이면의 역사이다 보니 다분히 추상적일 수밖에 없다는 점을 밝히고 시작하는 바이다. 허나 민족적 기질을 추정해보면 그다지 어려운 일만은 아니지 않을까 싶은데, 사료가 남아 있다면야 당연히 반도에서 살아가야 하는 원인을 알 수 있을 터, 숨결조차 미미하니 이 책을 판타지물로 오해할 개연성도 없지 않다. 그러나 한 뜸만이라도 팔도 사투리에 따른 기질을 이해하려 든다면 천여 번이 넘는 외세 침입의 원인이 나름 밝혀지지 않을까라는 것이 필자의 소견이다.

B.C. 108년도에 위만조선의 멸망 후 반도에서 시작된 열국시대는, 사국시대를 거쳐 삼국시대에서 분열의 정점을 찍고 맞이한 이국시대(남북국시대)는 하나 된 민족국가 건국을 위한 것이었다면 어떻게 생각할까. 그리고 918년도에 하나 된 민족국가 고려를 마침내 건국하였다. 고조선 패망 이후 약 1천 년 만에 이룬 쾌거였다. 허나 왕(王)씨의 고려(高麗)건국 초기부터, 거란과의 30년 동안 3차례에 걸친 전쟁(993~1019)으로 말미암아 초석이 뒤틀리었고, 몽골과의 40여 년 동안 7차례에 걸친 전쟁(1231~1273)에서 피폐화되자 1392년 고려장수 이성계(1335~1408)가 조선(朝鮮)을 건국함으로써 474년 만에 역사 속으로 사라졌다. 조선이라고 해서 다를 바 있었을까. 1597년의 임진왜란과 1636년 병자호란으로 쇄약해진 조선은 1897년 국호를 대한제국(大韓帝國)으로 개칭하고 불과 13년 만에 1910년 한일병합조약(韓日倂合條約)의 체결로 518년 이(李)씨 조선의 역사도 막을 내렸다.

고려 474년, 조선 518년, 도합 992년 한(韓)민족의 하나 된 민족국가의 역사는 일제강점기와 동족상잔 6.25를 치르고 민주·공산으로 분열된 이국시대를 1천 년 만에 맞이하였다. 즉, 고조선 분열 이후 1천 년 만에 하나 된 민족국가를 이루었다가, 다시 1천 년 만에 남북(南北)으로 분단되면서 3·8이남의 동서(東西)는 지역감정이라는 선까지 그어졌다. 사분오열 되었다는 소린데 우연일까. 아니라면 분명한 이유가 있을 터인데 민족 혼(魂)을 잃고 써내려가야 했던 한(恨) 맺힌 역사에 대해 아는 이가 없는 모양이다. 북쪽으로는 대륙세력과 남쪽으로는 해양세력을 마주하여 사통팔달의 지정학적 위치에 놓였다. 왜 일까.

그 때문에 해양에서 대륙으로 뻗어나가는 수평정책은 반도의 몫이었었고 대륙과 해양의 관계에 있어 어느 한쪽으로 조금이나마 치우칠 때마다 침탈을 받았다. 이는 국력이 약해서라기보다 시소의 삼국관계라 자연발생적인 일로서, 정녕 중심잡이 반도가 좌우균형을 잡아 나갈 방도가 없어서 받아야 했던 것일까.

홍익인간(弘益人間)을 건국이념으로 삼았던 고조선이 패망하면서 민족의 혼도 사장되었다. 그리고 시작된 열국시대는 군웅활거 시대가 아닐까 싶고, 팔도(八道)로 구획되어지던 시기라 지도자들도 자기 신념을 펼치려했을 터. 그렇게 세월은 흘러 1천 년 만에 하나된 민족국가 고려·조선 시대를 맞이했으나 어찌된 노릇인가. 불교문화와 유교문화만이 자리하였을 뿐 "널리 인간 세상을 이롭게 하라"는 홍익인간 이념의 흔적을 찾아볼 수 없다. 해양세력 열도가 1945년 8월 15일 태평양 전쟁에 패하고 본국으로 돌아가고 3년이 되던 해인 1948년 8월 15일 대한민국 정부를 수립하였다. 1949년 12월 31일 홍익인간을 교육이념으로 제정하였을 때에는 민주와 공산이념으로 나뉜 상태라 반쪽이념이 되고 말았다. 무엇보다 널리 인간 세상을 이롭게 살아온 민족만이 내걸 수 있는 캐치프레이즈(Catchphrase)라는 점에서 민족적 자긍심을 가지지 않을 수 없다. 하지만 인류의 시원이라 자부하는 한민족의 이념을 밝히려면 고조선 그 이전의 역사를 들춰봐야 하지 않을까 싶은데 이렇다 할 증빙자료가 있을 리 만무하고, 위서니 진서니 학계에서 말도 많고 탈도 많은 도가(道家)의 찬술된 내용을 인용하지 않을 수 없다.

살펴보면 1대 거발환(居發桓)에서부터 18대 거불단(居弗檀) 환웅

(桓雄)에 이르기까지 B.C. 3898년에서 B.C. 2333년까지 18대가 1,565년 동안 다스려온 환웅시대가 존속하였다고 한다. 또 그 너머의 시대는 1대 안파견(安巴堅)에서부터 7대 지위리(智爲利) 환인(桓因)에 이르기까지 B.C. 7199년에서 B.C. 3898년까지 7대가 3,031년 동안 다스려온 환인시대가 존속하였다는 기록이다. 이 시대를 일명 삼성기(三聖記)라 칭하면서 인류창세의 역사와 잃어버린 한민족사의 국통 맥을 세우는 근간이 된다는 도가의 주장이다. 환인이 다스려온 시대를 환국(桓國)이라 명하고, 그 영토는 남북 5만 리에 동서 2만 리인 데다가 12연방국이었다고 한다. 이쯤 되면 대륙 전체의 물질문명(物質文明)에 적지 않게 기여했을 터, 그러하다면 환인의 환국에 이은 환웅의 신시(神市) 배달국(倍達國)은 정신문명(精神文明)의 변혁의 시기여야 하지 않았을까. 환국을 가리켜 인류 최초의 시원국가라고 하고, 신시 배달국을 일컬어 동북아의 최초의 국가라고 일컫는 걸 보아 정신문명 창달을 위해서라도 한민족 최초의 단일민족 국가로 발돋움했어야 했다. 위서라 단정 지을 만큼 모든 정황을 비추어볼 때 신화적일 수밖에 없지만 살펴보면, 환국 7대 지위리 환인으로부터 천부인(天符印) 3개를 부여받은 배달국 1대 환웅 거발환은 3,000명의 무리를 이끌고 태백산(백두산) 신단수 아래 도읍을 틀었다고 하는 사실이 매우 고무적이다. ≪삼국유사≫와 ≪제왕운기≫에 기술된 바처럼 3개의 천부인인 뜻하는 바가 무엇이고, 3,000명의 무리가 뜻하는 바가 과연 무엇일까.

환웅이 다스려온 배달국의 소명은 인류 구원이었으며, 지식(知識)의 물질문명보다 지혜(智慧)의 정신문명 창달에 있었다는 필자의 강변은 천손민족은 인류시원이기 때문이라고 할까. 지휘고하를 막론하고 아는 만큼 내세우는 것은 자기논리라 증명되지 않은 사항은 어디에서나 의견이 분분할 수밖에 없다. 하여 3개의 천부인이 뜻하는 바를 필자의 논리로 피력하자면, 천지인(天地人) 삼신사상(三神思想)이 가미된 홍익인간(弘益人間) 이념이 아니었겠느냐는 것이다. 4차원은 무형(無形)의 저 세상이요, 3차원은 유형(有形)의 이 세상인지라 천지인 상중하 세 개의 차원으로 나뉘어 불리는 이름이 '세상'인 만큼, 이후에 불법승 삼신사상이 자리하고, 성부와 성자와 성신의 삼신사상이 자리한 배경이 이와 같다고나 할까. 그리하여 3,000명의 무리와 3개의 천부인이 뜻하는 바는, 1은 천상(天上)이요, 2는 지중(地中)이고, 3은 인하(人下)라는 근본원리가 인간 세상에 자리하고 있다는 사실을 알리기 위한 방편이 아닐까 싶은데 좀 더 자세한 내용은 차차 논하기로 하고, 배달국에서 이어지는 고조선 초기의 모습은 과연 어떠하였을까에 대해 알아보자. 왜 건국해야 했었느냐는 것이다.

오늘날 홍산문명(紅山文明)이 이슈화되고 있지만 배달국 18대 환웅에 이르기까지 1,565년의 세월을 증빙할 변변한 자료도 없거니와 유물·유적 흔적도 시원치 않을 수밖에. 하지만 정황은 분명 '그 무언가는 있기는 있다'는 식이다. 그런데 그 무언가가 무엇인지 몰라 당최 무엇을 어떻게 증명해야 할지 모른다. 필경 삶의 요람을 꿈꾸어온 터라 지식으로 일구어낸 보이는 물질문명의 흔적은 남아 있지 않더라도 지혜로 가꾸어온 보이지 않는 정신문명은 우리 민족 가슴 깊숙이 살아 숨 쉬고 있다는 사실이다.

한편, 환국의 환인 천제(天帝)가 뜻한 바를 서자(庶子) 환웅이 배달국에서 이루었어야 했건만, 과연 이루었던 것일까. 홍익인간 이념은 그야말로 동물도 사람도 아닌 어중간하게 태어난 인간(人間)

을 사람으로 승화시켜 사람들과 사람처럼 살아가는 세상을 구현키 위한 것으로, 너와 나, 우리 모두 다 하나 되어 살아가기 위한 일에 있다. 뿐만 아니라 이치대로 다스린다는 재세이화(在世理化)는 순리대로 살아가는 이화세계(理化世界)를 지향하는 바라, 인간에서 사람으로 승화하는 일은 자연의 섭리를 깨우칠 때 가능한 일이고, 순리대로는 사람은 필경 이로움을 주고받는 상호상생의 책임자로서 애조(愛祖)의 공덕심을 발휘해 나가는 일이다.

문제는 섭리는 고사하고 이치와 순리에 대한 행위를 바르게 인식하지 못해 태반이 무르익어가는 중년에 사달난다. 이치와 순리는 순환의 섭리로서 음과 양의 차원이라 할 수 있다.

과연 음양이 화합하지 못하는데 널리 인간 세상을 이롭게 할 수 있을까. 운용주체 음(陰)보다 활동주체 양(陽)의 기운이 넘쳐나면 양양(陽陽)이 상충을 칠 것이요, 운용주체 음(陰)의 기운이 운집하면 음음(陰陰)이 상극할 것이라, '덕이 되고 득이 되는' 상호상생(相互相生)은 선순환의 근본이라 음양이 상호 합의를 통해 화합을 이루었을 때 일어난다. 이는 차후에 다룰 문제이니 이쯤하자.

☾ 동북아 삼국

환국은 동서 2만 리 남북 5만 리 12연방국으로서 파나류 산(바이칼 호 동쪽 땅) 아래 정착하였다고 하니 그 크기를 짐작해 볼 때 자못 아시아 전체가 떠오른다. 배달국의 도읍지는 삼위태백(三危太白)의 중심지역이고, 홍산문화의 요람이었던 요녕성 북서부 지역과 내몽고 자치구 남동의 접경지역에 위치한 현재의 적봉(赤峰) 지역이었다고 한다. 영토는 서쪽 내몽고 자치구로부터 시작하여 산서성, 하북성, 산동성, 요녕성, 길림성, 흑룡강성을 지나 동쪽 끝인 연해주 지역이었고, 남쪽으로는 섬서성, 하남성, 강소성의 중북부 지역까지였다고 말한다. 고조선의 영토를 강단사학계는 한반도 북부와 만주 일부라고 말하고, 도가에서는 한반도 전역과 지금 난하(灤河)의 동쪽인 만주 전 지역이었다는 주장이다. 굳이 환웅이 다스려온 배달국의 영토와 단군왕검이 건국한 고조선의 영토를 비교하는 이유는 다른 데 있지 않다. 1,565년 동안 18대에 걸쳐 환웅 천자들이 다스려온 배달국의 영토가 확연히 줄어들었기 때문인데, 이 사항을 유추해 보려면 B.C. 2333년 1대 단군왕검이 고조선을 건국해야만 했던 이유부터 찾아들어가야 하지 않나 싶다.

신시 배달국은 환국의 7대 지위리 환인의 명을 받아 1대 환웅 거발환의 개국이 기록된 ≪삼국유사≫ 〈고기〉를 들춰보면, 환인의 서자(庶子) 환웅이 천하에 자주 뜻을 두어 인간 세상을 구하고자 하였다고 한다. 아버지(지위리)가 아들(거발환)의 거룩한 뜻을 알고 삼위태백(三危太伯)을 내려다보니 인간을 널리 이롭게 할 만한지라, 이에 천부인(天符印) 3개를 주며 가서 다스리게 하자, 환웅이 3천 무리를 이끌고 태백산(백두산) 꼭대기 신단수(神壇樹) 밑에 내려와 여기를 신시(神市)라 칭하니 이로부터 환웅천왕이라 불렀다는 것이다. 여기에서 잠깐 '신단수'와 '삼위태백'에 대하여 필자의 소견을 피력하자면 이렇다. 삼위산과 태백산을 아울러 이르는 말이 삼위태백이라고 하는데 사실 대륙, 반도, 열도로 이어지는 동북아 삼국을 하나로 연계할 요충지를 가리키는 소리가 아니었을까. 그리고 신단수는 천·지·인 세 개의 차원으로 나뉘어 운행되는 인간의 세상과 육·해·공으로 이루어진 지구와 뿌리·몸통·가지로 이루어진 지판은 한 그루의 나무와 다를 바 없다는 것이다.

배달국과 고조선 건국은 신화일변도라 천·지·인 세 개의 차원으로 나뉘어 운행되는 생성의 근본원리도 추상적이라고 하겠지만, 지구는 70%의 물이 30%의 지판을 운용하여 오대양육대주의 만물을 소생시키듯이, 인간도 70%의 물이 30% 인육을 운영하기에 오장육부가 살아 숨 쉰다는 사실이다. 특히 몸통의 대륙세력과 가지의 해양세력 사이에 위치한 뿌리 반도의 구성요인을 보더라도 압록강·두만강을 경계로 길이는 3천 리 둘레는 7천 리, 산이 70%에 들이 30%로서 3:7 음양합의 0의 수를 드러내고 있다는 점이다. 유의할 사항은 세 개의 차원으로 나뉘어 운행되는 세상에서 가장 안정적인 음양비율이 3:7 함수관계로서 대륙은 몸통이요, 열도는 두둑이자, 서양은 가지로서 이 중심을 잡아 나가는 반도가 지판의 뿌리의 위치에 있다는 것이다. 뿐만 아니라 남에서 북으로 뻗어 올라가는 백두대간 힘의 원천은 태평양으로서 지리산 천왕봉이 용천(湧泉)에 자리하자, 태백산 천제단은 단전(丹田)을 차지하였고, 백두천지는 백회(百會)에 위치하였다. 그리하여 제주 한라 백록은 백두천지까지 천기(天氣)로 이어지고, 태평양을 거쳐 남해에서 치켜든 용머리는 지리에서 태백을 통해 백두까지 지기(地氣)로 힘차게 뻗어가나니, 백두대간 용의 맥이 대륙몸통을 거쳐 서양의 가지권까지 거침없이 솟아야 하지 않을까.

지정학적으로 열도는 태평양의 기운을 막아주는 방파제(두둑)인 자라 반도가 이로울 때면 하나 되고자 다가설 것이요, 소원하면 하는 만큼의 표적을 주게 되어 있다. 두둑(방파제)의 특수성을 고려해 볼 때 태평양 건너 가지권의 물질문명을 먼저 받아들이는 특혜를 부여받았다. 물론, 두둑으로서 가지에서 받아들인 양의 기운 물질문명을 음의 기운 뿌리(반도)가 흡수하여 몸통(대륙)으로 올려줘야 한다는 데 있다. 무엇보다 몸통은 물질문명에 부가시킬 정신문명을 뿌리에서 흡수해야 하므로 소임을 잊을 때마다 으레 겁박은 자동발생이라고 할까. 그 대신 지구상에서 가장 안정적인 음양비율을 드러낸 곳이 뿌리로서 몸통과는 불가분의 관계이다. 아울러 음의 기운 뿌리의 활동여부에 따라 양의 기운 몸통의 문명이 좌지우지되므로 뿌리의 활동이 뜸해질 때마다 발전을 위해 겁박하는 것이 몸통이다. 환국 환인에 이은 배달국 환웅, 단군의 혈통을 이어받은 한(韓)민족을 천손(天孫)민족이라 일컫는 이유를 예서 알 수 있다. 인류의 시원이라 뿌리민족이라는 것도 있지만, 지도자 민족으로서 유구한 세월을 홍익인간 기치아래 도(道)와 덕(德)으로 살아왔기 때문에 남북 5만 리에 동서 2만 12연방국이 가능했던 것이지 힘으로 윽박질러 군림하려 들었다면 속국조차 면하기 힘들지 않았나 싶다. 무엇보다 1만 년 전에는 뿌리·몸통·두둑으로 이루어진 동북아의 삼국은 하나의 대륙이었으나 '삼위태백'과 '신단수'를 위해 지각변동을 일으켜 열도는 보호막으로서 지금의 자리로 밀려나 위치하였다는 필자의 강변이다.

한편, 해 지는 서쪽 땅은 가지로서 1안의 물질문명 요람에 위치한다면, 해 돋는 땅 반도뿌리는 2안의 정신문명 시원 국이자 조종국이라 할 수 있고, 해가 중천에 뜬 대륙몸통은 물질과 정신의 교역의 장소에 위치한다고 할 수 있다. 때문에 몸통과 가지는 뿌리의 질량으로 삶을 살찌워야 하는 반면 열도는 보호막 두둑이자 해양가지세력의 전진기지로서 뿌리와 연대유지를 해나가야 하는 소임을 부여받았다고 할까. 따라서 뿌리, 몸통, 두둑으로 이어지는 동북아 삼위(三位)체제를 삼위태백의 신단수라고 한다면 반도, 대륙, 열도로 이어지는 삼국(三國)체제는 3개의 천부인과 3천 명의 무리라고 할 수 있다. 특히 태백산(백두산) 꼭대기 신단수 아래는 반도가 아닐까 싶은데 정신문명 시원지로서의 소명은 삼위일체 하는 일이다. 따라서 이리 된다면 해양세력 가지도 뿌리와 몸통에 자연스럽게 흡수되어 천지인 차원으로 나뉘어 운행되는 지판도 하나로 연계되는데, 특히 정신문명의 시원 뿌리에는 지도자민족이 살아가므로 도와 덕을 저버리면 몸통과 두둑의 겁박과 침탈만 자리할 뿐이다. 특히 육 건사를 위해 물질개척을 업으로 삼은 민족의 자원은 힘과 지식 선천의 질량이므로, 지혜와 정신을 선천자원으로 부여받은 민족이 힘으로 대적하면 득 볼 것이 없다.

그렇다면 연역법 추론에 가깝다고 하겠지만 환웅이 다스렸던 배달국에서부터 외침이 잦았음을 알 수 있고 또 그만한 까닭이 있었을 터, 그 까닭을 어디서 찾아봐야 할까. 정신의 소산물 지혜를 잃으면 힘에 의지한 지식이 날뛰기 마련이다. 이로운 행위를 힘에 의지해야 했다면 삼위일체 소명을 저버린 것이라 홍익인간의 기치를 내세웠던 만큼 다하지 못해 받는 표적은 힘으로 물리칠 수 있는 그 무엇이 아니라는 것이다. 행위가 널리 이로울 때서야 소멸된다고 하겠으니, 나 하기 나름에 따라 달리 나타나는 작용반작용의 법칙 상대성 원리에 대해 생각해 볼 일이다.

한편, 풍백(風伯), 우사(雨師), 운사(雲師)를 거느리고 곡(穀), 명(命), 병(病), 형(刑), 선(善), 악(惡) 등 무릇 인간의 3백 60여 가지의 일을 주관하고 인간 세상에 살며 다스리고 교화하였다고 하는데 정녕 그러했을까. 초창기에는 가능하겠지만 가치관은 정권이 바뀔 때마다 바뀌기 마련이라 '먼저 주고 후에 받는' '선순환 법'이 퇴색되었는지도 모른다. 과연 도와주기 위해 찾아가는 인연이 있을까. 아쉬우니 찾아가고, 이로울 법할 때 찾는 것이 인간이다. 아쉬워서 찾는다는 것이다. 그러하다면 맞이하는 자는 분명 이로움을 머금은 자일 텐데, 상호상생을 일으켰다면 관계는 더더욱 돈독해 지겠지만 반쪽반생의 결과를 낳았다면 어떻게 될까.

◐ 줄어든 영토

곰[熊]과 호랑이[虎] 한 마리가 같은 굴에서 살면서 신(神)에게 사람이 되고자 빌었다고 한다. 그 정성에 탄복한 신은 신령스러운 쑥한 타래와 마늘 20접을 주면서 답하기를, 이것을 먹고 백일 동안 햇빛을 보지 아니하면 곧 사람이 될 것이라고 하였다. 곰은 삼칠일만에 여자의 몸이 되었으나 호랑이는 다하지 못해 변하지 못하였다는 것이다. 웅녀(熊女)는 혼인할 사람이 없어 신단수 아래서 재차 빌었는데, 신이 사람으로 화하여 웅녀와 정을 통해 태어난 아들이 고조선을 건국한 1대 단군왕검이라고 한다. 그렇다면 정녕 그 신은 바로 배달국의 18대 환웅 거불단이라는 소리가 아닌가. 평양성(平壤城)에 도읍하여 국호를 조선(朝鮮)이라 칭하고, 도읍을 백악산아사달(白岳山阿斯達)로 옮겼으니 그곳을 궁홀산(弓忽山) 또는 금며달(今旀達)이라고 한다. 웅족(熊族)과 호족(虎族)에서 비롯된 건국이라면 모를까. 동물에서 노골화된 것은 일제강점기에 상고사(上古史)를 조작해서 그렇다고 하는데, 해도 너무한다.

도가의 문헌을 보면 B.C. 2333년 상월(음력 10월) 3일에 이르러 신인(神人) 왕검이 800명의 무리를 이끌고 단국(檀國, 배달국)으로부터 아사달에 와서 단목의 터에 자리 잡고, 무리들과 천신(天神)께 제를 올리면서 단군조선이 시작되었다는 기록이다. 단군왕검은 신시(神市)의 규칙을 삼고, 도읍을 아사달에 정하고, 국호를 조선(朝鮮)이라 명하였으며, 국가 경영제도 삼한관경(三韓管境)에 따라 영역을 진한, 번한, 마한 삼국으로 나누었다고 한다. 그리하여 단군왕검은 요동과 만주지역을 차지한 진번을 통치하였고, 요서지역의 번한은 치우천황(14대 자오지 환웅)의 후손인 치두남이 다스렸으며, 한반도 지역 마한은 고시씨(배달국 농사를 관장하던 장관)의 후손 옹백다가 다스렸다고 한다. 사학계에서는 단군조선, 기자조선, 위만조선으로 구분하는데 사실 고조선의 영토도 영토려니와 3개의 천부인과 3,000명의 무리를 이끌고 최초로 하나 된 민족국가 신시 배달국을 개국할 때와 800명의 무리를 이끌고 하나 된 민족국가 고조선을 건국(建國)할 때는 그만한 까닭이 있을 터, 확연히 줄어든 영토의 원인을 밝혀내지 못한다면 홍익인간 이념은 공염불에 불과할 지도 모른다.

1,565년 동안 환웅 18대가 다스려오는 동안 정녕 널리 인간 세상을 이롭게 해왔다면 영토는 물론이거니와 따르는 무리도 늘어나야 하거늘 오히려 영토와 인구가 줄어든 건국이었다면 매우 심각한 문제가 발생한 것이다. 그러하다면 고조선의 건국은 필경 대륙에서 더 이상 물러서지 않겠다고 결연한 의지를 드러낸 마지노선이 아니었던가 싶다. 인간에게 있어 좌절이야 선천적으로 주어진 기본의 자리에 오르는 동안에 얼마든지 겪을 수 있는 일이다. 분명 저마다 목표한 자리에 오르기 위한 촉매제로 작용할 것이니 말이다. 하지만 실패는 성공한(기본자리) 후에 겪게 되는 일이므로 좌절

의 상황과는 사뭇 다르다. 1차 기본목표는 선천의 과정으로서 주어진 자원을 찾는 과정이라 한다면 2차 성공은 오른 후에 하나 되어 나가는 과정이라, 실패는 후천의 요소를 다하지 못해 한다. 왜 그런 것인가. 찾아가는 선천질량은 나를 위한 양의 기운이요, 만들어 나가는 후천질량은 너를 위한 음의 기운이라, 선천 양과 후천 음이 화합을 이루어야만이 하나 되어 나갈 수 있기 때문이다.

음양이 화합을 이루는 과정을 살펴보면, 도와주기 위해 찾기보다 거의가 도움 받기 위해 찾으므로, 이로워서 맞이하는 입장이 될 때 비로소 하나 되기 위한 소통이 전개된다. 이로움의 자원은 선천의 기본 자리에 올라설 때 주어지므로 올라섰다면 이로워서 맞이하는 위치다. 아울러 이로운 자는 아쉬운 자가 내민 손을 잡고 나가야 하는 위치이고, 아쉬운 자는 이로운 자의 손을 잡고 나가야만 하는 위치다. 이때 상호상생을 이룬다면 번창할 것이요, 반쪽반생이면 아쉬운 자들마저도 뿌리치고 달아날 것이라 그렇게 사업은 기본의 자리에서 애로를 겪다가 접는다. 예나 지금이나 지도자는 하나 되어 나가는 화합의 질량을 풀어내야 하는 위치이건만 주어진 선천질량에 빠져 스스로 만들어나가야 하는 후천질량을 손쉽게 생각하는 경향이 짙어 실패의 늪에 빠진다.

한편, 고조선이 붕괴되면서 홍익인간의 기치도 사장되어 버린 듯싶은데 이를 되찾고자 2천 년이라는 멀고 험난한 여정을 통해 교육이념으로 삼았지만 당대에는 서양가지의 물질문명에 빠져 고루한 민족주의 이념마냥 취급하는 모양새다. 각설하고, 영토와 인구가 줄어들었다면 분명 하나 되지 못한 결과일 터, 결국 북부여와 고구려 그리고 발해로 이어진 역사까지 한 뜸이라도 그 기치가 배여 있어야 하건만 배여 있었을까. 만약 있다면 얼마나 있을까. 이로운 자의 행위가 이롭지 못하면 아쉬운 자와 상극상충이라 이때 부터 주변의 인연들이 떠나기 시작하면서 시련이 시작된다.

추론하자면 환웅이 다스려온 배달국이나 단군이 다스려온 고조 선이나 상황은 다를 바 없어 보인다. 신시 배달국의 개국은 홍익인 간 이념을 고취시키기 위한 것이었다면, 고조선의 건국은 계승 발 전시키기 위한 것이라 배달국의 소멸이나 고조선의 붕괴가 베일에 가려진 것은 인류의 시원이 대자연의 소임을 방관하는 데에서 오는 표적이라고 할 수 있다. 고조선의 멸망원인을 강단의 사료에서 살 펴보면, 연나라의 왕 노관(盧綰, B.C. 256~194)이 한(漢, B.C. 206~A.D. 9)나라에 대적하다 실패하여 흉노(匈奴, B.C. 3세기~A.D. 1세기)로 망 명하자 휘하에 있던 위만(衛滿, ?~?)은 천여 명의 무리를 이끌고 동 쪽의 패수(浿水, 요동과 고조선의 경계를 삼았던 강)를 건너 상하장(上 下葬, 고조선 영토 범위를 결정하는 핵심으로 이 위치를 두고 역사학계가 치열하다)이라는 곳에 정착하였다. 준왕(準王, ?~?)은 고조선의 마지 막 왕으로서, 위만은 요동태수(劉慶忌로서 ?~?, 전한 후기의 황족이자 관료)로부터 변방을 방어하는 외신(外臣)의 직함을 받았다고 한다. 그는 차즘 진번조선(요동과 만주지역)과 연(燕國, B.C. 111~222)나라와 제(齊國, B.C. 111~221)나라의 유민들을 모와 준왕을 몰아내고 B.C. 194년에 왕검성(王儉城, 베이징 가까운 거리에 있다고 하는데 위치에 대 하여 의견이 분분)에 도읍을 정하고 위만조선을 건국하였으나 86년 만인 B.C. 108년에 한나라의 한무제(재위 B.C. 141~87)에 의해 멸망 했다는 기록이다.

하기야 진번조선은 1대 단군왕검의 치하에 있던 곳인데 위만이 유민을 모아 준왕을 몰아냈다고 한다면 이를 어찌 설명해야 할까.

게다가 준왕은 단군이 아니라고까지 하는데, 위 사항을 도가의 문헌을 인용하자면 건국 초기에 진한, 번한, 마한으로 나누어 다스렸으나 22대 색블루(索弗婁)단군 때 국가운영의 근간인 삼한관경제가 타격을 받아 진번조선, 번한조선, 마한조선으로 개칭하였다고 한다. 43대 물리(勿理)단군 때에 삼한관경제가 완전히 붕괴되면서 44대 구물(丘勿)단군 때에 이르러 국력회복을 위해 진번조선의 국호를 북부여(北夫餘)로 개칭하였다고 말한다.

천·지·인의 구도가 치우침 방지를 위한 가장 이상적인 체제로서 이원화체제의 구심점이자 상호상생의 발원점으로서 상·중·하 삼원화체제가 자리한다. 즉, 상위(上位) 일 체제가 중하(中下) 두 체제의 구심점이 되어준다면 일원화체제를 이루어 나갈 것이요, 균형잡이 노릇을 못하면 중심을 잡아야 하는 중하 두 개 체제는 자기만의 우수성을 치켜세우려고 들 것이다. 이쯤 되면 삼자 대립국면이라 행위를 다하지 못한 상위 일 체제를 중하 두 개 체제가 연합하여 압박을 가한다. 이루어 질 것 같으나 이룰 수 없는 그러나 이루어야만 하는 삼각관계의 미스터리만 풀어낸다면 좌우 중심을 잡아나가는 일은 유도 아니다. 그러나 어느 한쪽으로 치우치기라도 하는 날에는 사달 나는데 A와 B가 합하면 C가 발끈할 것이요, A와 C가 합하면 B가 발끈할 것이라, 필경 B와 C가 합하는 날은 A가 소임을 저버릴 때라고 하겠으니 본래 하나였던 삼원화체제는 A라는 상위체제 하기 나름에 달렸기에 홍익인간 이념은 삼각관계의 미스터리를 풀기 위해 주어진 과제였다. 상위체제가 널리 인간 세상을 이롭게 살아간다면 별문제가 있을까마는 자칫 나밖에 모르는 쪽으로 치우치기라도 하는 날에는 중하에게 홍역을 치른다.

그리고 고조선의 삼한관경제가 뒤틀렸다는 것은 중심축인 진한을 번한과 마한이 연합하여 압박을 가했다는 것인데 이쯤 되면 홍익인간 이념은 퇴색된 상태다. 여기에서 생각해 볼 일은, 과연 B와 C의 입장인 중하 마한과 번한을 탓해야만 하는 일일까에 대한 문제다. 앞서 피력했듯이 3,000명의 무리와 3개의 천부인이 뜻하는 바는 1은 천상(天上)이요, 2는 지중(地中)이고, 3은 인하(人下)라는 근본이 자리했던 것은 다름이 아니다. 인간 세상은 3차원이라 1천천(一千天), 1천지(一千地), 1천인(一千人)의 3개의 차원으로 나뉘어 운행되나니 쏠림 방지를 위한 삼각관계는 어느 곳에서든지 자리하기 마련이라는 데 있다. 하나 되어 나가려거든 상위 일 체제가 중하 두 개의 체제의 중심을 얼마나 유지하느냐에 달린 문제다. 이로움의 행위의 모태는 도와 덕이요, 발로는 홍익인간이므로 천손민족을 자부한다면 하나 되기 위한 이로움의 자원을 생산해 내야 하는데 이를 발현하지 못하여 침략의 표적이 되고 말았다.

한편 도가에서는, 고조선(진번조선)의 국호를 북부여(대부여)로 바꾸었으나 급속하게 쇠락하여 47대 고열가 단군에 이르러 2,096년 고조선의 역사가 막을 내린 시기가 B.C. 237년이었다고 한다. 6년 동안 오가(五加)의 귀족들이 국정을 돌보고 있을 때 해모수(解慕漱 ?~?)가 B.C. 232년에 북부여를 계승하였다는 문헌의 내용이지만 역시 고조선의 영역에 턱없이 미치지 못하는 건국이었다. 게다가 북부여는 고조선을 계승 발전시키기 위한 시대였다고 주장하지만 사실상 한(韓)민족 분열의 시대이자, 사상 결핍의 시대로서 반도뿌리에는 개성이 강한 사투리가 곳곳에 자리하면서 자연스럽게 팔도로 구획되어 민족분열(열국시대)의 시대를 맞이하였다.

뿔뿔이 흩어진 이산가족 시대이자, 끊임없는 겁박을 이겨내야만 하는 침탈의 시대로서 뿌리민족 고유의 삶을 잊고 약소국가로 전락하였는데 은근과 끈기로 위기를 극복한 민족이라고 떠벌리는 바람에 천여 번이 넘는 외세 침략의 원인에 접근이 용이치 않다. 인류의 시원이 뿌리이고 천손민족인 만큼 굳이 홍익인간을 부여받지 않았더라도 널리 인간 세상을 이롭게 해야 하는 민족이건만, 이롭지 않아 뿌리본연의 삶을 위해 표적질을 해대는 것이건만, 이를 해코지로만 받아들였으니 배달민족의 정기는 산화되고 말았다. 본분을 찾기 위해 노력했더라면 광활한 대륙에서 3:7 음양합의 0의 수로 이우러진 반도로 쫓기듯 들어오지는 않았을 것이다.

물론, 지구상의 지판에서 가장 안정된 곳이긴 하지만 문제는 대륙세력과 해양세력 사이에 위치하였다는 데 있다. 왜 그래야만 하는 것일까. 대륙몸통, 반도뿌리, 열도두둑으로 이어지는 동북아의 핵심은 뿌리이기 때문이다. 뜻하는 바는 대륙세력 몸통과 해양세력 가지의 중심을 잡아 나가야 하는 곳인 만큼 홍익인간 이념을 곧추세우기 가장 적합한 곳이 아닐까라는 필자의 소견이다. 즉, 1천천(一千天)은 천상(天上)의 뿌리요, 2천지(二千地)는 지중(地中)의 몸통이고, 3천인(三千人)의 인하(人下)는 가지로서, 훗날 양의 기운이 넘쳐나는 인하(人下)의 가지에서 물질문명을 일으켜 음의 기운 천상(天上)의 뿌리로 정신문명을 부가키 위해 찾아오게 되어 있다는 점이다. 필시 교역의 장소는 지중(地中)의 몸통이 될 터, 이때까지 잃어버린 민족의 혼을 되찾지 못한다면 일제강점기보다도 동족상잔 6.25보다도 더 혹독한 시련을 맞이할 지도 모른다. 그 시기가 컴퓨터가 보편화될 무렵으로 1980년대 말쯤이 아닐까 싶은데 필자는 그 시기를 업그레이드 시대라고 명명하였다.

☪ 샤머니즘

동명성왕(東明聖王)이라 불리는 고주몽(B.C. 58~19, 재위 B.C. 37~19)이 B.C. 37년에 고구려(B.C. 37~A.D. 668)를 건국하였을 때, 신라(B.C. 57~A.D. 935)는 박혁거세(?~A.D. 4, 재위 B.C. 57~A.D. 4)가, 백제(B.C. 18~A.D. 660)는 온조(?~A.D. 28, 재위 B.C. 18~A.D. 28)가, 가야(B.C. 42~A.D. 6세기 중엽)는 김수로(?~A.D. 199, 재위 A.D. 42~199)가 건국하여 사국시대가 전개되었다. 그렇지만 북부여의 국통을 이어받은 고구려의 영토는 물론이거니와 고유의 삶을 상실하면서 몸통사상에 뿌리의 혼이 잠식당하여 조공(朝貢)과 사대(事大)의 예를 갖추어야 하는 주객전도의 시대를 맞이하였다. 신념을 잃으면 발전이 멈추고, 이념을 잊으면 퇴행하다 사라진다.

한편, 사료에 의한 고구려의 신앙과 사상을 살펴보면 초기에는 선교(仙敎)였다가 이후에 불교(佛敎)와 도교(道敎)가 들어왔으며, 소수림왕 때는 유가(儒家)의 오경(五經)을 기본 교제로 하는 태학(太學)을 세웠다고 한다. 신라의 정신적 배경은 만물 정령관(精靈觀)의 원시 신앙이라는 점이 문학에 나타나있다. 아마 그로 인해 풍수지리설이 크게 발달하지 않았나 싶으며, 불교융성은 잘 아는 바와 같고, 때를 같이해 도교와 유교도 자리하였다. 백제 또한 토속신앙이 강하게 이어져 내려오는 가운데 초기에는 유학을 국가통치 지배이념으로 받아들였다. 도가사상이 자리하면서 384년 침류왕(1년) 때부터 불교를 국가적 차원에서 숭상 장려하였다. 불교문명의 꽃이라 불리는 가야도 샤머니즘을 비롯해 도교와 유교가 자리하였다. 솔직히 말해 필자는 역사적인 사료에 대해서는 문외한이다. 나름 사료를 찾기 위하여 인터넷 구석구석을 검색하며 원고를 작성하는

데 눈을 씻고 찾아봐도 고조선 붕괴 이후 홍익이념에 대한 언급을 사국시대 어디에서도 찾아볼 수가 없었다. 혹여 어느 도파에선가 드러나지 않게 꾸준히 다루어 왔을지는 몰라도 열국에 이은 사국은 물론이요 가야가 붕괴된 삼국시대에까지 드러나지 않았다.

물론 삼국시대를 위한 사국시대의 가야는 고구려, 신라, 백제 삼국의 어느 쪽으로나 흡수되어야만 했던 국가였다고 할까. 결과론을 운운하는 것이겠지만, 보이지 않는 저 세상 무형(無形)의 4차원은 보이는 이 세상 유형(有形)의 3차원을 위한 것에 있듯, 뿌리에서의 사국시대는 삼국시대를 위한 것에 있었다는 소리다. 이국시대를 위해서 말이다. 왜 그래야 하는 것일까. 이를 이해코자 한다면 설명이 사변적이고 관념적이라 추론의 성향이 강하지만 앞서 설명한 바와 같이 천·지·인 세 개의 차원으로 나뉘어 운행되는 세상에는 3·3·3의 법칙과 삼각관계의 미스터리가 시시각각 내 앞에 공부로 주어지고 있다는 사실을 받아들인다면 접근이 한층 용이할 것 같다.

인간의 세상은 유형의 3차원인데다가 가장 안정적인 구도가 삼원화구도로서 3·4각으로 이루어진 피라미드의 실체는, 3차원에서는 인간, 4차원에서는 영혼, 즉 영원불멸의 존재임을 가리키고자 함이 아니었나 싶다. 물론 영원한 안식처를 찾고자 함에 있겠지만 무엇보다 지상에서 가장 안정적인 곳이 지판대의 뿌리가 아닌가 싶은데 여기에 이념을 달리한 세 개의 국가가 존립했다는 것은 균형과 견제 속에 하나로 통하는 대안마련을 하기 위한 구도가 아니었겠냐는 것이다. 분열의 역사는 사상의 분열이 필연적 귀결이 아닌가 싶고, 허나 한결같이 대륙몸통은 힘의 강대국이라 지혜의 반도뿌리가 여과 없이 몸통의 사상을 가져다 쓰기에 바빠 신라는 가야와 백제에 이어 고구려까지 힘으로 복속시켰으니 신라와 발해로 이어지는 이국시대는 물론, 일국시대 하나 된 민족국가 고려의 건국까지도 피로 물들어야 했다.

그러고 보면 배달민족의 이념은 창출을 뜻하는 것이 아니라 되찾는 일에 있었다. 널리 인간 세상을 이롭게 살아온 민족만이 내걸 수 있는 사상이 홍익인간이고 보면 인류역사상 이보다 거룩한 이념이 어디에 또 있을까. 허나 도와 덕을 저버리고 살아온 세월만큼이나 힘에서 이로움을 찾으려 들었으니 힘을 위시하는 대륙세력과 해양세력에게 겁박당할 수밖에 없다. 지판의 뿌리에서 살아가는 뿌리민족은 마음이 완연히 무르익은 민족이라 내면 깊숙이 무한한 정신(지혜)세계가 잠재하고 있기에 생각(지식)의 힘에 의지하고 살아가는 민족에게 힘으로 대결해봤자 득 될 것은 아무것도 없다. 몸통민족은 정신이 익어가는 중이라 설익은 내면보다는 외면의 힘에 의지하고, 서양 가지민족은 대부분 힘을 위시한 외면의 지식문명에 의지하므로 자연스럽게 힘의 논리로 살아간다. 때문에 뿌리는 내면의 정신질량을 생성하고, 가지는 외면의 물질질량을 개척하며, 몸통은 내면질량(정신)과 외면질량(물질)의 소통로로서 상술이 뛰어나다. 그 단편적인 예가 바로 실크로드인데 1안으로는 물질의 소통로이지만 2안으로는 정신의 소통로라는 점이다.

이윽고 힘으로 삼국을 신라가 복속시키자 고구려의 국통을 대조영(大祚榮, ?~719, 재위 698~719)이 이어받아 발해(698~926)를 건국하기에 이르렀다. 드디어 일원화체제 하나 된 민족국가를 위하여 이원화체제로 돌입하였다. 이국시대의 문제는 민족 고유의 삶을 찾아 하나 될 것인가, 아니면 몸통사상에 묻히어 힘으로 하나 될 것인가에 있었다.

사학계에서는 668년에 고구려가 멸망하고 30년 후인 698년에 대조영이 말갈족과 조력하여 발해를 건국하였다는 주장이며, 도가의 문헌에는 진국장군(振國將軍) 대중상(大仲象, ?~698)은 걸걸중상(乞乞仲象)으로서 고구려의 부흥을 이끈 지도자이자 대조영과 대야발의 아버지로서 668년 평양성 함락 소식을 듣고 669년 둥모산에 성벽을 쌓고 국명을 후고구려, 연호를 중광(重光)이라 개칭하였다고 한다. 대중상이 죽은 후 대조영이 말갈족과 의기투합하여 홀안성으로 도읍을 옮기고 국호를 대진(大震)으로 바꾸어 698년에 건국했다는 주장이다. 신라는 북국(北國)이라 칭하였고, 발해(渤海)는 당나라(唐, 618~907)에 의해 붙여진 국명으로서 이후에는 해동성국(海東盛國)으로 높여 불렀다고 한다.

고구려를 계승한 대진국이라고 하지만 영토와 인구가 확연하게 줄어든 걸 보아하니 쇠퇴하는 국통을 어쩔 수 없는 모양이다. 게다가 신앙과 사상 또한 초기부터 유학의 지대한 영향으로 문학이 발달한 가운데 불교의 융성은 말할 나위도 없거니와 샤머니즘은 물론 기독교의 일파인 경교(景敎)까지 자리했었다고 하니 사실 뿌리의 이념을 송두리째 잃어버린 시기가 이국시대로 자리한 남북국시대가 아니었나 싶을 정도다. 물론, 하나 된 민족국가를 이룩하기 위한 이원화체제의 남북국시대. 최소한의 이념만이라도 신라와 발해로 이어지는 이국시대에 묻어나야 했었는데 몸통의 사상에 의지한 결과가 하나 된 민족국가의 건국을 피로 물들여야 했던 것이라 한 맺힌 1천 년의 세월을 또다시 일국시대로 보내야만 했다.

뿌리의 정기는 외면의 물질문명에 스미어 있기도 하지만 이는 인연을 불러들이는 1안의 방편일 따름이고 내면에 잠재한 정신세계는 소통을 위한 실제의 기운이라, 그 면면을 살펴보더라도 우두머리 성향이 강하게 나타나는 데에서 알 수 있다. 하나 되어 살아가는 일은 2안으로서 지식의 힘보다 지혜의 덕(德)이며 이에 필요한 질량이 바로 도(道)다.

물론 육신을 건사한 후에 지식의 문명을 논하고 소통을 위한 지혜의 정신을 갈구하는 법이라, 보이는 유물유적은 세월이 지날수록 흔적은 지워지기 마련이고, 남겨진 문헌이야 당대 서기하기 나름이 아니던가. 허나 민족의 이념과 사상은 없어지거나 변질되거나 지워질 그 무엇이 아니다. 저버렸다는 것은 잃어버린 것으로 진화와 발전도 거기에서 멈추었다 하겠으니 그 대가로 피눈물의 역사를 써내려가야 했다. 개개인이 소신을 잃고 살아가는 것이나, 지도자가 주체성을 잃어버린 것이나 줏대 없기는 매 마찬가지라 과연 만백성은 국가를 위해, 또 그 국가는 만백성을 위할 수 있었을까. 설령 상호상생을 이룬다 할지라도 힘에 의지한 기본질량에 불과할 터, 후천적 정신질량을 일구어내지 못하면 불통과 불신으로 고통을 맞이하게 된다. 민족의 혼은 줏대이자 기치로서 보이는 물질을 위한 것에 있지 않다. 보이지 않는 정신으로 가치를 정립하지 못한 민족이 이루고 지킬 수 있는 것이 무엇이 있을까. 분명 이리가도 치이고 저리 가도 치일 텐데, 거죽때기 외면의 물질은 허상과도 같아 알갱이 내면의 정신을 부가할 때 바로 선다는 사실을 알기나 알까. 기복으로 점철된 역사에 나타나듯이 민족 고유의 이념을 상실하고 뿌리가 몸통의 신앙과 사상을 가져다 써야했다는 사실을 어떻게 해석하고 받아들일까. 우리 민족이 인류의 시원으로서 지도자민족이라는 사실을 믿으려 하겠느냐는 것이다.

홍익인간 이념을 곧추세운 신시 배달국 시대에서는 인간과 인간의 차원을 넘어 만물과 인간이 공존할 수 있도록 예우를 갖춰 대자연에게 성대히 축원을 드리며 살아온 민족이었다. 그러던 어느 날인가부터 기복에 매달리기 시작했는데 이유가 어디에 있었던 것일까. 널리 인간 세상을 이롭게 하라는 이념이야말로 나 하기 나름에 달리 나타나는 세상을 표방하고 있었다. '하늘은 스스로 돕는 자를 돕는 세상'을 구현하기 위한 것에 있었다는 것이다. 정녕 도와주기 위해 찾아오는 인연이 있을까. 진정 나를 찾은 인연과 하나 되어 살아간다면 어려움이 스미지 않는데 말이다. 이러한 사실을 안다면 어떻게 해야 할까. 혹자는 도와주기 위해 찾아오는 인연도 없지는 않다고 말하지만 그들의 속내를 들여다보면 거의가 자기 명(名)을 낼 욕심으로 찾는 이들이다. 그대는 찾아가는 자의 위치인가, 아니면 맞이하는 자의 위치인가. 경우에 따라 맞이하기도 하고 찾아가기도 하겠지만, 맞이하는 자는 이로운 자요, 찾아가는 자는 아쉬운 자로서 맞이하는 위치에 서 있을 때 어떻게 할 것인가. 이는 아쉬운 인연을 맞이할 줄을 아는가에 대한 물음이다.

그리고 과연 아무런 잘못이 없는데 어느 날 갑자기 예고 없이 찾아든 어려움이 불청객일까. 이유가 있어 찾아든 것이거늘 아무 잘못이 없는데 신이 괜히 미워서 보낸 불행일 리는 없고 만약 그러하다면 신이 잘못되어도 무엇인가 단단히 잘못되었다. 이유 없이 고통이 주어지는 세상이라면 굳이 규율과 질서를 아우를 필요가 있을까. 줏대 잃은 신에 의해 놀아난다면 동물의 세계와 다를 바 없을 텐데, 부모형제도 몰라보는, 말 그대로 인간의 세상은 아수라장일터, 축원과 기도는 인간에게만 주어진 특권으로서 거룩한 뜻을 받들어 하나 되어 살아가겠노라 서원(誓願)을 올리는 제천의식(祭天儀式)이었을 뿐, 본래 빈다는 개념은 자리하지 않았다. 물론 기복은 샤먼(shaman)에 의해 치르는 의식이겠지만 어려움이 내 앞의 인연으로부터 기인된다는 사실을 안다면 막무가내로 매달리지는 않을 것이다. 내 앞의 인연은 나 하기 나름이라, 그와 소통치 못한 때가 쌓이고 쌓이면 폭발하기 마련 아닌가. 번뇌와 망상도 마찬가지다. 내 욕심으로 받아들여 사달을 내 놓고 너로 인해 그런 것인 냥 평계나 일삼으면 어떻게 하라는 소린가. 아쉬워서 찾아가는 이들이야 이로워서 맞이하는 자에게 도의적인 책임을 물을 수 있지만 이로운 자가 아쉬운 자와 소통하지 못해 벌어지는 일인데도 신이 미워하여 준 벌쯤으로 생각하고 있으니 이처럼 기복은 무지한 인간의 욕심에서 끝없이 행해진다.

토테미즘(totemism)도 그리하여 자리하지 않았나 싶은데 이는 행위를 다하지 못한 샤먼(shaman)의 명을 부여받은 자들의 책임이라 할 수 있다. 받아 온 소명이 크던 작던, 부여받은 기운이 크던 작던 그들은 신의 뜻을 전달하는 예언자이거나 메신저이거나 선지자이므로 나름 병을 고치고 어려움을 해결하는 일은 유도 아니다. 신의 심부름꾼으로서 받아 온 선천질량이 인연을 불러들이는 방편이라면 자신이 만들어 나가야 하는 후천질량은 가르침을 전달해야 하는 실제의 차원인데도 고작 선천행위에 머물러 있으니 웃지 못 할 애니미즘(animism)으로 신을 신뢰하는 이들의 가치관이 혼동을 빚고 있다. 지극히 원시적인 시대야 어쩔 수 없지 않겠느냐고 반문하는 이가 있다. 앞서 밝힌 바처럼 도가의 문헌에는 B.C. 7199년에 환국을 개국하고, 그 국통을 이어받고 B.C. 3898년 건국한 신시 배달국은 홍익인간 세상을 구현하기 위함이었으니 본래 샤머니즘은 자리하지 않았다.

☾ 의식의 각성

널리 인간 세상을 이롭게 한다는 것은 막힘이 없음을 뜻하는 바라, 폭발할 때가 쌓이기나 하겠는가. 이쯤 되면 생활은 윤택해질 것이고 소통이 자유로운 만큼 행복을 만끽할 것이라 그다지 부러울 게 없을 듯싶다. 단지 어려움은 내 앞의 인연과 소통하지 못할 때 싹이 트고 병은 그로 인해 도지는 것이므로 이로운 행위야말로 생활의 활력소라 거칠 것이 없는데 근심과 걱정이 있을 리 만무다. 이롭지 않은 행위로 인해 받게 되는 표적이 고통인바, 대륙세력과 해양세력에 위치한 반도의 고난의 시대가 뜻하는 바가 무엇일까.

환인의 서자 환웅이 천하에 자주 뜻을 두어 인간 세상을 구하고자 하였다. 아버지가 아들의 뜻을 알고 삼위태백을 내려다보니 인간을 널리 이롭게 할 만한지라, 이에 천부인 3개를 주며 가서 다스리게 하였다. 환웅이 무리 3천을 이끌고 태백산 꼭대기 신단수 밑에 내려와 여기를 신시라고 하니 이로부터 환웅천왕이라 불렀다. 풍백(風伯), 우사(雨師), 운사(雲師)를 거느리고 곡(穀), 명(命), 병(病), 형(刑), 선(善), 악(惡) 등 무릇 인간의 3백60여 가지의 일을 주관하였다.

도가의 문헌에 나타나다시피 결국 배달국은 어지러운 인간 세상을 구원하기 위해 건국한 나라다. 그렇다면 이미 환국시대는 "덕되게 사니 득이 되더라"는 '먼저 주고 후에 받는' '상호상생 선순환법'이 깨졌다는 소리지 아니한가. 혼탁해진 인간 세상을 바로잡기 위해 3천명의 무리와 함께 부여받은 홍익인간 이화세계의 대천명(大天命)을 위하여 주어진 3개의 천부인을, 앞서 설명한 바 있지만 1천천(一千天)은 천상(天上)의 뿌리이자 천도(天道)요, 2천지(二千地)

는 지중(地中)의 몸통이자 지도(地道)요, 3천인(三千人)은 인하(人下)의 가지이자 인도(人道)로서, 3개의 차원으로 나뉘어 운행되는 천지인(天地人) 세상의 법을 견지(見地)하고 있는 81자 천부경(天符經)을 가리키는 것이 아닐까 싶다. 인간 논리의 경(經)이 아니라 대자연의 경(經)으로서 거룩한 뜻을 받들어 살아가는 뿌리민족만이 풀어낼 수 있는 경(經)이기 때문이라고 할까. 탁해지기 시작한 세상이 환국의 말기이지만 신시 배달국의 개국(開國)은 창세기(創世記)와 매우 흡사하다 할 것이며, 무엇보다 개국은 어려워질 때 하게 되는 것이므로 배달(倍達)은 거룩한 천부(天父)의 뜻을 받들어 탁해진 인간 세상을 맑히기 위한 것에 있다. 정녕 이리 행하고 살아간다면 환란의 시대가 있기야 하겠느냐만 거룩한 뜻을 받들지 못하였기에 작금까지 고난과 분열의 시대가 이어지고 있다는 것이다.

한편, 인류의 역사를 거슬러 올라갈수록 신화적 해석이 주를 이루는데 항간에는 문명발전과 샤머니즘을 빗대어 말할 때마다 단군의 역사를 토테미즘으로 빗대고 있다. 물론 육을 건사한 후에서나 삶의 질을 향상시키는 것이겠지만 전적으로 자연바라기 농경과 목축업에 기대야 했던 시대에 전해져 오는 이념은 민족의 시대상을 비춰주는 거울로 자리한다. 더구나 자연과 인간은 불가분의 관계로서 농경사회 초기에 가장 큰 비중을 차지한 것이 날씨였고, 과학문명이 발달한 현 시대라고 다를 바 없다. 단지 가뭄을 대비하여 댐과 수로 그리고 크고 작은 저수지를 건설하는 것만 다를 뿐 자연바라기 농사인지라 비가 오지 않으면 발만 동동 구르다 혹시나 해서 기우제를 지내곤 하는데 태풍·해일·지진이라는 자연재해 앞에서 속수무책일 수밖에 없다. 과학문명이 발전했다고 자연현상까지 좌지우지한다면 인간의 오만방자함을 어떻게 다스릴까.

물질은 정신이 받쳐줄 때 그 문명은 빛을 발하게 되어 있다. 즉, 물질과학이 앞서가는 만큼 정신세계가 그 뒤를 받쳐 주지 못하면 물질문명은 오히려 퇴행일로를 걷게 된다는 것이다. 물론, 2안의 정신문명이 앞서고 1안의 물질문명이 그 뒤를 따를 리야 없겠지만, 가지의 열매는 선천적인 것이므로 몸통을 통하여 후천적 뿌리의 영양분을 공급받을 때 실해지는 법이다. 이처럼 선천의 물질을 위해 후천의 정신을 마련해 나갈 때가 문명에 정신이 화합을 이룰 때이므로 인류는 하나 되어 살 수 있다는 것이다. 한편, 풍백(風伯), 우사(雨師), 운사(雲師)를 거느리고 곡(穀), 명(命), 병(病), 형(刑), 선(善), 악(惡) 등 무릇 인간의 3백 60여 가지의 일을 주관하였다는 기록으로 인해 단군왕조를 샤머니즘으로 비하하여 원시신앙의 모태인 마냥 몰아붙이는 경향이 적지 않다. 바람을 관찰하는 전문 인력을 필두로 비와 구름을 관찰하는 전문가를 거느리지 않고서는 자연바라기 농경사회 존립 자체가 어렵다. 이를 바탕으로 24절기 세시가 유래하였고, 풍속은 대자연에게 드리는 감사의 의식이었지 결코 기복을 위한 것에 있지 않았다. 특히 춘하추동(春夏秋冬) 사계(四季)의 변화를 뚜렷이 나타나는 위도 37도선이 삼천리금수강산의 중심을 가로지르고, 그 반도 또한 3:7 음양합의 0의 수를 드러낸 지판의 뿌리로서 생장수장(生長收藏) 원리에 부합해 살아온 유구한 역사의 숨결이 살아 숨 쉰다.

그곳에서 살아가는 민족은 누구인가. 의식의 각성이 필요할 때이다.

어떻게 생각하고 느끼느냐에 따라 관념을 달리하겠지만, 한 핏줄의 형제는 보고 배운 지식으로 각기 다른 길을 걷다가 일정한 시간이 흐르면 다시 만나게 되는데 그때는 상당수가 실패와 좌절의 맛을 보고난 후다. 저마다 제 살길 찾고자 떠날 때에는 사명을 위한 길이라고 하겠지만 이면은 성공하기 위함이요, 다시 만나려 하는 것도 이로울까 싶어 하는 행위가 아닌가 싶은데, 보고 싶은 혈육은 만나야 하겠지만 하나 되어 살아갈 방도를 마련하지 못하면 재차 헤어짐은 시간문제다.

어떻게 해야 할까. 성공하고 만나는 경우도 적지 않지만 상호 이롭지 못하면 상처만 남긴다. 또 일방적으로 돕는 행위는 반쪽반생을 유발할 터, 이는 주고받는 선순환 법 상호상생의 대안을 강구하지 못해 받는 표적이다. 그러다가 미워하고, 싫어하고, 거북해 하고, 되레 만남을 은근히 회피하다가 충돌을 빚고 되돌아서는데 이때 필요한 질량이 물질일까 아니면 정신일까. 물질은 선천의 기본금으로 노력하면 들어오게 되어 있고, 후천의 정신은 주관이자 가치이며 활력소로서 사고를 바르게 고쳐시키지 않으면 일마다 문제에 봉착할 터, 어려움을 면하기는 힘들다. 내 앞에서 벌어지는 일을 해결하지 못해 신앙에 귀의하고 욕심대로 빌어서 해결해 볼 심산이라, 신앙이 종교로 승화하지 못하는 한 기복은 영원하다. 만약 빌어서 해결될 일이라면 굳이 불통의 표적을 받아야 할 이유가 없지 않은가. 혹자는 사랑을 가르치기 위하여 일으키게 되는 것이라고 반문을 가하는데 그러하다면 분명 신앙은 불통의 원인을 가르치는 것에 있어야 하지 않을까.

기도로 위안을 삼고, 기복으로 문제를 해결하려 들었기에 인류의 역사는 피로 물들었다. 물론, 늘 기뻐하고 기도하며 감사하는 것이 영성이라 가르치겠지만 문제는 거기에 머문다는 것이고, 기실 원인은 신의 선물이라고 할까. 선천의 기본질량에 안주하기 때문에 벌어지는 일이라는 것이다. 때론 도술(기적)의 힘입어 당장의 어려움을 해결하는 경우도 있지만 불통원인의 근본적 해결책이 못 되므로 재차 주어지는 문제에 봉착하여 끝내 실패한다. 이렇듯 신앙의 기복에 매달리다가 주저앉는데, 생각해 보자, 이념이 어디에서 기인하는지에 대해서 말이다. 철학을 거론하지만 뿌리의 원리를 배제한 몸통·가지의 논리로 혼란을 가중시켰고, 신토불이라 나름 보탬이 되었을지는 모르나 동·서화합의 질량이 배재되었다. 끝말잇기처럼 해도 해도 끝이 없을 철학적 사유는 이쯤하자.

선천질량으로 버티어 온 신앙이 화합의 후천질량을 마련하지 못하면 앞으로 기복은 신앙으로서 위풍당당하게 자리할 것이다. 즉, 신법(神法) 술(術)에서 행(行)의 차원 인(人)의 정법(正法)으로 승화하지 못한 신앙이 종교인 척하지만 요 모양 요 꼴을 면치 못하고 있다는 사실을 자각해야 한다. 문화생활을 누린다고 삶이 나아진 것일까. 정신의 빈곤으로 풀지 못한 소통의 문제가 산재해 있는데 삶이 나아졌다고 말하면 곤란하다. 사랑은 행복을 위한 것이듯 행복하지 못하면 다시 생각해 봐야 하는 것이 아닌가. 사랑을 빙자로 힘으로 해결하다 보니 사는 게 전쟁이라고 말한다.

인간생활에 가장 큰 문제는 종교로 승화되어야 할 신앙이 기복의 범주를 넘어서지 못하는 것에 있다. 기도로 해결되고 빌어서 해결이 된다면야 별 문제가 있겠느냐만 잘못을 저지를 때마다 기도로 용서받기를 되풀이해 왔으니 풍요 속에 빈곤의 시대, 쏠림의 극치 물질문명의 포로가 되었다. 게다가 총칼을 들이밀고는 사랑하기 때문에 그런 것이라며 모순이 만발하는데도 기복에 매달린 세월만큼이나 분별력 저하로 배불리 먹고 살면 그만이라는 소리에 세뇌되었다. 신의 계시라는 명분하에 무조건 믿고 따라야 한다고 신도들을 종용하는 일이나 교묘히 힘을 사랑으로 위장시켜 인권을 유린하는 일이나 무엇이 다를까.

인공지능이 대세인 업그레이드 시대를 총칼로 이끌어 왔으니 곳곳에 자리하는 사상마다 강력한 핵무기를 숨겨 두고 있다. 문화선진국일수록 아이러니하게 신앙심으로 돌돌 뭉친 군사강국이다. 그래서 그런 것인가. 신앙도 물질의 노예가 되어 버렸고, 행복을 일구는 사랑도 비열해지면서 '어쩔 수 없지 않느냐고' 치부하는 일이 허다하다. 그러고서는 정의를 부르짖는다. 필시 물질과 총칼은 권력을 지향하는데 구현이 될까. 이보다 더한 모순은 정관계 인사나 정의를 부르짖는 이들이나 흠모하는 예언자 앞에 서기만 하면 사랑하며 살아가겠노라 되뇌며 두 손 모아 간절히 기도한다. 더구나 총칼을 맞대는 이들과 신앙이 같은 경우를 허다하게 보는데, 이를 어떻게 설명해야 할지 모르겠다. 그리고 양의 기운이 넘쳐나는 시대에 음의 기운 여성이 대통령에 당선되었다는 사실을 또 어떻게 받아들일까. 양의 지식의 물질과 음의 지혜의 정신, 즉 도와 덕으로 융해할 대안을 마련하기 위해 자리하였다는 사실을 알까.

이에 발맞춰 인문학의 열풍까지 불고 안팎으로 정신문화의 토대를 마련하지 못한다면 바람 잘 날이 없을 것 같다. 1안의 인프라 물질문명이 구축된 시점이라 사람처럼 살고픈 만백성의 열망이 하늘을 찌르는 마당에 나 하기 나름의 상생근본을 배재한 자기논리뿐이라 개화(開化)가 여간 힘들지 않다. 인문학적 소양을 소리쳐 봐야 쏠림의 심화로 먹고만 살게 해달라고 아우성이라 화합의 질량빈곤으로 이룰 수 있는 것이 있을까. 인문학적 소양마저 인공지능에게 의지해야 한다면 누구의 책임이겠느냐는 것이다. 경제계는 배고픔이나 면하게 해주지, 정관계는 아귀다툼과 치우침의 발원지가 되어 만백성의 신뢰를 잃은 지 이미 오래고, 신앙계는 기복의 벽을 부수지 못해 소통의 법을 다루는 종교차원으로 올라서지 못하고 있다. 정녕 사람답게 살아갈 수 있는 대안을 마련해 달라고 정치계에 애원하건만, 수고하고 무거운 짐을 진 자들이 신앙에 찾아가 발버둥치건만, 피와 살로 살아가는 이들이 도끼자루 썩는 줄 모르니 이를 어찌하면 좋을까.

신앙에 의지하는 이들을 보자면 정치인에다가 경제인에다가 그리고 사람처럼 살고 싶어 하는 만백성이 지 아니한가. 철학자도 인문학적 소양을 지닌 자도 어렵고 힘이 들 때마다 의지하려 들기는 마찬가지라, 신앙의 도리를 다하지 못하면 치우친 세상을 바르게 잡아 나갈 방도가 있을까. 바로 잡아 나가야 할 이들이 누구냐는 것이다. 종교로의 승화를 원한다면 피를 토하고 뼈를 깎는 성토가 있어야 가능하다 하겠으니 만약 승화하였다면 소통은 시간문제라 적어도 예언자가 다르다는 이유만으로 배척하는 일은 없을 것이다. 그리고 쌍방의 교리를 왜 인정하지 않을까. 인정한다면 널리 인간 세상을 이롭게 할 수 있을 텐데 말이다.

오직 믿고 따르는 예언자의 교리만 떠받드는 맹신행위는 배척의 극치라 절대로 삼가야 한다. 무엇보다 신앙이 선천질량에 머물러 대안을 마련해 봤자 권력이 가미된 자기 종파의 우수함을 알리기 위한 힘의 논리에서 벗어날 수 없다. 후진문명권일수록 샤먼을 얕잡아 제사장이라 부르는데 어느 선진문명권이냐에 따라 목사가 되기도 하고, 스님이 되기고 하고, 신부가 되기도 하는 이들이다. 다들 가르침을 따르기 위한 신앙의식을 치르면서 업신여긴다면 똥 묻은 개가 겨 묻은 개 나무라는 격이라 경제계의 비리와 정치권의 분쟁이 잦을 수밖에 없다. 신앙과 떼려야 뗄 수 없는 사이로서 정치, 경제, 사회, 문화 등의 인사들을 이끄는 곳임을 상기해야 한다. 이에 종사하는 샤먼들이 거듭나지 않으면 희망은 없다. 만약 치우침 없이 널리 인간 세상을 이롭게 살아왔다면 어떻게 되었을까. 분명 하나로 아우르는 종교로 거듭났을 것이고, 만민의 추앙을 받는 민족으로 거듭났으리라 믿어 의심치 않는다. 물론 치우침 없는 인간 세상의 모습은 확연히 달라졌겠지만 말이다.

그런데 홍익인간 이념의 구체적인 윤리나 행동강령이 명시된 곳을 찾아 볼 수가 없다. 왜 일까. 혹자는 천부경(天符經)을 거론하면서 참전계경(參佺戒經)과 삼일신고(三一神誥)를 지목하지만 필자의 소견을 피력하자면 대자연으로부터 부여받은 경은 오직 천부경 하나, 나머지는 이후에 도가에서 찬술한 인간의 논리가 아닐까 싶다. 모두 부여받은 것이라면 응당 행하며 살아갈 수 있어야 하건만 과연 그리 살아갈 수 있느냐에 대한 문제가 대두된다. 진화하지 못하는 종(種)은 소멸되듯이 상호 이롭지 않으면 논리는 도태하기 마련이다. 뿌리 고유이념을 저버리고 득세한 몸통의 유불선(儒彿仙)과 기복문화는 분열의 시대를 열었고 동족상잔 6.25 이후에 가지의 기독교(개신교)가 깊숙이 파고들었다. 이유가 어디에 있을까.

2. 순환의 이치(상호상생)

개천절하면 단군과 웅녀와 그리고 곰, 호랑이, 쑥, 마늘 이후에 홍익인간이 생각난다고 한다. 그러다가 토속신앙을 거론하며 미신과 샤머니즘을 연관 짓곤 하는데 단군을 만신(萬神) 혹은 천신(天神)마냥 받들어 모시는 바람에 민족 고유의 삶이 정화되어야 할 원시 이념으로 변질시키려는 모양새다. 사람답게 살아가기 위해 홍익인간 이념을 제창했는데도 불구하고 단군을 무속의 발원지로 생각하는 모양새를 보아하니 기독교는 물론, 유불선에조차 미치지 못한다는 인식이 팽배한 것 같다. 지판의 뿌리에서 살아가는 뿌리민족의 이념은 맹목적으로 추종하고 따라야 하는 어느 예언자의 경전도 아니요, 그렇다고 오랜 시간 많은 이들의 논리를 집대성한 난해하고 복잡한 경전도 아니다. 인간에서 사람으로 승화하여 사람처럼 살아가기 위한 이념이다.

앞서도 밝힌바 있지만,

환인의 서자 환웅이 천하에 자주 뜻을 두어 인간 세상을 구하고자 하였다. 아버지가 아들의 뜻을 알고 삼위태백을 내려다보니 인간을 널리 이롭게 할 만한지라…

라고 한 부분에서 '천하에 자주 뜻을 두어 인간 세상을 구하고자 하였다.'는 대목은 '널리 인간 세상을 이롭게 할 만한 만국의 이념을 대자연에게 부여받은 상태'에서 하는 말이 아니었을까. 그리하여 1대 거발환 환웅은 환국 7대 지위리 환인의 뜻을 받들어 배달국을 개국했던 것이었고, 배달국 18대 거불단 환웅의 국통을 이어받은 1대 단군왕검은 고조선을 건국하기에 이르렀는데 과연 숭배해야 할 대상이 있었겠느냐는 것이다. 도파에서는 숭배의 대상이 기껏 해봐야 환인이라고 추측할 뿐, 증명할 수 있는 그 무언가가 없지 않은가. 이로운 행위는 오직 자연의 섭리에 순응하며 살아가는 일이건만 이미 '인간 세상을 구하고자 하였다'는 부분은 인간의 세상은 이미 어지러워졌다는 뜻이기도 하다. 섭리에 순응하여 살아왔다면 탁해질리 없겠지만 동물도 아니고 성인(聖人)도 아닌 그 중간의 삶을 살아가야 하는 인간은 덜 완숙한 사람(성인)임을 증명하는 부분이지 않나 싶은데 그렇다면 사람으로 승화를 위한 질량을 반드시 섭취해야 하는 것이라고 일깨우는 부분이 아닐까. 태어나서 21세 성년(成年)이 되기까지 입으로 육신과 뇌를 성장시키는 물질을 섭취하는 만큼, 눈으로는 만물의 변화를 익히고, 귀로는 근기에 걸맞은 소통의 질량을 청취해야 한다는 것이다.

이를 가리켜 교육이라고 하는데 언어의 발달이 미숙할수록 앞에서 일어나는 일들을 힘으로 해결하려 들 것이요, 발달할수록 순리대로 처리하려 들 것이라 특히 언(言)-말의 표현이 뛰어난 민족일수록 어(語)-문장의 표현력이 뛰어나므로 지식의 소산 물질의 세계보다 지혜의 발로 정신의 세계를 앙망한다. 아울러 성년 이후에 하나 되는 섭리는 근기에 따라, 소임에 따라 내 앞에 공부로 주어지기 때문에 가르침에는 이렇다 할 대상이 없고 그렇다고 바로잡아 나가야 할 상대도 없다. 저마다 하나 되기 위한 능력을 부양하는 것이 공부이기 때문이다. 힘이 포함된 물질의 지식분야는 부분을 담당함에 따라 전문의를 양성하지만 덕행이 가미된 지혜의 정신분야는 전체를 아우르므로, 전문의를 하나로 결속시켜 나가는 지도자 공부가 뒤따라야 한다.

나를 위해 살아갈 수밖에 없는 어린 시절은 화합을 위한 기초교육이 필요하겠지만 틀에 박힌 주입식 교육에 인성교육을 의존한다면 성년 된 후 내 앞의 인연은 나 하기 나름이라는 사실을 받아들이기 버거워 한다. 작금도 나를 위한 어린 시절이나 너를 위한 성인 시절이나 다를 바 없이 주입식 공부에 의존하기 때문에 너를 위한 행위가 나에게 좋은 결과를 일으키는데도 손해라는 사고의 틀에 벗어나지 못해 불통으로 주저앉고 마는 이유를 여기에서 찾아볼 수 있다. 특히 내 앞에서 벌어지는 일은 공부로서 성인(결혼 이후) 시절을 위한 상호상생을 위한 교육이기도 하므로 주입식 예절교육 또한 삼가야 한다. 공경과 예절은 기본덕목이다. 이조차 지키지 못하고 살아간다면 어디엔들 인간대접이라도 받기야 하겠느냐만 기실 대접받지 못한다는 자체가 '무덕하면 무득하니'라는 표적으로서 작용반작용의 법칙 상대성 원리가 적용되었다. 결국 소통하지 못한 때가 쌓이면 폭발하기 마련이라 그로 인해 받는 고통은 내 몫이지 네 몫이 아니라는 것이다.

고집이 고착되면 집착이 되고, 그 집착은 전체보다 부분을 보게 되므로 결국 분별력을 상실하게 된다. 이쯤 되면 전반적인 부분이 탁해진 것이고, 이 현상은 기본덕목조차 저버리고 살아가는 이들에게 나타난다. 그렇다고 작용반작용의 법칙 상대성 원리를 억지로 주입시킬 수는 없는 일, 질타를 받고 어려워지면 자신이 손해라는 사실을 깨우치는 데에서부터 공부가 시작된다는 점이다.

선천의 물질문명을 일으키기 위해 살아가는 민족이 있으면, 후천의 정신문명을 위해 살아가는 민족이 있고, 물질과 정신의 교역을 위해 힘쓰는 민족도 있을 것이라, 세 개의 차원으로 나뉘어 운행되는 인간 세상의 교육방침도 우연인 듯 필연인 듯 이에 맞추어지고 있다. 삶의 질은 주위환경에 따라 달라지겠지만 같은 조건의 환경이라도 무엇을 보고 듣느냐에 따라 상중하 차원으로 질이 갈린다. 본래 하나의 차원이었으나 셋으로 나뉘어야 했던 것은 탁해진 기운을 정화하기 위한 것으로, 상중하 모든 기운을 맑히면 하나 되는 바라 어린 시절 선천질량은 성인 시절 후천적 삶을 위한 것이다. 이를테면 물질에서 비롯된 선천의 삶은 정신차원의 후천의 삶을 위한 것으로 이는 각자의 몫이라는 것이다.

아울러 하나 되기 위한 물질생산은 해 돋는 땅에 가까울수록 도덕적 양심에 가치를 두고, 해 지는 땅에 가까울수록 사회적 윤리에 가치를 두려하니, 해가 중천에 뜬 교역의 땅은 도덕과 윤리가 살아 숨쉬는 곳이어야 한다. 과연 그리될 수 있느냐가 인류공영을 위한 공부로 주어졌다. 선천의 물질이야 해 지는 곳이 아니더라도 생산 가능하지만 후천의 정신은 창출해야 하는 부분이라 해 돋는 땅에서만 가능하다는 것이다. 어떻게 보면 해가 중천에 떠 있다는 자체가 물질과 정신 모두 가능하다 할지 모르겠으나 시작과 끝이 없는 중간의 위치라 서과피지(西瓜皮舐) 하기 십상이다. 게다가 교역은 이기의 물질과 이타의 정신에 있고 상극상충은 이타의 공급이 원활하지 않을 때 발생하므로 책임은 화합에 기여하지 못한 민족에게 돌아간다.

따라서 도덕적 양심은 가르쳐서 될 그 무엇이라기보다 '나 하기 나름'이라는 '하늘의 법도' '선(先) 순환의 법'을 무시하고서는 하나 될 수 없다는 것이다. '덕이 되니 득이 되고'는 상호상생이고, '무덕 하니 무득하고'는 반쪽반생이며, '해하니 독이 되더라'는 상극상충 으로서 모든 결과는 나에게서 비롯된다는 사실을 인식한다면 도덕 적 해이는 있을 수 없다. 바로 도덕에는 무엇을 어떻게 해야 한다 는 기준도 없다고 말하는 이유라고 할까. 있다고 한다면 너와 나의 욕심에서 기인된 윤리가 아닐까 싶은데, 아무것도 정해지지 않은 상태에서의 행위와 규범과 규율을 정해 놓고 하는 행위와 차이점 이 무엇이 있을까. 물질생산과 정신창출의 차이로써 물질로 만나 정신을 통해 하나 되어 살아가는 일이야말로 자연의 섭리인지라 언제나 덕 된 행위는 만나서 하나 되어 나가는 일에 있다. 아울러 물질의 윤리를 통해 정신의 도덕을 혼화해 나갈 때 너와 나 사이에 어려움은 찾아들지 않으며, 혼화를 했다고 하나 어려움이 찾아들 었다면 혼화 행위에 대해 깊이 생각해 볼 일이다.

◖ 도덕적 가치

인류의 역사가 전쟁의 역사였던 만큼 사랑과 평화를 빙자하여 희생과 봉사를 강요해 왔다. 언제나 상층은 이익을 위해 때리다가 말리고 그러다가 또 때리고, 힘의 고리 순환 역사에서 신앙이 화합을 위해 한 일이 무엇이었을까. 기도와 박애정신을 부르짖는 정도가 아니었을까싶고 철학자들이라도 다를 바 없다. 전쟁이 일어날 때마다 고작 사랑을 성토해 왔을 뿐이니 말이다. 신앙과 철학으로 점철된 위대한 인류역사 앞에 인간사의 모습이 예나 지금이나 요 모양 요 꼴이라면 기도와 희생과 봉사가 과연 '덕이 되고 득이 되는' 상호상생 차원의 행위였는지 생각해 봐야 할 때가 아닌가. 희생과 봉사는 윤리적 잣대로는 당연히 해야 할 일이겠지만 도덕적 가치로는 절대로 그렇지 않다고 말한다.

인간이 인간을 위해 정해놓은 규범을 윤리라고 한다면, 그 윤리와 규범은 화합을 위한 합의의 방편이기도 하므로 상하·좌우 불균형 방지를 위한 것에 있다. 기준을 어디에 두느냐에 따라 수평이 되고 수직이 되기도 하겠지만 인간이 인간을 위한 안(案)이다 보니 이익에 따른 문제점은 시시각각 도출되기 마련이다. 착하다는 선(善)의 개념이 누구나 바라는 사회적·윤리적 규범에 가깝다면, 바르다는 정(正)의 개념은 양심적·도덕적 규범에 가깝다. 합의는 화합을 이루기 위한 것에 있듯, 사랑도 행복을 위한 것에 있다. 하지만 모두 자신의 이익을 두고 벌이는 행위이므로 나 하기 나름에 달린 문제라 이로움을 주고받지 못하면 깨지게 되어 있다.

아쉬워서 만나듯이 득 보자고 약속한다. 득 될 성싶어 사랑하듯, 득 될 것 같을 때 합의하지 않는가. 과연 득이 되지 않는 모임이나 장소에 가려고 하는 이가 있을까. 먼 미래를 기약한다면 없지는 않겠지만 득 보기 위해 이기와 이기가 만나 합의하듯, 내 욕심과 네 욕심이 만나 사랑의 감정은 득 될 성싶을 때 솟는다. 분명 화합과 행복을 위한 질량이 이로움이라는 사실을 알고 있지만 먼저 주고 후에 받는 사실은 모르는 것 같다. 이처럼 인간은 철저하게 자기차원의 삶을 살아가는 이기적인 행보에서 상극상충을 빚음으로 조국과 민족을 위해 아낌없이 한목숨 바친다면 모를까, 일방적인 희생과 봉사는 상호상생을 일으키지 못한다. 물질문명이 발전할수록 국가의 충성도 그만한 행복을 보장받을 때서나 가능하다.

봉사도 마찬가지 아닐까 싶은데 상호 행복할 수 없는 사랑행위만 강요한다면 섭리를 무시하는 처사라 그 대가로 하는 쪽이나 받는 쪽이나 결국 사달이 난다는 것이다. 게다가 태반이 신앙심을 부추기는 일이 아니면, 자기 명(名)을 내고자 하는 일이고, 간혹 제 잘난 멋에 하는 이도 없지는 않으나 진정성 없는 제 잘난 멋이라 결과는 반쪽반생일 따름이다. 합의를 파기하는 것도, 사랑이 깨지는 것도 득 될 성싶지 않을 때 일어난다. 누군가는 윤리적인 책임을 운운하겠지만 계약을 파기하지 않으려면, 또 사랑하는 이를 곁에 두려한다면 월등한 이로움이 있어야 한다. 상호상생은 화합이자 행복이라 이로워서 맞이하는 조건과 아쉬워서 찾아가는 조건이 수평을 이루지 못하면 사랑도 합의도 가능하지 않다. 이기와 이기를 혼화시키는 질량이 이타가 분명하지만 만남은 이기에서 비롯되기에 정신이라면 모를까 물질이라면 월등해야 한다.

그리고 과연 가난 구제가 부자들의 몫일까, 아니면 정부의 몫일까, 신앙의 몫도 아니라면 만백성이 스스로 해결해야 하는 문제이지 않은가. 세 개의 차원으로 운행되는 세상은 또다시 음의 기운 무형의 저 세상과 양의 기운 유형의 이 세상, 두 개의 차원으로 나뉘어 운행된다. 따라서 저승은 이승을 위한 자리이고, 이승의 삶은 저승에서 받아 온 기본금으로 비롯된다. 즉, 선천적 기본금 사주는 사차원에서 받아와서 후천적 3차원을 위해 쓰일 자본금이라는 것이다. 그로 인해 '큰 부자는 하늘이 낳고, 작은 부자는 근면함이 만든다'는 "대부운재천(大富運在天)이요, 소부운재근(小富運在勤)이다"라는 소리를 뿌리, 몸통, 두둑으로 이어지는 동북아에서 적지 않게 해댄다. 그런데 중부(中富)라고 해야 할까. 중산층에 관한 소리는 없다. 왜 없는 것일까. 중부는 소부(小富)가 노력하면 도약이 가능하기 때문이 아닌가 싶은데 기실 대부(大富)는 하늘이 만드는 만큼, 노력한다고 해서 오를 수 있는 자리가 아니다. 그리고 대부(재벌)가 몰락하면 중부로의 삶이 가능할 것인가. 그냥저냥 살아갈 수 있을지는 몰라도 중부의 삶을 누리지는 못한다.

즉, 대부에게 있어 중부는 완전 몰락을 의미하므로 산다한들 소부보다도 못한 삶을 살아가는 거와 다를 바 없다. 더구나 하늘이 낳은 대부는 천명의 뜻을 받들어야 하는 위치로서 그야말로 몰락은 거역의 대가로, 중부의 삶을 누리려 해도 누릴 수 없다는 것이다. 그러나 근면함으로 소부를 이룬 이들은 노력 여하에 따라 얼마든지 중부에 위치에까지 올라설 수 있고, 올라섰다면 중부의 삶을 나름 만끽한다. 그러다가 망하면 육신이 고통스럽기는 해도 얼마든지 재기의 몸부림을 칠 수 있지만, 대부에서 중부로 몰락했다면 하늘이 열어주지 않으면 할 수 없다.

'힘이 센 장군은 지혜로운 장군만도 못하고, 지혜로운 장군은 덕 있는 장군만도 못하다'는 "역장불여지장(力將不如知將)이요, 지장불여덕장(知將不如德將)이다"라는 군부(軍部)와 정관계(政官界)의 경향은 어떠할까. 구한말까지만 하더라도 문무대신(文武大臣) 모두 과거제로 등용했지만 일제강점기 이후 서구의 근대적인 선거제도가 도입되었고, 만백성의 생존권 보장을 위해 직접 선출함으로써 청렴

해야 하는 각료들의 상층의 생활은 가당치도 않다. 경제계의 특권이 재벌 상층생활에 있다면 무신(武臣)의 특권은 명예와 권력에 있지만 군부의 특성상 삶의 질량이 판이하다.

힘 센 장군은 지혜로운 장군만도 못하다는 역장불여지장(力將不如知將)은 바른 소리임에 틀림없다. 타고난 힘이야 그에 따른 노력이 가미된다면 얼마든지 부리지만 그러다가 힘에만 의존하면 그저 힘이나 쓰는 돌쇠에 불과할 지도 모른다. 여기에 눈과 귀로 흡수한 지식을 부합시켜 나간다면 맹장(猛將)이 아니 되겠느냐만 내 안에는 나를 위한 지식(知識)과 너를 위한 지혜(智慧)가 공존함이거늘, 지혜를 배제하고 지식에만 의존한다면 지략(知略)이라고 해봐야 자기 셈법일 터, 수하의 부하나 간수할 수 있을지 모르겠다. 눈과 귀로 채운 욕심은 지식으로 생각의 범위를 늘려나가는 이기의 차원이요, 마음은 지혜의 보고로서 너를 위할 때 쓰이는 이타의 차원이라, 내 생각 이기의 차원에서 전략을 펴본들 지식에 국한된 책략일 수밖에…. 좋은 결과를 기대할 수 있을까. 마음차원 지혜로 하나되어 나간다면 너를 위한 지략은 스스로 펼쳐지므로 수하의 병사와 함께 큰 공도 세우게 되는 법이다. 즉, 맹장의 위치에서 누굴 위한 전략을 어떻게 펼치느냐에 따라 역장(力將)에 머물 수도 있고 또 지장(知將)의 칭송을 받을 수도 있다. 힘의 역장 넘어 지식의 지장이요, 지식의 지장 너머 지혜(智慧)의 덕장(德將)이라 역시 장군의 안위도 안위지만 부하와 함께하려 한다면 모든 전술에는 하늘의 뜻이 부여된 지혜(智慧)로 뜻을 이루게 된다는 것이다.

지장불여덕장(知將不如德將)이라고 했다. 이는 하늘의 뜻을 받드는 지혜로운 지(智)의 장군을 가리키는 소리다 아니다. 생각차원 지식의 힘을 빌은 지장(知將)은 의로움으로 행하는 덕장(德將)만도 못하다는 것이다. 지식은 선천의 물질을 일구어내는 힘의 원천인바 지혜롭게 후천의 정신을 창출해 내는 것보다 나을 리는 없지만 지식의 힘과 지혜의 덕이 하나 되어 나간다면 천하를 호령하게 된다. 그러나 한결같이 지식과 지혜의 차원을 분별치 못해 주저앉고 있다. 왜 그런 것일까. 이 또한 내 욕심을 앞세우기 때문이 아닐까 싶은데 앞서 잠깐 언급했듯이 나를 우선할 때 쓰이는 차원이 생각의 지식이고, 너를 우선할 때 쓰이는 차원은 마음의 지혜라고 했다. 아울러 복장(福將)의 행로는 받아 온 선천질량을 위한 것이라면 덕장(德將)은 앞으로 함께 쌓아나가야 하는 후천질량이라는 것이다. 무슨 소리냐면, 복(福)은 생각의 지식으로도 득(得)할 수 있지만 덕(德)은 마음의 지혜로 쌓아야 하는 것이라는 소리다.

나를 위한 생각차원의 지식과 너를 위한 마음차원의 지혜에 대하여 필자의 저서 이곳저곳에 수록하였으니 이쯤하자. 복(福)은 받는 것이라 하루아침에 연기처럼 사라질 수 있지만 덕(德)은 행으로서 쌓아올린 것이므로 쉽사리 사라질 그 무엇이 아니다. 따라서 복은 너를 위해 쓰도록 주어지는 것이므로 이를 바탕으로 덕을 쌓지 못한다면 복장(福將)은 그야말로 역장(力將)만도 못한 꼴이 된다. 아울러 선천의 역장(力將)과 지장(知將)과 복장(福將)은 후천의 나 하기 나름에 따른 지장(智將)과 덕장(德將)을 위해 주어진 기본의 자리로서, 올라섰다면 '너를 위한' '이로움'이라는 차원을 가슴으로 받아들여야만 하는 자리다. 이로움은 덕 된 행위 그 자체이므로 이것이 옳고 저것은 그르다는 틀에 박힌 사고를 가르치는 유형과는 거리가 멀다. 너와 나, 우리 모두에게 보탬이 되는 행위에는 그 무엇도 정해진 바가 없기 때문이다. 나를 위한다면 모를까, 너를 위한 행위인데 틀에 맞춘다면 누구 좋으라고 하는 행위일까. 착하고 선한 행위를 강조하는 윤리는 절제와 규제를 통해 질서를 유지하려 들고, 바르고 이로움을 지향하는 도덕은 상호상생을 추구하는 바라 그 무엇도 정해서는 안 된다. 바른다는 것은 정(正)이자 이로운 리(利)의 행위로서 바로 앞에 있는 네게 덕(德)이 되는 것에 있다. 행위가 바르면 득이 되어 돌아올 것이라, 이는 부메랑으로서 너를 위한 행위였더라도 상호상생을 이루지 못하면 너를 빙자한 나를 위한 행위였거나, 마지못한 행위에 불과한 것이라고 할까.

소부나 하급관료나 일개 장수의 자리에서 멈추었다면 나를 위해 살아온 결과이고, 대부나 고위급 관료나 복장에서 멈추었다면 천명을 다하지 못한 것으로 대부는 분열될 것이요, 고위관료와 복장은 파멸되지만 그래도 기회는 있다. 바로 만백성이 원한다면 복권이 가능하다는 점이고 대부는 만백성이 원하더라도 대기업의 CEO로 복직이 불가능하다는 점이다.

한편, 고조선의 국통이 북부여로 넘어갈 때, 민족분열의 시기 열국시대를 맞이했다. 무엇을 의미하겠는가. 즉, B.C. 2세기경부터 한(韓)민족은 뿌리의 고유이념을 잊고 뿔뿔이 흩어져 살아야했던 시기였으며, 918년에 왕건(877~943)이 일원화체제 고려(918~1392)를 건국하기까지 일천여 년의 세월은 천명을 저버리고 살아온 혹독한 민족분열의 시대였었다는 것이다. 해서 하나 되기 위한 소통의 대안마련을 위하여 팔도 8개국 열국에서, 4개국 사국시대에서, 다시 3개국 삼국은 2개국 이국시대를 이은 일국시대를 건국하기에 이르기까지 금수강산을 민족의 피로 물들여 왔다.

광활한 대륙에서의 뿌리민족 직위가 관료 복장(福將)에서 멈추자 상층 대부(大富)에서 분열이 일어나 그만 나락으로 떨어졌는데 그 이유를 어디에서 찾아봐야 하는 것일까. 잘못 살아온 역사를 되돌아보기 위한 과정은 열국에서부터 사국을 거쳐 삼국에 이르기까지는 험난한 여정이었고, 적대보완적인 남북국의 이국체제는 일원화체제 고려의 건국을 위한 것이라 하늘이 허락하지 않으면 결코 있을 수 없는 일이다. 뿌리민족 대화합의 시대이자 동북아 삼국이 하나 되어 나가는 시대로서 대륙몸통과 열도두둑 해양과의 사이에서 균형을 유지해 나가야 하는 반도고려의 입장은 뿌리로서 내부결속이 우선이라 화합의 대안을 찾아야 했었다. 비록 밑동이 잘려나가 3:7 음양합의 0의 수를 완전하게 드러내지 못했다 하더라도 고유이념을 찾기 위한 시발점이라 찾으려 했다면 팔도로 나뉜 뿌리의 화합은 자연스러운 일이다.

두둑에 위치한 열도는 야요이 시대(B.C. 300~A.D. 300)부터 열국시대 반도국가와 꾸준히 교류하여 야마토 시대(400~710)에 들어 장족의 발전을 이루었는데 가야, 백제, 신라, 고구려 4개국 덕분이 아니었나 싶다. 이후 나라 시대(710~793)를 거쳐 헤이안 시대(794~1185)에 이르러 해양세력의 발판을 구축하면서 제국으로 자리매김하기 시작하였다. 한편, 고조선이 붕괴일로에 들어서고 북부여가 그 국통을 이어받으면서 시작된 열국시대에 들어, 고구려를 통해 발해가 국통을 이어받고 하나 된 민족국가 고려에까지 이르렀다. 몸통에 위치한 대륙의 진나라(秦, B.C. 221~206)는 전국시대를 통일한 중국 역사상 최초의 통일 국가이지만 겨우 15년의 세월이었고 422년 지속된 한나라(漢, B.C. 202~A.D. 220)의 붕괴로 몸통삼국(220~280)시대를 맞이하였으나 60년에 불과하였다. 뒤이어 진나라(晉, 265~419)가

154년 동안 존립하였고 이후 남북조(439~589)시대가 150년에, 이어 수나라(隋, 581~618)도 37년간 존립하였다. 618년에 건국한 당(唐)나라가 907년에 멸망하기까지 289년간의 존립기간은 한나라 멸망 이후 역대 4위에 해당하는 기록이다. 53년 동안 자리한 오대십국(五代十國, 907~960)의 군웅할거 시대는 분열의 시기였고, 960년에 건국한 송나라(宋, 960~1279)가 1279년에 멸망하기까지 319년이라는 세월은 역대 2위에 해당한다. 무엇보다 대륙몸통에 송나라가 건국하자 열도두둑 헤이안과 반도뿌리 고려로 이어지는 동북아 삼국시대가 시작되었다는 점이다. 동북아 화합의 시대를 맞이하여 발생한 문제는 반도가 대륙과 해양사이에 위치한 이유를 깨닫지 못한 것도 있지만 이보다 더 큰 문제는 약소국이 되어 버렸다는 것에 있다.

왜 그리 되고 만 것일까. 상층의 대부가 쫄딱 망한 경우와 다를 바 없다. 분명한 기회를 잃어버려 바닥에서부터 치고 올라서야 하는 입장이다. 관료와 장수가 겨우 복권을 받은 입장과 다를 바 없어 장수의 힘이 넘쳐흐를 리 만무다. 그나마 하나 된 민족국가 일국시대에 감사하며 할 수 있는 일은 백의종군이라는 점이다. 뿌리민족의 자원은 생각의 지식과 물질의 힘에 있는 것이 아니라 마음의 지혜와 정신의 이로움이 배여 있기에 힘에 의지하는 민족에게 힘으로 대적해 봤자 득 될 것은 무엇도 없다.

☾ 본연의 삶

고유의 삶을 저버린 대가로 민족분열은 1천 년이나 지속되었고, 하나 된 민족국가 고려를 건국하기에까지 1천 년의 세월 동안 적어도 속국의 개념은 없었다. 물론 하나 되어 보겠다고 민족끼리 피 튀기며 싸워야 했겠지만 이념을 잊어버리면 개인 논리가 기승을 부리기 마련이라, 부분적인 자기 논리가 전체의 진리마냥 하나 되고자 가볍게 다가섰다가 부분과 부분이 맞서며 부딪쳐야 했던 것이었다. 열국에서 일국이 되기까지 숱한 장수(將帥)들이 자리했을 터이고, 맹장(猛將) 넘어 복장(福將)의 위치까지도 많이 올라섰겠지만 피로 물들였다는 것은 덕장(德將)의 위치에 다다른 지장(智將)이 없었음을 뜻하는 바, 아마도 뿌리민족의 혼을 용감무쌍한 힘과 지식에서만 찾으려 들었기 때문이 아닐까 싶다. 지혜를 겸비한 덕장이 있었다면 일국시대를 앞당겼을 터이고, 민족혼을 되살리지 못하면 재차 분열의 시대를 맞이하듯이 약소국가는 소통과 화합의 원동력을 잃었을 때 전락하는 것이다. 그렇다고 지식을 지혜마냥 물질의 힘에만 의지하려 든다면 어떻게 될까. 면치 못한다는 것인데, 대륙과 해양사이에서 살아남는 길은 지식과 힘을 지혜와 덕으로 혼화하는 일이다.

"그런데 어떻게 해야 혼화할 수 있을까?"

반도는 정신문명 요람의 뿌리요, 열도는 보호막 두둑이고, 서양은 가지로서 물질문명의 산실이고, 대륙은 몸통으로 물질과 정신의 교역의 요점이다. 즉, 동북아 삼국 반도뿌리, 대륙몸통, 열도두둑은 정신문명의 요람으로 때가 되면 물질문명의 산실 서양가지와 하나 되어야 하는데, 그중에서도 뿌리는 몸통과 두둑의 중심을 잡아 나가야 하는 동북아의 핵심이다. 천지인 세 개의 차원으로 나뉘어 운행되는 곳이 세상이듯 뿌리·몸통·가지 세 개의 차원으로 나뉘어 운행되는 곳도 세상이다. 아울러 천기의 기운은 뿌리요, 지기의 기운은 몸통이고, 인기의 기운은 가지로서 인류 3대 축의 핵심은 뿌리로서 만약 치우쳐 몸통에 기댄다면 두둑이 들쑤실 것이요, 두둑의 손을 잡고자 한다면 대륙이 버럭 할 것이고, 가지와 손잡으면 몸통끼리 뭉칠 것이라 그 어느 쪽으로 치우쳐서는 안 되는 곳이 뿌리다. 본연의 삶을 살아간다면 어려울 리 있겠느냐마는 약소국이 되어야 했던 것도 뿌리 본연의 삶을 잃었기 때문이라 두둑이 뿌리 보호를 자처하는 이유가 어디에 있을까를 생각해 보자. 가지의 지식과 물질에 뿌리의 지혜와 정신을 부가해 나가기 위한 것에 있지 않을까 싶은데 뿌리와 몸통은 떼려야 뗄 수 없는 사이로서 뿌리가 죽으면 몸통도 따라서 죽는다는 사실에 있어 뿌리가 소임을 저버리면 몸통은 어떠하고 두둑은 어떠하겠는가. 일국시대 고려는 약소국인 듯싶지만 결코 약소국의 출발이 아니다. 물질자원이야 대륙과 해양보다 턱없이 부족하겠지만 하늘의 기운 뿌리의 성분을 추출하지 못하면 존립자체가 어렵다는 사실을 알아야 했었다.

물론, 보이는 반도는 작고 보잘 것 없겠지만 보이지 않는 뿌리의 기운은 몸통과 가지를 덮고도 남음이라. 대륙세력과 해양세력의 연관성을 고려해 보면 반도 하기 나름임을 알 수 있다. 자동차로 그 예를 들어보자. 외형은 물론이요 내형까지도 지식(창의성)에 의한 개발이지만 핵심 3대 요소는 엔진, 브레이크, 핸들로서 하나 되어 살아가는 정신과 비유한다면 외형의 장식은 물질로서 지식의 관계요, 자동차 운행은 엔진이 점화될 때 가능하므로 지혜의 뿌리는 내면 소통의 엔진에 위치한다. 제아무리 때 빼고 광을 내더라도 엔진에 시동이 걸리지 않는다면 무용지물이다. 외형의 고장부분도

교체나 수리가 대부분 수월하지만 내부의 부품과 엔진은 교체는 몰라도 수리는 만만치 않다. 무슨 말인고 하면, 동북아 삼국의 균형은 반도가 잡아 나가야 한다는 것인데 엔진부분의 반도뿌리가 고장이 나면 대륙몸통은 운행을 멈출 것이고, 열도두둑은 소임을 잃을 것이라 자국의 발전을 위해서라도 은연중에 압박을 가하게 된다는 것이다. 또한 엔진고장(열국)에서 수리(일국)까지 걸린 시간이 1천여 년이요, 그 기간 존속한 나라의 수명도 최소 250년 이상이었음을 볼 때, 최고 길어야 3백 년 안팎에 불과한 대륙과 열도에 존속한 나라들의 뜻한 바를 알 수 있지 않을까.

선천질량이 풍부한 대륙이지만 후천질량 만큼은 반도에서 가져다 써야 하는 실정이고, 열도는 화산섬이라 무엇이든 뭍인 반도에서 가져다 쓰지 않으면 안 될 입장이다. 뿌리의 영양소를 공급받지 못한 국가는 자연스럽게 소멸되었으며, 또 새로운 체제가 들어설 때마다 압박을 가해 왔다. 왜일까. 그리고 우연이란 없다. 나 하기 나름이라 필연도 없다. 상호상생을 일으켰을 때나 필연이 되듯이 대륙과 열도는 반도하기 나름의 삼원화체제다. 일원화체제를 위한 단계로서 단일민족국가 뿌리가 뜻하는 바가 무엇일까. 널리 인간 세상을 이롭게 하자는 고유이념을 구현하기 위한 것에 있다. 그만 안타깝게도 몸통의 이념을 가져다 써야만 했으니 고려·조선 일국 시대의 1천 년의 한 맺힌 역사를 눈물로 써야 했다.

1천 년 전에 팔도가 구획되어, 도(道)마다 독창적인 사투리를 구사했다는 것은 저마다 자기 특성대로 살아보겠다는 각자도생의 반증이 아닐까. 뜻이 반영되지 않을 때마다 어깃장을 놨을 터, 반도의 기질만큼이나 내 말이 맞는 말이니 무조건 따라야 한다고 두 눈을 부릅뜨지 않았나 싶다. 결국 팔도각지에서 다투다가 때가 되어 이룬 일국시대 고려는 팔도의 사투리를 하나로 결속할 대안을 마련해야 했으나 여의치 못하자 뭉치면 죽고 흩어지면 사는 민족의 습성을 버리지 못하였다.

주의를 살펴보면 우두머리 성향이 짙은 이들일수록 고집과 독선으로 일관하다 결국 이도저도 못하는 외톨이 신세 면치 못해 소리 없이 사라지는 것을 볼 수 있다. 소신은 있다하나 자기만의 개념이요, 펼쳐본들 나를 위한 것뿐이라 과연 함께하고자 하는 이들이 얼마나 될까. 나에게만 맞는 것을 너에게도 맞을 것이라 우겨대면 떠나는 것은 인연이요, 남는 것은 상처뿐일 터 무소의 뿔처럼 혼자서 가본들 절대 고독 속에 스스로를 죽이는 행위밖에 더하겠는가. 이로울 때 하나 되고자 하는 것처럼 내 소신이 너에게도 이롭다면 무소의 뿔처럼 혼자 가지 않는다. 과연 이로운데 떠나는 이가 있을까. 아쉬워서 찾고 아쉬우면 떠나고, 하나 되겠다고 찾고 하나 되지 못하면 떠나게 되는 것이다. 하나같이 행위가 너를 위해 한다고 하겠지만 아니니까 떠나고, 아니니까 외면하고, 아니니까 단절하고, 아니니까 겁박까지 당한다.

한편, 고려시대 신앙과 이념에서조차 외민족의 침입이 잦았던 이유를 알 수 있다. 대륙몸통의 오대십국(907~960) 때부터 송나라(960~1279)에 이르기까지 친선관계를 꾸준히 맺어 왔다고 하는데 이는 뿌리·몸통 핵심 역대 왕조와 꾸준히 유대관계를 맺어 왔다는 뜻이 아닌가 싶고, 특히 송나라와는 매우 밀접한 관계였다고 한다.

반면, 변방이나 북방에 살던 거란, 여진, 몽골족 등을 야만시하고 대립정책을 견지하였다. 너무나도 편중된 정책이 아닌가. 기실 고조선의 국통을 북부여가 이어받았다고는 하지만 살펴보면 민족 분열의 열국시대와 상황은 별반 다르지 않나 싶다. 그리고 덕으로 살아가야 할 민족이 편향된 행위로 외침당하면서 한발씩 물러서다 건국한 고조선은 대륙에서 더 이상 물러서지 않겠다는 마지노선이었다. 1대 환웅 거발환이 인간 세상에 뜻을 두고 개국한 신시 배달국은 환란의 시대를 이로운 행위로 다스려 나가자는 뜻이었건만 근본이념을 저버리고 힘의 반쪽반생을 덕행의 상호상생으로 오인하여 숱한 외침을 당했다.

천손의 수식어가 따라붙은 뿌리민족이 치우치면 좋은 일이 있을까. 반드시 관계가 소원한 민족은 항명할 것이고, 힘의 민족에게 힘으로 대적해 봤자 굴욕만 자리한다.

일원화체제로 자리한 뿌리의 고려가 초기부터 편향된 행보를 보이자 몸통 변방과 북방민족으로부터 겁박과 침탈에서 벗어나지 못하였다. 중심축 뿌리가 수평관계를 유지했다면 치욕의 역사는 자리하지 않았다. 993년 거란의 1차 침입에 이은 1010년 2차, 1018년 3차 침입으로까지 이어졌는데 분명 원하는 바가 있을 터, 무엇이었을까. 침략의 주된 원인을 밝혀내지 못하는 이상, 지략가(知略家) 서희(徐熙, 942~998)의 담판외교와 복장(福將) 강감찬(姜邯贊, 948~1031)의 귀주대첩 업적은 그럴듯하지만 과연 자랑스러워할 만한 일이었을까. 이후 고려를 부모님의 나라로 섬겨 왔던 여진족의 정벌은 또한 어떠했는가. 큰코다친 윤관(尹瓘, ?~1111)을 칭송하지만 1115년 여진족은 금나라(1115~1234)를 건국하고 1125년에 들어 대국(大國)이라 떠받들던 거란의 요나라(916~1125)를 멸망시키면서 1127년에는 송나라의 영토를 대부분을 차지하기에 이르렀다. 그리고 마침내 고려에게 군신관계를 요구하기까지 이르렀는데 힘으로는 약소국을 면치 못하니 어찌 하면 좋겠는가.

사실 1080년에 고려의 조정은 대규모 여진정벌을 계획하여 1107년에 마무리 지었다고 떠벌리지만 부모의 나라로 섬기며 믿고 따르던 민족이었다. 징벌도 아니고 부모가 자식을 쫓아내고자 칼을 써야만 했던 정벌사실을 어떻게 받아들여야 할까. 품어 안지는 못할망정, 함께하지는 못할망정 떠벌려서는 안 될 것 같다. 같이 살아보겠다고 소원했는데 품어 안아 주지 못했다면 누구의 책임이겠는가 이 말이다. 본연의 삶을 잃으니 바르게 행해야 할 이로움마저 잃어버린 듯싶다.

무엇보다 고려 초기부터 금나라와 군신관계가 되어버렸으니 뿌리민족의 자닝한 시대 474년의 막이 올랐다. 중기에 이르러 어머니의 나라처럼 사모하던 몽골과의 관계는 어떠하였는가. 1231년 1차 침입을 감행하였던 표면상의 원인을 보면, 금나라가 망할 무렵 거란족 야사불(?~?)이 1216년 후요(1216~1219)를 건국하였고 이후 몽골군에게 쫓겨 고려의 강동성 서북 지방까지 내려왔을 때 몽골군과 합세하여 소탕하였다고 한다. 그 후로부터 몽골은 고려에게 공물을 요구함으로서 양국은 군신관계로 소원해져 갔다고 하는데 그만한 또 다른 분명한 이유가 있을 터 당대는 왜 서희와 같은 지략가가 없던 것일까.

인재(人材)를 키우기 위해서는 선천적으로 타고난 이들을 후천적으로 육성해 나가야 하거늘 만약 외세의 침략에 소홀히 했다면 이는 또 누구의 책임인가. 뿌리가 몸통의 법도를 가져다 쓴다는 것은 설명한 딸깍발이 모양새라 표적이 될 수밖에 없었고 그렇다면 고려는 이미 자정능력을 잃은 상태였을지도 모른다.

☾ 역사의 주체

몽골은 조공과 더불어 군신관계를 요구했을 터, 고려의 조정이 어떻게 받아들일 수 있겠는가. 변방민족과 북방민족을 오랑캐라 야만시하고 대립정책을 견지하다가 속국이 된다면 이보다 청천벽력이 어디에 있을까. 더군다나 몽골사신 저고여(?~1225)가 1225년(고종12) 본국으로 돌아가던 중 압록강 부근에서 피살되었으니 마침내 침략의 불똥이 튀고야 말았다. 대책이나 강구하고 벌인 일일까. 예견된 침략으로서 지키지 못할 약속을 체결한 결과가 1232년 2차 침입을 발발케 한 것인데 그해 7월(고종19) 고려의 조정은 강화로 천도하면서 침략을 모면하고자 하였다. 궁여지책이었고 1257년 7차 침입에 이르기까지 피골이 상접된 만백성의 몰골이 흉흉한 민심을 대변하겠지만 이보다 슬픈 일은 이념을 저버려서 겪는 국난이라는 사실을 모르는 데 있었다. 더욱이 길 잃은 만백성을 나 몰라라 하는 조정과 문무대신을 어찌하면 좋을까. 외침을 온몸으로 막아내며 사람답게 살 수 있은 길을 열어 달라고 애원하지만 당대나 작금이나 달라진 것이 하나 없으니 과연 조정과 문무대신은 만백성을 위해 존재하는 것인가. 역사의 주체가 만백성이어야 하거늘 겁박과 침탈에 대한 이유와 원인도 밝혀내지 못하는 조정과 문무대신이 역사의 주체로 자리해 왔다.

먹여 주고 입혀 주고 보살펴야 하는 쪽이 어느 쪽 이어냐 하느냐는 것이다. 길 잃은 어린양 굽어 살펴 주시옵소서라고 하는데 왜 길을 잃어야만 했던 것일까. 사람답게 살아갈 대안을 마련해 준다면 길 잃은 어린양이 있기라도 할까. 누구의 책임이냐는 것이다. 1270년(원종11) 개경으로 환도하기까지 걸린 기간이 무려 39년이었다. 집 떠나면 고생이라던데, 소임을 배임하면 귀양을 간다고 하던데, 거란과 여진만으로 충분히 되돌아볼 수 있는 시간이었건만 끝내 몽골에게까지 치욕을 당하고 말았다. 몽골은 1271년 원나라(1271~1368)를 건국하기에 이르렀으며 고려는 주객전도의 속국시대를 맞이하였다. 뿌리가 흔들리면 몸통의 핵심도 흔들리는 법이듯 1279년 송나라도 마침내 원나라에 의해 멸망하였다. 몸통 전 대륙에서 쫓기듯 뿌리 반도에 들어와 하나 된 민족국가 고려건국에 이르기까지 몸통의 문물과 함께해 왔던 결과가 뿌리에서 홍익인간 이념의 싹을 틔우지 못한 결과를 초래하였다. 이미 몸통의 문물에는 뿌리의 혼이 담겨 있었고 사람 사는 세상을 구현코자 열국에서 시작하여 일국시대까지 이르렀으나 이를 망각한 고려는 유교를 정치이념으로, 불교를 정신세계의 지도이념으로 삼았다고 하니 민족고유이념을 계승발전할 여력이 남아 있을 리 만무다. 이후 도교와 유학의 발달로 성리학을 수용하였다는 기록이다. 한편 10세기 초부터 14세기 후반까지 몸통의 변방과 북방민족이 차례로 부흥한 시기로서 묘하게 고려의 건국과 멸망이 맞닿고 있다.

1천여 년 만에 하나 되었는데 오랑캐 민족의 쉼 없는 외침은 웬 말인가 싶겠지만 뿌리가 하나 될 때 몸통과도 하나 되는 법이므로 화합과 소통의 대안마련을 위해 벌어진 일련의 과정이 아니었나를 생각해 볼 일이다. 내부의 결속이 외부와의 결속이듯 뿌리의 결속이 곧 몸통과의 결속이다. 화합과 소통과 상생발전을 위해 필요한 질량에다가 뿌리의 추출물을 공급하지 못한 결과가 바로 침탈이었고 치우침의 결과가 속국이었다. 태조왕건의 숭불정책으로 불교문화는 활짝 꽃을 피웠고 거란족이 침입하자 부처의 원력으로 물리쳐 보겠다는 신앙심이 발로하여 1011년부터 초조대장경을 판각하였다. 허나 염원의 공력이 부족하였는지는 1232년 몽골의 2차 침입 때 불타버렸다. 1235년 몽골의 제3차 침입 이후 불력으로 제차 물리치고자 호국불교를 내세워 1236년 대장도감을 설치, 대장경의 재조를 감행하여 1251년 팔만대장경 조판을 완성하였다. 그럼에도 불구하고 19년 후인 1270년 끝내는 치욕적인 조약을 체결하였으며 1274년 충렬왕 즉위년에 여몽(麗蒙)이 연합하여 일본정벌에 나서기까지 하는 엄청난 과오를 벌였다. 결국 뜻하지 않은 폭풍우로 많은 희생자만 내고 돌아와야 했었다는 기록이다.

"뜻하지 않은 폭풍우를 만났다." "음."

7년 뒤인 1281년(충렬왕7) 2차 정벌에 나섰으나 또다시 폭풍우로 막대한 손실을 입고 두 차례의 원정 모두 실패하였다는 것이다. 신통하게 몽골의 침입은 물리치지는 못하였어도 여몽이 주도한 침략 행위는 팔만대장경이 막지 않았나 싶다. 도를 잃고 덕을 저버렸기에 충(忠)의 멍에를 쓰고 저질러야만 했던 그야말로 어처구니없는 사건이었다. 속국이라 어쩔 수 없지 않느냐는 반문도 있겠지만 오랑캐라 배척해 온 민족에게, 어머니의 나라라고 떠받들던 민족에게 속국이 되어야 했던 최소한의 이유만이라도 알기 위해 노력해야 했었다. 물론 국력을 배양하지 못한 이유도 있겠지만 힘이 아닌 덕으로 함께하는 길을 모색했더라면 하늘이 외면했을까.

더군다나 여말선초에 단독으로 대마도 정벌을 하기에까지 이르렀다고 하는데, 고려 초기부터 문무대신이 안건의 합의를 이루지 못했듯이 중기에 걸쳐 말기까지 여전한 것을 보아하니 조선의 조정도 다를 바 없어 보인다. 13세기부터 16세기에 걸쳐 반도의 해안에는 열도해적의 출몰이 빈번하였고, 특히 여말선초 70년 동안 극심하였고 왜구 창궐의 피해가 가장 컸던 시기는 고려 말기 약 40년 동안이라는 기록이다. 고려의 아픈 역사를 뒤돌아보면 초기에는 대륙세력 변방민족의 등살에 시달리다가 중기에 이르러 북방민족에게 충의 멍에를 써야 했으며 말기에 들어 열도 왜인들의 노략질에 시달려야 했다. 맛있는 음식만 골라 먹으면 체하는 법이다. 그런데 비빔밥이 의외로 맛있다. 이는 한민족에게 내리친 채찍이 분명한데, 무엇 때문에 맞아야 하는지 모르고 있다.

☕ 주고받는 것이 소통

고려 말기 장군이었던 이성계(1335~1408)는 왜구의 피해를 누구보다 잘 아는 인물 중 하나다. 피해를 없애고자 나름의 유화정책을 써왔으나 도와 덕을 저버렸으니 여의치 않을 수밖에. 왜구의 근거지를 대마도라 생각하여 정벌하기에 이르렀다. 앞서 밝힌 바처럼 대륙은 몸통으로서 떼려야 뗄 수 없는 관계요, 해양은 두둑으로 불가분의 관계라 모두 반도뿌리하기 나름이라고 해왔다. 오늘날 동북아 좌우동형을 뿌리가 잡아 나간다면 세계의 정세를 좌지우지할터, 이는 차후에 다룰 문제이니 이쯤하고 하나의 예를 들어보자. 이로운 자가 찾아다닐까, 아쉬운 자가 찾아다닐까. 즉, 도움 받기위해 아니면 도움 주기 위해, 물질의 양이든 정신의 양이든 자원을 많이 가지고 있다면 이로워서 맞이하는 자요, 자원이 부족하면 아쉬워서 찾아가는 자다. 작금에는 저마다 스마트폰을 가지고 다니는데 과연 도움 주고자 먼저 전화하는 자가 있을까. 있다고 한다면 얼마나 될까. 태반은 자기 득 볼 요량이고, 거의가 도움 받기 위한 전화다.

주고받는 것이 소통이므로, 화합을 위한 합의 사항은 이로워서 맞이하는 자의 몫이듯 소통도 맞이하는 자의 몫이다. 사절단으로 오든, 노략질하러 오든, 행색은 달라도 아쉬워서 찾아오는 이들이 분명하다. '덕이 되고 득이 되는' 상호상생이나 '해하면 독이 되는' 상극상충이나 나 하기 나름의 선순환 법으로서 그야말로 화합은 이로워서 맞이하는 자에 의해 결정된다. 많은 이들이 대기업을 찾는 이유 중에 하나는 그만한 이득이 따르기 때문인데, 찾아가는 이들도 나름대로 득이 될 수 있는 자원을 가지고 찾아간다. 이때 사측에서 진정으로 한 식구가 되어줄 것을 요구한다면 어려울 게 있겠느냐만 이득에 따른 노사의 차별을 두려한다면 충돌은 불가피하다. 사측이 생활의 이로움을 북돋아 준다면 노측은 생산량으로 보답할 것이고, 이처럼 상호 이로움은 미래 비전으로 질적 삶을 보장한다면 생산량으로 보답한다.

질적 삶은 물질에 정신을 부합시켜 행복을 영위해 나가는 일이지만 노사가 화합치 못하면 행복을 빙자한 사랑행위 즉, 투쟁만이 자리한다고 할까. 노사의 입장에 두둑과 뿌리의 관계를 반영한다면 두둑은 화산섬 열도로서 아쉬운 노측의 입장이고, 뿌리는 반도로서 이로운 사측의 입장이라 뭍의 문화를 가져다 써야 하는 섬을 위해 살아가야 한다. 지하자원이 풍부할까. 있다한들 개발인력이 부족할 터 누구의 도움을 받아야 했겠는가. 그리고 필요한 것을 도움 받지 못하면 어떻게 되겠는가. 뿌리를 위한 두둑이다.

1374년 우왕(1365~1389)이 재위하자, 1388년 위화도에서 회군한 고려장수 이성계(재위 1392~1398)에 의하여 폐위될 때까지 14년 동안 왜구의 침입 횟수가 무려 378회였다고 한다. 1389년(고려창왕1) 박위(?~1389)에 의해 1차 정벌을 감행하여 나름의 전과도 있었던 모양인데 조선 초 1393년에서 1397년까지 4년 동안의 노략질 횟수가 53여회나 되었다고 하니 이는 또 어찌된 영문인가. 이성계가 1392년 조선을 건국하고 태조 5년이 되던 1396년에는 우정승 김사형(1341~1407)을 필두로 남재(1351~1419), 신극공(1353~1423), 이무(1355~1409) 등 5도의 병선을 모아 2차 정벌을 나섰다는 기록이다. 1419년(세종1) 이종무(1360~1425)의 3차 대마도 공적을 운운하는 걸 보아하니 공격의 규모를 미루어 짐작할 수 있다. 여몽이 연합하여 일본정벌을 나서야 할 때는 어쩔 수 없었던 일로 치자. 하지만 고려는 유교를 정치이념으로 불교를 정신세계 이념으로 삼은 동방예의지국 아니었던가. 물론 외세의 침략으로 국운이 쇠퇴한 조정에서 할 수 있는 일이 무엇이 있었을까마는 신앙이 종교로 승화되었다면 희망의 불씨를 지폈을지도 모른다. 신앙에 머물러 불력에 의지해 온 결과가 말기에 요승(妖僧) 신돈(辛旽, ?~1371)에게까지 휘둘려야 했다면 아쉬운 열도 왜인의 도둑질을 흉악한 왜구의 노략질로 받아들일 수밖에 없다. 그렇지 않다면 분별력은 잃지 않았을 터, 유약하게 모면할 요량으로 무조건 빌거나 매달리기 시작한다면 본성을 잃고 본질을 보지 못하는 과오를 범한다는 사실을 알 리가 없다.

이로 인해 불교가 신앙에서 멈추지 않았나 싶은데, 특히 몸통의 이념을 뿌리의 사상으로 승화하지 못한 이유도 다르지 않다. 혼화하지 못한 결과이며 기복이 만연하는 때가 바로 국운이 쇠하는 때이자 신흥신앙이 출현하는 때이다. 기복이 왜 만연하는 것일까. 만백성이 태평성대를 누린다면 신앙과 기복이 난립하겠느냐만 민심은 천심이라 배고픔이라도 면해 보겠다는 만백성의 몸부림이 커진다면 분별력 또한 다한 것이라 국운도 그만큼 상실했다는 증거가 아닐까. 그러나 이성계는 여말선초 장수이자 태조 국부의 명을 부여받은 자로서 기운이 남달랐다는 점이다. 게다가 하나 되기 위한 시대가 고려이고, 하나 되어 살아가야 하는 시대가 조선이라는 점을 감안한다면 건국 초부터 힘이 아닌 덕이어야 했었는데 간과한 나머지 힘을 앞세운 정벌과 소탕정책으로 말미암아 초기부터 이성계의 행보가 순탄할 리가 없다.

특히 세종(1397~1450)은 누구신가. 1418년 조선의 4대왕으로 즉위, 생명을 다한 1450년까지 33년의 재위기간 동안 그야말로 조선의 문화와 과학 등의 다양한 방면에서 위대한 업적을 남기신 분이 아니시던가. 유교정치의 기틀과 편찬사업을 육성하여 훈민정음을 창제하고 법전의 정비로 만백성의 삶을 기름지게 하였는데, 안타깝게도 1419년 재임 초기에 대마도 정벌이라는 크나큰 오류를 범하고 말았다. 조선의 미래가 달려 있었다. 아니 뿌리민족의 미래가 달려 있었다. 동북아 삼국의 미래가 달려 있었다는 것이다. 반도뿌리의 기운이 조선으로 바뀌자 대륙몸통의 원나라(1271~1368)도 한(漢)족 주원장(1328~1398)에게 1368년 멸망하자 명나라(1368~1644)가 들어섰고, 열도두둑도 가마쿠라(1185~1333) 시대와 남북조(1334~1392) 시대를 거쳐 무료마치(1338~1573) 시대를 열어 가고 있었다. 뿌리의 변화가 몸통의 변화이자 두둑의 변화이다. 그런데 문화과학의 혁명을 일으킨 세종의 건강은 종합병동이었다고 하는데 왜 유독 위대한 업적을 남기신 분에게 그래야만 하는 것일까. 분명한 이유가 있을 텐데 말이다.

한편, 조선 초기에 유학과 대립각을 세웠던 성리학이 지도이념으로 자리하였고, 후기에 실학사상이 일어났으며 건국과 함께 불교를 배척하고 유교를 숭상하는 숭유배불(崇儒排佛) 정책을 펼쳤다. 조선 중기 이후에 명나라를 통해 들어온 서학(西學)으로 서양가지의 문물과 가톨릭 신앙이 전파되자 양반가와 물의를 빚기 시작했는데 불평등의 문제도 있지만 이보다는 유교의식 거부로 인해 박해가 시작되었다는 점이다. 그리고 동학(東學)은 사상이자 신앙으로서 1860년(철종11) 최제우(1824~1864)가 창시하였고 본질은 양반사회의 모순과 서학에 맞서 나가기 위함이었다고 한다.

이와 같이 조선 말기에 출몰하기 시작한 신흥신앙(新興信仰)은 지배층의 타락과 부패로 사회적 혼란이 극에 달했을 때 사람답게 살고 싶어 하는 하부구조에서 일어나는 일로서 이념부재가 가져다주는 아노미(anomie) 현상은 신개념으로 새나라 건설을 하기 위한 것에 있다. 물론 가지나 몸통의 것이라도 뿌리의 질량에 맞추어 나간다면 역 공급이 얼마든지 가능하다. 즉, 지식의 물질사상에 지혜의 정신이념을 부가해 나가는 일로써 바르다는 정(正)과 착하다는 선(善) 그리고 치우쳤다는 사(邪)의 차원을 바르게 인식하지 못하면 되레 혼란만 가중시킨다. 도(道)로서 나아갈 바를 밝혀 널리 인간 세상을 이롭게 하라는 홍익인간 이념을 지표로 삼아야 하겠지만 '이롭다'는 행위에 대한 분별을 바로 세우지 못하여 신앙이 종교차원에 다가서지 못하듯이 인간도 사람차원에 다가서지 못해 사람 사는 세상을 열어 가지 못하고 있다. 무엇보다 민심이 흉흉해질 때가 하부구조 수탈이 이루어질 때가 아닌가. 춥고 배고픔을 면해야 하는 민초들은 어느 누구에게 의지해야 하겠느냐는 것이다. 이 문제는 차후에 논하기로 여전히 핵심몸통에게 뿌리가 사대(事大)하려 드는 이상 상호 발전이 어렵다는 점이다.

☪ 민족의 자존감

고려 초기부터 대내외 관계가 치우치기 시작하였는데 사실 하나로 살아갈 방안을 마련해야 하는 시점이었고, 물론 발전을 위한 실책과 실수를 범할 수도 있지만 하나 되어 살아가야 하는 시대가 조선인만큼 소통이 대내외적으로 치우쳐서는 곤란한 시대였다. 고려의 지형을 살펴보더라도 뿌리밑동에 위치한 압록강과 두만강이 대륙몸통에 속하였고, 조선 건국에 이르러서야 압록강과 두만강을 경계로 길이는 3천 리, 둘레는 7천 리, 들이 30%, 산이 70%, 3:7 음양합의 0의 수가 완전히 드러난 뿌리의 형태를 갖추었다. 때를 같이해 정신문화 발원지로서 널리 인간 세상을 이롭게 할 수 있는 윤리강령과 행동강령을 마련해야 하는 시기였으나 몸통의 유·불·선과 성리학을 가져다 쓰기 급급한 나머지 붕당으로부터 결코 자유로울 수 없었다. 그 결과 핵심몸통 명나라에게는 사대(事大)의 예를, 나머지 북방과 변방 그리고 열도두둑에게는 교린(交隣)정책을 유지하려 안간힘을 써왔다. 물론 근기에 따라 인연을 맞이해야겠지만 사대의 예를 받아야 할 위치가 오히려 사대의 예를 갖추어 왔으니 고유이념도 이념이지만 인류의 시원 뿌리민족이라는 사실 자체를 아예 모르고 살아왔던 모양이다. 사대라고 우대하고 교린이라 얕잡다가 민족의 자존감마저 무너뜨린 세월이 얼마인가. 교린의 삶을 살아가야 하는 변방과 북방과 열도민족의 자존감이 과연 뿌리민족에 비할 바가 되겠느냐는 것이다.

한편, 어느덧 여진족의 누루하치는 흑룡강 유역의 야인(野人)여진, 압록강과 두만강 북쪽의 건주(建州)여진, 송하강 유역의 해서(海西)여진 3개 부족을 통합하기에 이르렀는데 열도가 반도뿌리의 보호막 두둑의 위치라면 여진족은 뿌리와 몸통을 연결하는 밑동으로서 전령사의 위치다. 그리고 핵심몸통이 소프트(soft)에 위치한다면 뿌리는 하드(hard)로서 치우칠 때마다 과부화가 걸렸다. 몸통의 전령사 여진족과 하나 되지 못하였는데, 어떠한 세력과 소통이 수월할까. 사대교린은 뿌리의 기운을 스스로 무시한 처사라 이로울 것이 없다. 두둑의 노략질 또한 조선 초기에 두 차례에 걸친 대마도 정벌로 뜸해졌다고 하나 무력행사로 되찾은 일시적인 평화라 관계가 소원해지면 반드시 복수의 칼날을 들이민다. 아니나 다를까, 1510년(중종5) 부산포, 내이포, 염포 등 삼포에서 거주하고 있던 왜인들이 대마도의 지원을 받아 삼포왜란을 일으켰다. 뿌리가 진정으로 이로움을 두둑에게 주려 했던 것이었을까. 아니면 그저 속 편키 위한 행위를 해댄 것일까.

이후 열도와 교역이 중단되는 사태가 발생하자 1517년 비변사를 임시 설치하였으며 1555년 을묘왜변으로 상설화하기에 이르렀다. 한편, 15세기 말 열도두둑에는 전국적으로 많은 슈고(守護)가 몰락하고 실력으로 급부상한 다이묘(大名)가 군웅으로서 전국(1573~1603)에 할거하는 시대를 맞이하였다. 게다가 16세기 중반 포르투갈 상인으로부터 화약총 제조법을 전수받은 다이묘들이 후반기에 접어들면서 나고야를 중심으로 활동해 오던 오다 노부나가(1534~1582)

가 주변의 다이묘를 통합 대부분의 지역을 평정하였다. 그의 후계자 도요토미 히데요시(1537~1598)가 전국 시대를 통일하여 마침내 열도는 정치통합 시대 즉, 아즈치모모야마 시대(1573~1600)를 열었다. 그런 와중에 도요토미 히데요시는 원한 때문인가, 내부결집 때문인가. 1592년(선조25) 임진년의 왜란부터, 1597년(선조30) 정유년의 재란까지 뿌리는 7년간의 전쟁을 치러야 했다. 그렇다고 무조건 전쟁의 책임을 그에게만 전가할 수 있을까. 배척당하듯 하나 되지 못한 아쉬운 민족에게 모든 책임을 떠넘겨서는 곤란하다. 그 무엇보다 하나 되어야 할 뿌리는 중앙집권체제를 고집한 훈구파와 향촌자치제를 부르짖던 사림파 간의 화합은커녕 되레 물과 기름이 되어버렸으니 일원화체제를 위한 이원화체제의 대립구도를 한 뜸도 들여다보지 못하고 있었다.

1498년(연산군4) 무오사화, 1504년(연산군10) 갑자사화, 1519년(중종14) 기묘사화, 1545년(인종1) 을사사화까지 47년 동안 정치적 갈등이 빚어낸 사대사화로 말미암아 엄청난 국력을 낭비하고 말았다. 상호간의 장단점을 추려 하나 되고자 했다면 충분히 방도를 강구했을 텐데 팔도의 억센 사투리만큼 나 아니면 안 된다는 사고가 그만 혈연, 지연, 학연의 병폐를 자아냈다. 내부에서 하나 되지 못하는데 외부에서 하나 될까. 만약 있다면 임시변통에 불과할 터, 한 번 새는 바가지 안팎으로 주체할 수 없는 법이라 교린의 해양과 사대의 대륙사이에 위치한 반도의 지위로 할 수 있는 일이 과연 무엇이었을까. 조선에 원군을 보냈던 명나라의 피해도 만만치 않았던 모양이다. 그러고 보면 뿌리가 썩으니 몸통은 곪고 두둑은 골이 패였다. 용장(勇將)이자 지장(智將)이었던 무신(武臣) 성웅(聖雄) 이순신(1545~1598)이 아니었다면 어떻게 되었을까. 신앙이 기복에 매달려 종교로 승화하지 못한 마당에 정신적인 지도자로 불릴만한 위인이 과연 있었느냐는 말이다. 그리고 무신(武臣)들이야 전쟁터에서 조국과 민족을 위해 아낌없이 한목숨 바치면 나름의 소명을 다한 것일 수도 있겠지만 문치에 힘쓰고 유학을 장려해 온 문신(文臣)들의 소명을 과연 알고 있었느냐는 것이다.

한편, 뿌리에 원군 파견으로 몸통의 명나라가 쇠약해진 틈을 타누루하치(1559~1626)는 여진족을 통합, 1616년 후금을 건국하기에 이르렀다. 이에 앞서 열도는 도쿠가와 이에야스(1543~1616)가 1603년에도 시대(1603~1867)의 장을 열었고, 조선 반도의 광해군(1575~1641)도 외교정세에 발맞춰 명(1368~1644)과 청(1616~1912)사이에서 나름 중립외교를 펼치었지만 1623년 인조반정 이후 향명배금(向明排金) 정책으로 금나라를 자극하였고, 사대의 예를 촉구하며 1627년(인조5) 제1차 정묘호란을 일으켰다. 1636년(인조14) 여진족의 후금은 국호를 청나라로 개칭하고 제2차 병자호란(1636.12~1637.1)을 일으켰는데 원인은 이념부재에 따른 방만한 외교정책에 있었다. 속국으로 무리한 조공도 이유가 되겠지만 구실일 뿐이고, 열도와의 7년 전쟁이 끝난 지 불과 29년. 전쟁의 상흔이 채 가시기도 전에 정묘호란을 치러야 했다. 민심은 어떠했을까. 피해복구로 희망의 싹을 틔우는가 싶을 때 싹을 죽이더니만 9년이 흐른 병자년에 대대적으로 호란을 일으켜 아예 싹까지 짓밟고 말았다. 하늘의 무심한 차원마저도 지났다는 것이다. 용장(勇將)이 없는데 덕장(德將)이 있을 리 만무다. 맹장(猛將)의 기질을 발휘할 장수(將帥)라도 있으면 좋으련만 없었다는 것이다.

일국시대 고려 474년에 이은 조선 518년 역사까지 왜 그리도 모가 나야만 했던 것일까. 불교를 배척하고 유교와 성리학을 계승시킨 유림의 선비정신은 무엇인가. 기개인가, 아니면 서푼짜리 자존심을 지키며 살아가는 일인가. 뿌리의 이념이 몸통의 화이사상(華夷思想)에 꺼둘린 것이라 자긍심이라고 해봤자 한낱 화(華)를 우대하고 이(夷)를 배척하는 일에 있지 않았는가 말이다. 인간관계가 사대주의에 빠지면 제 뜻을 펼치지 못하고, 나라가 사대주의에 빠지면 이념을 팔아먹는 형국이 벌어지는데 역시 뿌리의 고통이 화(華)의 고충이 되었고 그때마다 이(夷)의 속국이 되어야 했었다. 뿌리 스스로 악순환의 고리에서 벗어날 수 있을까.

다시 말해서 고려 초 몸통변방 이(夷) 민족 거란과의 전쟁으로 크게 국력손실을 입자 중기에는 몸통북방 이(夷) 민족 몽골과의 전쟁에서 속국이 되어 두 차례나 열도두둑 정벌에 나서야 했다. 벗어나는 길은 1392년 뿌리조선의 건국이 아니었나 싶었다. 이보다 24년 앞선 1368년 핵심몸통 한(漢)족의 주원장이 북방 이(夷) 민족 원나라를 멸망시키고 화(華)의 명나라를 건국하자 배알도 없이 스스로 고개 숙여 사대의 예를 갖추었다. 그러던 중 열도두둑 왜(倭) 민족도 전국 시대를 통합하고 1573년 아즈치모모야마 시대를 열어 가던 도요토미 히데요시가 임진왜란을 일으켰고 치우침의 대가는 전쟁의 혹독함이었다. 7년 왜란의 상흔이 채 가시기도 전에 요번엔 향명배금 정책의 대가라고 할까. 밑동변방 이(夷) 민족 여진의 누루하치가 후금을 건국, 화(華)의 명나라를 멸망시키고 1616년 이(夷)의 청나라로 개칭 후 병자년에 호란을 일으켜 불과 두 달 만에 속국이 되었고 또 두 차례나 나선정벌(羅禪征伐)에 나서야 했다. 고려와 몽골은 대마도정벌, 조선과 청나라와는 나선정벌 이를 어찌해야 한단 말인가.

사실 뿌리의 이념으로 살아가야 하는 몸통의 화(華)와 이(夷)인데 되레 뿌리가 몸통의 화의 이념을 받아들였으니 표적으로 왜 민족과 이 민족에게 힘으로 혼쭐나야 했었던 모양이다. 무치(武治)를 앞세우는 민족을 문치(文治)를 부르짖는 민족이 힘으로 물리칠 수는 없는 일이다. 문치가 하나 되지 못할 때 무치는 힘으로 항명하기 마련이고, 그 결과가 속국이었다면 문치주의 유림의 선비정신을 되돌아봐야 하지 않았을까. 왜 그들이 힘을 앞세우고 쳐들어오는 건지 대해서 말이다. 문치가 힘으로 대적하여 해결될 일이라면 무치는 힘을 앞세우지 않는다. 힘이라는 무치의 외부질량에 덕이라는 문치의 내부질량이 혼화될 때 항명은 무마되는 법이라 문치주의 이로움의 질량을 무치주의 힘에 의지하려 든다면 화합을 위한 합의를 이룬다 해도 오래가지 못한다. 사랑은 행복을 위해 한다고 하지 않았던가. 뿌리가 내적 삶의 에너지를 생성할 때 몸통은 넘치는 활력으로 외적 삶에 필요한 가지의 물질생산에 힘을 실어 준다. 즉, 나라의 이념이 바로 설 때 수장이 바로 서게 되는 법이고, 자연스럽게 만백성의 태평성대는 주고받는 선순환 법 상호상생의 이치에 부합되어 누리게 된다. 즉, 기업의 이념이 CEO의 이념이자 수뇌부의 이념이고 직원들의 이념이라는 소리다. 아울러 CEO가 하나 되는 정신 안을 마련할 때 사측의 하나 되기 위한 노력을 할 터, 이에 힘입은 노측은 생산에 총력을 기울인다. 이를 위해 해야 할 일은 먼저 부패한 뿌리의 기운을 대대적으로 쇄신하는 일이다. 방법은 분명 있는데 찾을 수 있을까.

3. 쇄국정책

   등용(登龍)하는 자를 쇠사슬로 칭칭 감는다면 이보다 심각한 문제가 어디에 있겠느냐마는 부패방지를 위한 것에 있다면 수술 시기만 남았다. 생각해 볼 일은 아무런 이유 없이 쇠사슬로 몸을 감아 놓았을까에 대한 문제다. 자유로울 수 없다면 뜻을 펼 수도 창조적일 수도 없거니와 본질이 부패했다면 결국 썩을 수밖에 없는 일이라 미래를 위해 토양을 갈아 업고 파종을 다시 해야 한다. 포박 당할 이유가 없다면 풀려나기 위해 백방으로 노력해야겠지만 배신과 모략에도 그에 따른 이유가 있는 법이라 그 이유를 밝히지 못하면 풀려났더라도 뜻을 이루기 어렵다. 후자의 경우도 집도의 시기만 남았다고 했는데 왜 그 지경에까지 몰렸는지에 대한 의문이 따르는 만큼 남 탓으로 돌린다면 어떻게 될까. 그리고 최대의 관점은, 완쾌 후에 새로운 삶을 살아가는 것에 있으므로 시대의 흐름을 파악할 수 있는 시술자여야 한다.

모든 일이 물갈이 밭갈이 시술 후의 일이겠지만 허울 좋은 통상 수교 거부 정책을 취할 때에는 필경 외부적 기능 오대양육대주의 소통은 마비 상태요, 내부적 기능으로는 오장육부 소화기능이 마비된 상태라고 하겠으니 아마 이쯤 되면 서양의 문물을 받고 안 받고는 문제가 되지 않는다. 조국이 사경을 헤매는 중이라면 국운은 이미 다했다 할 것이요, 기업이라면 절체절명의 부도위기요, 인간이라면 목숨이 촉각을 다툴 때가 아닐까 싶다. 그렇지 않고서는 통해 보자고 찾아오는 인연을 굳이 마다해야 할 이유가 없지 않은가. 국가든, 기업이든, 개인이든 어려움에 처할 때가 언제인가. 찾아온 인연과 하나 되지 못할 때이거나, 앞에서 벌어지는 일을 바르게 처리하지 못할 때다. 왜 통하자고 찾아온 이들과 하나 되지 못하는 것일까. 이는 사실 뿌리의 숙제이자 가지와 몸통에게 주어진 공통의 과제이다. 강대국이거나 중대국이거나 약소국이거나, 상층이나 중층이나 하층이나, 아쉬워서 찾아간다면 객(客)의 입장 활동주체요, 이로워서 맞이한다면 주(主)의 입장 운용주체다. 이는 인류의 공통과제라고 해야 할까. 소통, 화합, 상생 등은 이로운 나라(강대국) 하기 나름이고, 이로워서 맞이하는 자(중상층) 하기 나름이라는 사실에 있어서 말이다.

　먼저 주고 후에 받는 선순환 행위는 찾아온 너의 아쉬움을 채워 줄 때 맞이하는 나의 아쉬움이 채워지는 자연의 법도로서, 상호상생의 조율은 언제나 맞이하는 자 하기 나름이라, 쇄국정책을 편다는 것은 맞이하는 이로움이 소통, 화합, 상생의 방도를 강구하지 못하여 벌이는 일이다. 즉, 사분오열의 상태를 모르지 않을 터 시술은 진화를 위해 벌이는 일이자 발전을 위한 일이므로 시대의 흐름이라는 전문의를 믿고 따라야 한다.

　어려운 일일까. 하나같이 찾아온 인연에서 비롯된 일을 바르게 처리하지 못해 어려움에 직면한다. 아마도 아쉬워서 찾아온 네 의견을 무시하고 이로워서 맞이한 내 뜻대로 해보려는 우월감(셈법) 때문은 아닐까 싶은데, 무릇 세계의 동향은 동서(東西)가 하나 되기 위하여 아쉬운 자가 이로운 자를, 또 양의 물질이 음의 정신을 찾아가는 시대가 도래하였으니, 그 시기가 바로 1, 2, 3차로 이어지는 서세동점(西勢東漸)이라는 필자의 논변이다. 즉 양(陽)의 가지세력 서양의 기물(器物)이 음(陰)의 뿌리세력 동양의 도덕(道德)에 부합코자 점진적으로 밀려오는 시기로서 16세기 대항해 시대가 1차요, 19세기 부국강병책의 일환으로 동도서기(東道西器)론을 주장할 때가 2차다. 후반기에 서양과의 무력충돌로 기물의 기술력을 알게 된 이후 개항하였으나 개화파와 척사파의 갈등은 심화되었다. 이보다 문제는 사대교린(事大交隣)과 척양척왜(斥洋斥倭)의 정책에 있었으며, 이보다 보수와 진보의 적대보완적 관계의 진정성을 모른다면 좌파와 우파, 주류와 비주류, 실세와 비실세의 적대적공존의 의미도 모를 터, 민주와 공산이 대립각을 세우는 이유를 알 리가 없다. 훈구나 사림이나, 동인이나 서인이나, 여당이나 야당이나 붕당의 진정성을 안다면 때론 혼화시킨 화합의 질량을 맛을 보기라도 할 텐데 양비론자나 양시론자나 자기주장 일색이니 역시 예나 지금이나 목소리 큰 자가 우위를 점할 수밖에 없는 모양이다.

　3차는 서세동점은 컴퓨터가 보편화되어가는 21세기 업그레이드 시대다. 이는 틈틈이 다룰 문제이니 이쯤하고, 동서양이 하나 되기 위해 양의 물질이 음의 정신 앞에 힘으로 우월성을 부각시키기 마련인데 이때 정신에 물질을 혼화하지 못하면 이로움을 빙자한 논리로 상극상충을 일으킨다. 합의든, 사랑이든 화합과 행복을 위한 교류는 아쉬움과 아쉬움을 주고받는 데에서 비롯되므로 너와 나의 아쉬움이 협력하지 못하면 국가는 패망이요, 기업은 해체요, 개인은 죽음에 직면하게 된다.

건강한 소화기능을 위해 적절한 운동이 필요하듯이 내 앞의 인연과 하나 되기 위해 필요한 것은 그대의 아쉬움을 담아낼 나의 풍요로운 성품이다. 소화불량은 오장육부 기능이 저하되었기 때문이요, 소통장애는 아쉬움을 담아낼 품이 적기 때문이고, 그리고 이기의 질량은 언제나 신의를 표방하지만 욕심의 굴레에서 벗어나지 못하므로 불량과 불통의 제공자는 나지 네가 아니라는 사실을 이해하지 못한다. 소화나 소통이나 막힘은 멘탈붕괴의 주범으로 내 욕심과 네 욕심이 합의를 이루지 못하면 도지는 병인데 시술은 인체 소화기능을 위해, 보수는 인간관계 소통을 위해 필요하다. 불량과 장애 안팎의 병(病)은 자고로 사(死)를 거쳐 묘(墓)에까지 이르게 하나니, 죽어서 새 생명의 씨, 포(胞)에 이르기까지 수천수만 년의 세월이 흘러도 기약 없는 일이라, 죽을병이더라도 인육을 쓰고 살아가는 지금 이 순간만큼 중요한 사안은 없다.

내 삶과 불가분의 관계는 부부자식, 부모형제 일신과 그리고 생전에 뜻을 함께 이루고자 찾아온 인연들이다. 사건사고는 하나 되어 나갈 수 있느냐에서 벌어진다. 나를 위한 어린 시절(고려시대)을 거쳐 너를 위한 성인 시절(조선시대)을 맞이하여 행의 현장(동북아)에서 하나를 이루기에 힘써야 하는데 사슬에 감기고 병까지 들었다면 죽음을 기다리는 입장이라, 너에게 있어 내가 필요치 않은 시점이 바로 쇄국을 부르짖을 때라는 것이다. 나를 위한 일국시대가 고려였다면 너를 위한 일국시대는 조선이어야 했다. 나의 일생은 나를 위한 것이므로 행복을 영위하려거든 사랑하며 살아가야 한다는 것이다. 그런데 사랑을 한다하나 사랑할 줄 모른다는 것이 문제다. 내 욕심의 이기가 네 욕심의 이기의 욕구를 채워 준다면 그 행위는 빛날 터이지만 아쉬워서 들이미는 네 욕심을 채워 주지 못하여 사랑은 눈물의 씨앗이라는 둥, 얄미운 나비라는 둥, 저마다 푸념의 일색이다. 채워 주지 못하면 채울 수도 없는 법이거늘 새롭게 채워 줄 인연을 만나기라도 했는지 어느 순간 사랑이 소리 없이 다가왔다고 설레어 어찌할 줄을 모른다. 그런데 또 제 욕심만 채워볼 요량이라 채우지 못한 아쉬움이 쌓여갈수록 사랑이 식었다는 식으로 온갖 핑계를 일삼다가 헤어질 궁리를 한다. 싫증이 났다는 소리는 대체로 이별을 염두하고 하는 소리다. 꿈에 그리던 이상형을 만난다한들 채워 주지 못하면 채울 수 없는 법이거늘 사랑하는 임이 온전한 호감형으로 언제까지 남을 수 있을까.

아쉬울 때 찾아가고, 이로울 듯싶을 때 만난다. 그러다가 아쉬움을 덮어 주고 채워 줄 법한 인연이다 싶을 땐 사랑의 감정이 샘솟는다. 이상형도 반쪽 삶을 채워 줄 임을 그려보는 것이요, 호감도 부족한 면을 채워 줄 듯싶은 임에게 가지게 되듯이, 이로움의 에너지가 풍부하다 싶은 임을 만났다면 포커스는 그에게 맞춰지기 마련이라, 자그마한 아쉬움을 채워지기라도 하는 날에는 지나치다 싶을 정도의 애정표현도 마다하지 않는다. 이는 더 채워 달라는 간절한 행위로서 떠나지 말라는 부르짖음이라고 할까. 물론 딴 주머니 차고 하는 경우도 있겠지만 진정 너의 아쉬움을 채워 줄 인연이라면 그러지는 않는다. 정작 문제는 받고 난 이후에 생긴다. 절실

한 이로움이 절박한 아쉬움을 채워 주지 못하면 이기적인 사랑행위를 이타의 행복으로까지 승화시키지 못한다. 썸(some)은 서로의 아쉬움을 채워 줄 수 있는 무언가를 보기 위해 타다가 이거다 싶을 때 사랑(사귄다고)으로 발전하지만 없다 싶으면 아쉽게 썸만 타다가 끝난다. 용기 없는 짝사랑도 있고, 조건이 맞지 않는 짝사랑도 있다. 사랑은 감정이자 행복을 위한 감성으로 정략결혼은 있고 현재 진행 중인 정략사랑은 없었는데 새롭게 만들어지는 모양새다. 사랑하는 데 있어서, 행복을 추구하는 데 있어서 모든 인간은 평등하지만 조건과 조건, 이기와 이기로의 만남으로 이루어지는 결혼은 그렇지 못하다.

하나의 가정을 꾸리는 것도 행복을 위한 것이고, 조건과 조건이 만나 하나 되어보겠다는 것도 행복을 위한 것이듯, 만인 앞에 법이 평등하길 바라는 것처럼 사랑을 통해 영위하는 행복도 평등하길 바라고 있다. 하지만 조건과 조건은 받아 온 선천질량이므로 상호 균형을 이루지 못한다면 결코 평등할 수 없다. 즉, 남녀노소 상중하 차원의 사랑도 수직평등하고 행복도 수직평등하지만 결혼은 이기의 조건과 조건이 이타의 수평을 이루어야 하므로 이 부분에서만큼은 평등의 차원을 달리 해석한다. 중층에서 상층의 차원일수록 이로워서 맞이하는 입장이요, 중층에서 하층의 차원일수록 아쉬워서 찾아가는 입장이라, 만족은 상하 수직관계가 적용되는 선천질량으로 느끼고, 행복은 함께할 때 영위하는 후천의 질량이므로 그 누구에게도 평등하다 말하는 것이다. 이로움에는 하찮은 것이 없다. 크건 작건 아쉬운 곳을 채울 수 있다면 단비라 하겠으니 누구나 소중히 간직하고 싶은 아름다움이 아닐까. 제 아무리 큰 자원을 가지고 있더라도 채워 주지 못하면 채우지 못하는데 무슨 소용이겠는가. 혹여 사랑을 한다 해도 나만의 쾌락을 위한 것이라면 사고파는 물건과 다를 바 없어 이로움의 후천행위로 응하지 못하면 조만간 하나 되기 위한 문제에 봉착한다.

게다가 섹스와 쾌락은 아쉬움을 채우려는 자기만족 행위에 불과한지라 거기에 정신질량까지 부가한다면 금상첨화가 아니겠느냐만 태반이 화합의 정신을 등한시하여 상처를 안긴다. 본래 만남은 아쉬움을 채우기 위해 이루어지므로 누가 먼저 어떻게 하느냐에 따라 사랑을 받는 자가 되기도 하고 비련의 주인공이 되기도 한다. 아쉬워서 사랑하듯, 합의도 아쉬움을 채우기 위해 이끌어 내는 것처럼 상호보완적인 관계는 쌍방이 이로울 때서나 가능하다. 그리하여 선천질량(사주)은 사랑의 방편이요, 후천질량(만들어 나가는)은 행복을 위한 질량이다. 때문에 후천의 책임량이라고 할까. 아쉬워서 찾아가는 자에게 30% 이로워서 맞이하는 자에게는 70%의 조건이 주어진다. 왜 그런 것인가.

이 지상을 70% 음의 기운(운용주체)이 30% 양의 기운(활동주체)을 운영하기 때문인데, 즉 70%의 물(운용주체)이 30%의 지판을 운영하여 만물(활동주체)을 소생시키는 이치와 다르지 않다. 이로워서 맞이하는 자는 운용주체요, 아쉬워서 찾아가는 자는 활동주체라 상호상생은 운용주체가 활동주체의 손을 잡을 때 이루어는 것처럼 책임은 이로워서 맞이하는 운용주체에게 있다는 것이다. 돌지 않는 물레방아가 필요할까. 하늘에서 내린 비가 개울로 타고 흐르다 떨어져 돌리게 되는 것처럼, 언제나 변함없는 소통, 상생, 화합은 음의 기운 물이 선순환시키므로 양의 기운 만물에 생명력을 불어 넣는 것은 운용주체요, 만물은 활동주체로서 물 번식한다. 주고받아야 할 아쉬움과 이로움이 없다면 만남이 성사될까. 옷깃만 스쳐도 인연이라고 하지만 주고받을 것이 없는 사이라면 그저 옷깃만 스친 인연에 불과할 따름이다. 사랑은 이처럼 아쉬움을 채우고자 하는 행위에서 비롯되고, 행복은 채워주고 받을 때에 영위하는 최상의 가치다. 당연히 이기의 물질과 물질만을 주고받는다면 양양이 상충을 칠 것이요, 음의 기운 정신과 정신만을 논한다면 음음이 상극을 일으킬 것이라 가정이든, 사회이든, 국가이든 물질과 정신의 음양거래가 이루어진다면 상호발전은 이루 말할 수 없다. 거래의 조건은 선천의 물질에서 비롯되겠지만 이는 1안의 사항이고, 아쉬운 활동주체는 이로운 운용주체 하기 나름이라, 물질에 정신(상생의 질량)까지 배어 있다면 상극상충이 일지 않는 2안의 사항이다. 선천의 물질을 업그레이드시키는 만큼 후천의 정신도 함께 배양해야 하건만 힘이 가미된 서양의 물질논리에서 화합의 질량을 찾아 쓰는 형국이라 쏠림만 심화되었다.

◖ 이로움의 자원

아쉬움은 이기로서 본디 운용주체 음과 활동주체 양의 화합을 부추기는 원동력이자 사랑의 활력소로 채워 줌이 없이 채우려고만 든다면 그 결말은 등지고 살아가는 일이다. 하나같이 사랑의 결말이 아픔이라고 말하는데 원인은 이와 같기 때문이 아닐까. 처음부터 잘못된 만남은 없다. 아쉬움에서 비롯되는 것이 만남이라 경우에 따라, 상황에 따라 변하고 달리하는 것뿐인데 손해를 봤다고 해서 잘못된 만남이라 말하면 곤란하다. 내 욕심이 가미된 만남이 아닌가. 합의도 이로울 듯싶을 때 하듯 사랑도 이로울 듯싶어 한다. 그리고 잘못은 주고받을 때 발생한다. 착하다는 선(善)도 바르다는 정(正)의 행위를 위한 것에 있다. 일방적으로 주려고만 한다거나 받으려고만 한다면, 그리고 화합의 정신을 요하는데 물질로 답한다거나 물질을 요하는데 정신을 들먹일 때 문제가 발생한다. 사랑은 이기와 이기, 아쉬움과 아쉬움이 만나 득 보자고 하는 것으로 잘못된 만남은 결국 내 욕심이 자초한 화근이다. 시간이 흐르면 아름다운 추억이라 말할지도 모르겠으나 채우지 못한 이별은 거의가 아픔이자 슬픔이고 비극의 결말인데 아름다울 리가 없다. 사랑은 너를 위할 때 빛나는 것이고 또 주고받을 때 아름다운 것이듯 내 뜻만 받아 달라 아우성치다가 사달을 낸 사랑이 어찌 아름다울 수 있겠는가. 과연 아쉬움에 발버둥치는 나를 품어 안아 주는 이들이 있을까. 있다면 얼마나 될까. 너의 아쉬움을 채워 주지 못하는데 나의 아쉬움을 채워 주는 이가 있겠느냐는 것이다.

이로움은 아쉬움을 채워 주는 데에서부터 기인하고, 아쉬움은 그 순간부터 채워진다. 국가와 국가, 국가와 사회, 국가와 개인, 사회와 개인, 개인과 개인 간의 발전은 나 하기 나름이라 아쉬움을 품어 줄 품성을 키우면 번창하지 않을까. 겁박과 겁탈을 넘어 살인과 같은 흉악무도한 사건은 사랑할 줄 몰라 벌이는 일이다. 응당 사랑을 받고픈 인연도 그만한 품성을 갖춰야 하고, 행복은 주고받을 때 영위하게 되는 것처럼 주고받을 자원이 고갈되었다면 나밖에 모르는 삶을 살아온 자라 하겠으니 또 다른 기회가 주어져도 채움에 대해 알지 못한다. 선천적(타고난) 질량에 후천적(행위) 가치를 부가하면 생활 속에서 음양을 화합하는 차원이라 인연맞이 이로움의 자원은 고갈되지 않는다. 곤란은 내 것인 마냥 내 뜻대로 하는 바람에 싸우고, 충돌하고, 부딪쳐 발생하는데 나 하기 나름에 따른 화합의 에너지를 위해 노력한다면 최소화할 수 있다.

인간 세상은 뿌리·몸통·가지의 차원으로 구성된 한 그루의 나무 생성원리와 다를 바 없어, 뿌리의 삶을 살아가야 하는 민족이 있는 가 하면, 몸통의 삶을 살아가야 하는 민족이 있고, 가지의 삶을 살아가는 민족이 있다. 다소 외람되겠지만 뿌리는 천기의 에너지를 흡수하여 화합의 정신성분을 생성하며, 몸통은 지기의 에너지를 흡수하여 물질과 정신의 혼화에너지를 분출하고, 가지는 인기의 편리를 위해 물질생산에 전념하는 것처럼, 지식과 물질의 수직관계에서 지혜와 정신의 수평관계로 이어나갈 천지인 상중하 차원의 선순환의 이치는 다를 바 없다.

화합의 에너지는 상층의 뿌리가 분출해야 하는 몫으로, 다하지 못할 때 치러야 하는 대가가 바로 중·하층 몸통·가지에서 받게 되는 하극상이다. 여기에 3·3·3의 미스터리만 풀어낸다면 뿌리의 정신은 결과를, 몸통의 교역은 과정을, 가지의 물질은 원인을 제공하는 삼각관계의 해법도 풀리지 않을까 싶은데, 그만 물질에 막히어 접근이 용이치 않아 피로 물든 인간의 역사가 자리해 왔나 보다. 만지고 보이는 물질계야 양자역학으로 해결가능할지 몰라도 만져지지 않고 보이지 않는 복잡 미묘한 인간관계는 어림도 없다. 생명이 없는 듯싶은 1차원의 광물도, 육과 생명(생각)만이 자리하는 2차원의 동식물도, 육과 생각과 마음이 함께 공존하는 3차원의 인간 모두 양의 기운인지라 음의 기운 물로 변식한다. 개중에 생각과 마음이 공존하는 인간은 하나 되기 위해 절대분별의 삶을 살아가야 하므로 내 안에 또 다른 내가 자리하고 있다. 이 때문인가. 물의 깊이는 헤아릴 수 있으나 사람의 마음은 헤아리기 어렵다는 '수심가측(水深可測) 인심난측(人心難測)'이라는 격언까지 만들어졌으니 말이다. 때에 따라 이타심이 발현할 때에는 알 것도 같으나 이기심으로 돌아서는 순간 도덕적 양심은 이상향이 되어 버린다. 특히 지식을 많이 쌓은 이들일수록 지혜의 마음이 생각에 지배당하여 불리하다 싶으면 모르쇠로 일관한다.

이처럼 생각차원의 지식이 쌓일수록 방어기제가 튼튼해지고 너를 위한 마음차원 지혜는 알게 모르게 사장되어 버린다. 그만큼 이기의 지식과 물질은 이타의 지혜와 정신의 발판인데도 불구하고 나를 위한 방어기제만 쌓다가 허무하게 생을 마감한다. 나를 위한 어린 시절은 입으로 잡히고 보이는 물질을 섭취하여 육신을 성장시키고, 눈과 귀로는 잡히지 않고 보이지 않는 지식을 쌓는다. 너를 위한 성인 시절에 이르러 힘으로 육신을 지탱하고, 생각의 지식으로는 육신에 편리한 물건을 개발하는 만큼 마음의 지혜로는 하나 되어 살아가는 대안마련에 힘써야 한다.

생각적 본능에 의지하고 살아가는 동물은 종족번식을 위한 육건사 행위가 전부인지라 약육강식의 매우 단순한 삶을 살아간다. 게다가 마음 에너지가 생성되지 않는 것은 너를 위한 삶의 분별을 요하지 않는다는 뜻으로 효(孝)의 개념과 충성은 물론이요, 하나 되어 살아가는 의미가 크지 않다는 것을 대변하고 있다. 물론, 만물을 주관하는 자연은 자연스럽게 하나의 차원으로 운영하겠지만 말이다. 그러고 보면 힘이 가미된 선천질량은 나를 위한 차원이므로 아쉬움과 수직관계를 형성하고 있다는 사실을 알 수 있다.

그렇다면 후천질량은 너를 위한 차원이므로 이로움의 수평관계를 유지해 나가야 하는 차원이 아닐까 싶은데, 이는 사실상 정신질량을 생성하는 뿌리에게 주어진 과제이므로 치우치기라도 하는 날에는 수직(이기)과 수평(이타)이 충돌을 일으키므로 곤란하다. 왜 그런 것인가. 치우침은 생각차원의 지식과 힘으로 물질문명을 건설을 부여받은 가지민족에게 주어진 과제다. 아울러 상호균형은 마음차원의 지혜와 덕으로 정신문명 창달에 기여하는 뿌리민족에게 주어진 몫이다. 쏠림이 심화될수록 균형을 표방한 표적을, 힘을 앞세운 물질문명민족이 덕을 지향하는 정신문명민족에게 가하는 것은 자동발생이다. 재차 강조하지만 나 하기 나름에 달리 나타나는 작용반작용의 법칙 상대성 원리는 선천적 수직구도를 후천적 수평구도로 잡아 나가기 위한 대자연의 근본원리라는 점이다.

물질균형을 잡아 나가지 못하는 것은 치우침 때문이라, 뿌리민족이 수직을 조율하여 수평의 삶을 살아가야 하는 때가 하나 된 민족국가를 이루었던 고려시대였다. 열국에서 일국시대를 이루기까지 1천 년의 세월 그만큼 뿌리의 이념을 찾기 위한 행보가 각별해야 했으나 삼천리금수강산을 피로 물들이며 이루었던 일국시대의 결과가 이념과 신앙까지도 몸통의 것을 가져다 써야 했다는 것에 있다. 이를 뿌리 고유의 삶을 찾아가는 일련의 과정이라 할 수도 있겠지만, 고려 초기 거란침입과 중엽에 몽골전쟁에 이어 여몽이 연합하여 일본정벌을 나섰다. 뜻하는 바가 무엇일까. 사서에 의하면 초기부터 교역통상을 왕성하게 전개한 흔적을 엿볼 수 있다고 하지만 이념은 고사하고 혼마저 **빼앗겨** 충(忠)의 멍에를 쓰고 말았으니 무엇을 기대할 수 있었겠는가 말이다. 특히 조선시대에 들어 향명배금과 사대교린정책으로 말미암아 화(華) 이외의 소통은 불통일 수밖에 없고, 성리학의 유입으로 붕당정치는 적대적이었을 뿐 상호보완적이었을 때가 없었으니 국가의 안위만큼이나 민생문제는 뒷전이었다는 사실을 방증하고 있지 않나 싶다.

　16세기 대항해 시대는 1차 서세동점으로서, 열도두둑은 자의건 타의건 포르투갈 상선으로부터 서양가지의 문물의 맛을 보았다. 그 기세를 몰아 조총을 앞세우고 반도뿌리로 들이닥친 쓰나미가 바로 1592년 임진왜란이다. 누구의 잘못이냐를 따지기 전에 이념부재의 병폐로 너 따로 나 따로 놀아났던 결과였다. 당시 뿌리의 당찬 이념을 알 리가 없었으며, 대륙몸통 사상에 의지해 온 바람에 해양세력 두둑의 몸부림을 바로 알 리 없었다.
　열도두둑의 전국 시대(센고쿠 시대, 1477~1573)는 그야말로 서양가지가 일으킨 변화의 시대이자 내란의 시기였고, 무료마치 시대(1338~1573)를 멸망시키고 건국한 아즈치모모야마 시대(1573~1600)는 에도 시대(1603~1867)를 위한 전초였다. 가지문물의 맛을 본 덕택에 나름 문화성장을 이루었지만 대가로 기독교 신앙문제가 불거져 해금정책을 취했던 것이 전화위복이라 할까 당대에 걸맞은 나름의 이념을 고취하는 의외의 성과를 거두었다.
　한편, 임진왜란의 후폭풍으로 몸통의 명나라는 후금(청나라)에게 패망의 단초를 제공하였다. 열도두둑에는 가지 문명이 파종된 반면, 뿌리와 몸통은 해금정책으로 긴 잠에 빠져야 했다. 무엇보다 16세기는 가지의 문물이 뿌리의 정신을 흡(翕)의 하기 위해 찾아들기 시작한 때로써 뿌리, 몸통, 두둑으로 이어지는 동북아의 삼국은 화합의 정신을 생성하는 음의 기운의 모체로 거듭나야 했었다. 그중에 반도뿌리는 정신의 시원이요, 몸통은 뿌리의 정신을 실어 나르는 대륙의 실크로드 맵(map)이고, 두둑은 해양의 실크로드 맵으로서의 전진기지다. 드러나는 1안으로서야 문물 교류를 위한 탐방로이겠지만 드러나지 않는 2안으로는 양의 기운을 부가하기 위한 음의 기운의 로드맵이다. 즉, 동서가 하나 되어 나가는 시기가 다가옴에 따라 서양가지는 물질문명에 개발에 박차를 가하는 때였다는 것이다. 무엇보다 오대양은 물질, 육대주는 정신의 로드맵으로서 동서양의 만남이 이루어지는 시점에 반도뿌리 조선은 1636년 병자호란으로 대륙몸통 청나라에게 침식당하고 사대교린을 더욱더 공고히 하였다. 사대주의(事大主義)는 작은 나라가 큰 나라를 섬긴다는 맹자(B.C. 372~289)의 이소사대(以小事大)에서 비롯되었다. 뿌리는 몸통의 기운을 좌지우지해야 하건만 오히려 이념까지 침식당하고 사대의 예까지 갖추어야 했으니 '널리 인간 세상을 이롭게 하라'는 홍익인간 이념을 생각이나 해보았겠는가. 몸통의 이(夷) 북방과 변방 그리고 두둑의 왜(倭)가 핵심몸통 화(華)에게 절대강국의 예의를 갖춘다면 모를까. 뿌리가 되레 오매불망이라 이로운 행위에 분별이 바로 설 리 없다.

도와 덕이 뿌리의 자원이라면 정신과 물질 교류는 몸통의 자산이다. 혼화의 질량은 음(女)이 양(男)을 포용할 때 나타나듯, 이로운 마음이 아쉬운 생각을 포용하듯이 운용주체 뿌리가 활동주체 몸통을 포용해야 한다. 만약 왼손엔 화의 손을 잡고 오른손엔 이와 왜의 손을 잡았더라면 왜의 임진왜란과 이의 병자호란으로 혼(魂)을 잃고 한(恨) 맺힌 세월을 보냈을까. 손을 잡는다는 것은 아쉬움을 채워 주는 행위다. 게다가 뿌리는 이로운 에너지(정신질량) 생성소가 아닌가. 만약 그러한 삶을 위해 한 뜸만이라도 노력했더라면 판도는 어떠했을까. 명청(明淸)이 교체했는데도 화(華)의 사대주의가

여전히 기승을 부렸고, 속국의 멍에를 쓰고도 청나라를 이(夷) 오랑
캐라 무시하고 적대시하였으니 민족적 자존심 때문인가 아니면 뿌
리의 자존감 때문인가. 1863년 흥선대원군(1820~1898)이 집권하고
척양척왜를 강력하게 외치며 쇄국정책을 공고히 하기에 이르렀는
데 꼭 그래야만 했던 것일까. 사대주의가 뿌리의 근간을 뒤흔든 것
도 있고, 하나 되지 못한 붕당의 폐해로 개화의 물결에 편승하지
못한 이유도 있겠지만 19세기는 2차 서세동점으로 전진기지 두둑
과 가지 간의 해양 로드 맵의 완성되어 가는 시점이었다.

　가지의 양물을 흡수하지 못한 뿌리 음물의 폐단은 사상과 이념까
지도 몸통에 의지해 왔던 허정개비 뿌리의 실체가 드러나면서 가지
신앙 천주교를 탄압하기에 이르렀다. 엎친 데 덮친 격으로 최강국
으로 여겨 왔던 청나라가 영국과의 1차(1839~1842), 2차(1856~1860)
아편전쟁에서 모두 패하자 최대의 위기감을 직감하지 않았나 싶
다. 서양의 가지세력에 맞서야 했던 열도두둑라고 예외일 수는 없
다. 1603년 에도 막부 시대에서 1854년 미·일 화친 조약을 맺을 때
까지 251년의 세월은 해금기간으로서, 해양세력 미국에 최혜국을
인정한 불평등조약이었다. 4년 후 1858년 체결된 미·일 수호통상
조약도 불평등조약이지만 사실 양국 모두 해양세력의 입지를 굳히
는 계기를 마련하였고 열도두둑은 마침내 1868년 메이지 정권
(1853~1912)이 들어섰다. 이후 해양세력 가지의 근대국가를 모델
삼아 자본주의와 입헌정치를 도입하여 장족의 발전을 이루었다.

☾ 특단의 조치

이쯤에서 돌이켜봐야 할 것은 19세기 열도두둑의 메이지 정권은 2차 서세동점에 편승하여 해양세력을 등에 업고 해양 제국주의 면모를 갖추었다는 점이고, 뿌리조선은 팔도의 억센 사투리가 불러일으킨 시대적 계산착오로 쇄국의 빗장을 굳게 걸어야 했으며, 몸통의 청나라는 가지 해양세력과 잇따른 전쟁 패배로 반식민지화로 전락하고 있었다는 점이다. 뿌리가 살면 몸통이 살고, 뿌리가 죽으면 몸통도 죽지만, 반면 보호막 두둑은 해양세력의 에너지를 비축하게 된다. 뿌리를 살리기 위한 대자연의 특단의 조치라고 할까. 몸통은 뿌리 하기 나름이라, 운신의 폭이 좁아질수록 대륙의 실크로드의 맵도 좁아짐으로써 원기를 회복할 때까지 동·서를 연결 짓는 해양 실크로드 맵을 두둑이 유지해 나가게 된다. 엄청난 특혜가 아닐 수 없는데 원인제공은 뿌리에 있다.

육대주가 막히면 오대양으로, 오대양이 막히면 육대주로 통해야 하는 것이겠지만 인류의 평화는 오대양육대주의 순환이 막힘없을 때 깃든다는 사실이다. 순조로운 소통이 가능할까. 뇌의 역할을 맡은 뿌리에 생기가 넘칠 때 좌심방 몸통과 우심실 두둑도 활기가 넘친다. 16세기 1차 서세동점 즈음 임진왜란을 치르고 명청이 교체되고 뿌리의 생기가 숙지자 19세기 2차 서세동점에 이르기까지 250여 년 동안 동북아의 삼국 모두 해금정책을 취했다. 필연이라면 억측도 이런 억측이 없다고 하겠지만 뿌리와 몸통은 불가분의 관계로 상고시대부터 흥망성쇠를 같이해 왔으며 두둑과는 떼려야 뗄 수 없는 사이라 미운 정 고운 정 다 들었다.

고조선 패망 후 열국시대를 거쳐 하나 된 민족국가 고려를 건국하기까지 1천 년의 세월은 분열의 시대였고, 일원화체제 조선으로 이어져 패망하기까지 1천 년의 여정은 하나 되는 뿌리이념을 찾기 위한 기간이었다. 그리고 앞서 밝힌 바처럼 하나 되기 위한 시대가 고려였었고, 하나 되어 살아가야 하는 시대가 조선이었다. 하나 된 민족국가를 이루어 살았던 1천 년의 시간 동안 뿌리답게 이로운 삶을 추구하지 못한 결과가 부패다. 치유의 방법이 있었을까. 수술대에 올라야 하는 것이겠지만 뇌 기능이 멈추면 모든 인체의 기능이 멈추듯 뿌리의 기능이 멈추면 몸통과 가지의 행보도 멈춘다. 나의 아쉬움을 채우려 한다면 너의 아쉬움을 채워 줘야 하는 법이거늘 선순환 법은 인류 진화의 근본이라 나 하기 나름에 따라 달리 나타나는 작용반작용 법칙 상대성 원리에 발맞추어야 한다.

쇄국정책 이후 동북아 삼국의 정세는 두 개의 철로와도 같은 양상으로 급변하였다. 하나 되지 못할수록 바람 앞에 등불일 수밖에 없는 뿌리인데 척양척왜도 모자라 성리학을 정학(正學)이라 규정하고 정도(正道)를 유교 이념으로 대처하는 위정척사(衛正斥邪)운동까지 전개하였다. 즉, 몸통의 성리학과 유교 이외에 모든 신앙과 사상을 사학(邪學)이라 규정하고 배격하는 운동이다. 중기에는 양명학(陽明學)을, 후기에는 동학(東學)을 배척하였으며, 1801년 천주교 신유박해를 시작으로 1839년 기해박해, 1846년 병오박해, 1866년 병인박해에서 기인한 프랑스군 침입사건-병인양요(고종3)가 발생하여 통상수교거부정책을 한층 더 강화하는 악수를 두지 않을 수 없었다. 설상가상이랄까. 미국의 제너럴셔먼호 사건(1866)을 빌미로 1871년 조선을 무력으로 개항시키려는 사건이 일어났는데 바로 신미양요(고종8)다.

뿌리의 회복은 몸통·가지로 이어지는 세 개의 차원이 하나 되어 나가기 위한 것으로, 쾌유는 대륙 몸통세력을 위한 것도 있지만 특히 해양 가지세력을 위한 일이기도 하므로 뿌리에 페니실린을 투여함에도 불구하고 충돌만 빚는다는 것은 대수술의 시기가 다가왔음을 뜻한다. 거칠게 힘으로 일으킨 양의 기운 물질문명을 고운 기운 정신문명으로 정화해 나가는 것이야말로 상호동화작용이 아닐까. 가지의 양물 사학을 받아들일 때 뿌리의 음물 정학이 바로 서 있어야 하는 법이거늘, 거부 반응을 일으킨다는 것은 뿌리 고유의 법이자 정학이었던 도와 덕의 발로 홍익인간 이념을 상실하였기 때문이다. 이보다 더 심각한 문제는 작금까지도 말로만 민족정기를 거론할 뿐, 정학이 무엇인지 모르고 있다는 것이다. 광복 후 널리 인간 세상을 이롭게 하라는 정통 뿌리의 사상을 교육이념으로 정해 놓았을 따름이라 지금까지도 이렇다 할 윤리강령이나 행동강령이 정해진 것이 없다. 물론 생활 속에서 한 뜸씩 바로잡아 나가야 할 사항이지만 사투리가 안겨 준 혈연·지연·학연의 폐해는 하나 되어 나가지 못한 원흉이라 이를 쇄신하지 못하고서는 공허한 메아리에 지나지 않을까 우려된다. 마지못해 소까지 잡아먹는 체면치레로 위신과 체통을 지켜온 관습과 더불어 뭉치면 흩어지고 흩어지면 뭉치려 하는 인습이 고착되어 나아질 것은 없다. 가뜩이나 '내가 누군데'라는 잔상이 남아 있다면, '내가 난데'라는 아상에 휘둘리는 일은 빤한 일이다. 이는 우두머리 성향의 이들에게 나타나는 독특한 기질이겠지만 이는 사실 뿌리민족 특유의 기갈이니만치 이를 다스리지 못하면 변화에 편승하지 못한다. 음물 정학이 양물 사학을 받아들여 혼화해 나가야 할 시기에 변하지 못하면 고통과 퇴행이 자리할 뿐이다.

나는 내 삶을 위해, 너는 네 삶을 위해 살아가는 것이겠지만 내 앞의 너와 하나 되어 나가지 못하면 도태된다. 내 삶이 곧 네 삶이라 둘이 하나 되는 부분은 점진적으로 전체를 아울러야 하는 것이므로 나에게 맞는 셈법보다는 모두에게 맞는 셈법이 필요할 터, 편견이 짙을수록 하나 되고자 하는 절대분별의 차원을 흩트린다. 내 뜻을 받아 달라고 할수록, 내 말 좀 들어 달라 할수록 나를 지향하는 셈법으로 결국 부딪쳐 좌절에까지 이르는데, 아만심(我慢心)이 가득차면 옳고 그름을 분별치 못하여, 하극상으로 마침내 파멸에까지 이르게 된다. 몸통의 이념에 의지해 온 결과라고 할까. 희한한 모순이 지속된 뿌리의 역사에 가지의 신앙과 이념까지 자리하는 때가 다가왔다. 그렇다면 쇄국정책과 대한제국(1897)의 선포는 경술국치(1910)로 이어지는 일련의 과정으로, 뿌리의 음물이 정학으로 바로 서기 위한 가지의 양물 사학을 받아들이기 위한 하나의 과정이었다는 것이다. 혹자는 대륙세력과 해양세력 사이에서의 작은 반도라 어쩔 수 없는 일이지 않았느냐고 반문하는데, 중심축을 잡아 나가야 하는 뿌리다. 그리고 자발이기보다 강제였기에 그 대가로 치욕의 세월을 보내야 했었다. 이를 어떻게 설명할까.

다시 말해서 수술(경술국치)을 통한 회복기간(일제강점기)이라기보다 오히려 동족상잔의 장사(葬事)를 치러야 했으니 새 품종을 파종하기 위해 전개된 과정이었다는 것이다. 역사를 잊은 민족은 미래가 없다고 말하지만 잊고 싶은 역사가 있다면 어떻게 해야 할까. 오늘의 역사를 통해 미래의 역사를 말하는 것이겠지만 뼈아픈 식민지배하의 역사도 미래를 위한 역사다. 민족적 주체성이 희박할수록, 토템과 샤머니즘에 의지하고 살아가는 소수민족처럼 강대국에 흡수될 경향이 크지만 그렇다고 완전 희석되지는 않는다. 단지

고루한 이념은 사장되듯이 자연 멸종된다고 할 수 있는데 그렇다면 업그레이드 시대의 콘텐츠가 의미하는 바가 무엇일까. 단순히 영혼 없는 물질교류만 이루어진다면 권력욕, 명예욕에 쏠림만 가중시킬 터, 정신문화가 더해진다면 금상첨화가 아닐까 싶은데 문제는 어떻게 해야 하는지 모른다는 것이다. 앞서가겠다는 이들이 문화콘텐츠를 운운하며 발 빠르게 움직이지만 육생 안(案)의 굴레를 벗어나지 못해 음의 아쉬움을 채워 주지 못하는 양의 아쉬움으로 남길 뿐이다. 이념과 사상이 건재할수록 어제의 역사로 오늘을 살아가고, 오늘의 역사에 화합의 질량을 부가하여 내일의 역사를 이어가야 하는 것이므로 이리 된다면 뿌리민족은 인류사에 운용주체로 영원히 남을 것이다.

그런데 화합의 질량을 어디에서 구해야 하는 것일까. 그저 옛 문화를 고스란히 답습하려는 모양새라, 알아야 할 것은 뿌리가 몸통의 이념으로 살아가다 사달이 났다는 것이다. 치욕의 일제강점기와 피눈물의 동족상잔 6.25로 다시 태어난다는 것은 잃어버린 민족혼을 되살리기 위한 것에 있다는 것이다.

삼한사온과 사계의 변화가 뚜렷이 나타나는 뿌리의 삶은 그만한 이유가 있을 터, 춥기만 하고 덥기만 하면 춘하추동, 생장수장, 생로병사 오고가는 사실을 바로 알지 못한다. 왜 그런 것인가. 멈추면 머물고, 머물면 사장되는 바라 생각의 차원도 사계에 맞춰 변화해 나갈 때 발전하기 때문이다. 추운 곳은 추운 곳답게, 더운 곳은 더운 곳답게 살아가야 하겠지만 사계의 변화에 맞추어 살아가는 곳일수록 동서남북, 사통팔달 하나로 이어지는 자리에 위치한다. 이야기 전개가 다소 추상적으로 흐르는 경향이 있지만 환인(환국),

환웅(배달), 단군(고조선)시대를 거쳐 오늘날의 대한민국이 있기까지의 증명되지 않은 역사를 설명하려면 2안으로 픽션(fiction)을 적절히 가미해야 하는 부분이 적지 않다. 외적 삶을 추구하는 곳이 있다면, 내적 삶을 추구하는 곳도 있고, 내외적인 삶을 추구하는 곳도 있기 마련 아닌가. 해 돋는 땅, 해가 중천에 뜬 땅, 해 지는 땅 그리고 뿌리·몸통·가지 각각 세 개 차원의 소명이 다르듯이, 개척하는 1안의 선천적 물질문명은 논픽션(nonfiction)에 가깝고 창출로 그 뒤를 받쳐줄 2안의 후천적 정신문명은 픽션(fiction)에 가까울 수밖에 없다.

그렇다고 허구일까. 절대 그렇지 않다. '보이는 물질'과 '보이지 않는 정신'의 해석일 뿐, 음양화합은 유무상통과 다를 바 없듯 1안은 2안의 사항을 염두에 두는데도 1안이 가리키는 사항을 정확히 모르기에 크고 작은 문제가 야기된다.

한편, 군사강국은 제국주의 1안의 사항으로 사랑은 행복을 위해 한다는 2안의 사상과 이념을 소원하며 1안의 존재는 길어야 1세기로, 힘으로 종속시키는 군국주의도 다를 바 없다. 1안의 물질은 나하기 나름이고, 2안의 정신은 달리 나타나는 부분으로서 힘의 논리는 작용반작용의 법칙 상대성 원리를 무시한 처사라 1세기가 지나기도 전에 피 흘리고 폭삭 망하는 결과를 초래하는 이유다.

19세기 2차 서세동점 시기에 발발한 1차 세계대전은 제국주의와 군국주의의 모순을 파멸하기 위해 벌어진 가지권의 전쟁이었다면, 2차 세계대전은 몸통, 두둑, 가지가 뒤섞여 벌인 전쟁으로, 새로운 품종을 반도에 파종하기 위한 것에 있었다. 이후 뿌리, 몸통, 가지 한 그루의 나무에 민주와 공산이념이 자생하여 체제의 우수성을 드러내 보이려 안간힘이지만 이원화체제는 일원화체제를 위

한 것이라 쌍방이 모순을 숱하게 자아내고 있다. 세 개의 차원으로
나뉘어 운행되는 세상의 근본은 사통팔달을 위한 것에 있다. 자본
과 사회주의로의 변화는 이념의 색깔만 달리할 뿐 드러나는 모순
을 상호보완해 나가지 않으면 양양상충의 골만 깊어진다. 해서 뿌
리는 1897년부터 1945년까지의 48년간은 집도의 시기이자 인류구
원 프로젝트 민주·공산의 과제가 주어지는 시기이기도 했다.

4. 대한제국

필자가 주검을 처음 목도한 때가 초등학교 고학력 시절이 아니었나 싶다. 돌이켜보면 유신정권 초기이자 1차 유류파동으로 절약을 독려하는 표어와 포스터가 동네 어귀마다 붙어 있었던 것이 생각난다. 큰 이모는 오랜 투병생활로 누워만 계셨던 기억이 전부다. 그러던 어느 날 기력을 회복하셨는지 머리 감고 화장을 하시고 정갈하게 옷을 갈아입으셨다. 친인척이 오갔을 때만 하더라도 툴툴 털고 일어나시는 줄만 알았는데 엄마의 곡소리가 들려왔다. 태어나서 그리도 슬피 우시는 모습을 처음 봤다. 뼈대만 앙상한 시신을 보니 슬프다기보다는 무서움이 엄습해 왔었다. 순간에서 영원을 위한 시간이었다고 할까. 이승에 맺힌 한(恨), 이루 말할 수 없겠지만, 어른들이 말하였다. 저승으로 떠나기 위해 마지막으로 보고 싶은 인연을 보기 위한 시간이었다고 말이다. 그 와중에도 고성이 가끔씩 오가는데 처음 보는 듯한 분도 계셨고, 자주 뵙는 친척분도 계셨으며 초상 치르는 내내 다투는 소리가 끊이지 않았던 기억이다. 뭐가 그리 풀지 못한 사연들이 많아 그것도 하필이면 초상집에서 싸우는 것일까.

통신수단과 교통편이 좋지 않았던 시절이라 큰 맘 먹고 한번 만나는 날이 경조사 때라는 점도 있겠지만 예나 지금이나 만나서 반갑던 시간이 흐르면 언성이 높아지는 것은 별반 다름이 없다. 더구나 불치병 시한부였다고 할까. 현시대는 태반이 병원에서 죽음을 기다리다 생을 마감하지만 당시는 똥구멍이 찢어지게 가난하던 시절이라 거의가 집에서 죽음을 맞이했다. 그나마 회복 가능한 환자는 꿈을 꿔보기라도 하겠지만 죽지 못해 목숨을 부지하는 경우야 무슨 희망이 있어 꿔보기라도 할까. 물론, 환자나 가족이나 기적을 바라겠지만 투병은 살기 위해 하는 것인데도 죽음을 기다리고 있는 처지라면 그 심정이 어찌할까. 노환으로 마감하는 생이야 천운을 다한 것이라 호상(好喪)이 아닐 수 없고, 불치병이나 불의의 사고로 유명을 달리한다면 악상(惡喪)이라 아니할 수 없으니 이보다 슬픈 일이 어디에 있을까. 사고로 죽거나 불치병으로 죽음을 앞둔 이들은 나름의 이유가 있을 터이고 이를 바라보는 직계가족도 그럴만한 사연이 있을 터인데 누구의 가슴이 더 미어질까. 사고를 치는 자식보다 그 자식을 바라보는 부모의 심정이 더 크게 메어진다고 하던데 이따금 누군가가 위로의 말을 건넨다. 죽은 자는 죽은 자고 산 사람이니 살아야 하는 것이 아니냐고 말이다. 분명 산 사람이니 살아야 한다. 그런데 어떻게 살아가야 하는 것일까. 예전과 다름없이 살아가라는 소리일까. 한번 초상을 치르면 줄초상을 치러야 하듯, 소통의 변화를 일으키지 못하면 생활고는 더하면 더했지 덜하진 않는다. 방책이 있어 조언하는 것일까.

그러고 보면 초상 치르는 일은 남은 식솔들에게 앞으로 어떻게 살아가야 하는 것인가에 대한 문제까지 담겨 있다. 사돈에 팔촌까지 연루되어 있으니 말이다. 즉, 망자는 가족과 친지와 지인들을 위해 된 것이므로 이를 계기로 산 자의 발전을 꾀하지 못하면 그 다음은 본보기로 내 차례가 될 수도 있다. 경사도 마찬가지다. 그 동안 원망으로 불통하고 소원했던 이들과의 만남의 자리가 마련되었고, 물론 기쁨을 함께하기 위해 만난 자리이겠지만 이는 보이는 1안의 사항이고, 보이지 않는 2안의 사안으로는 남은 삶을 위해 주어진 자리다. 반가운 이들과 달갑지 않은 이들이 뒤섞인 만남은 그리 흔치 않은 경우라 소통과 화합을 위한 더할 나위 없는 기회가 아닌가 싶고, 여전히 제 잘난 자존심을 치켜세운다면 언쟁과 불통은 더 큰 어려움을 자초한다는 사실이다.

죽은 자는 산 자를 위한 것에 있다고 앞서 언급했다. 혹자는 생전의 빚과 병원비로 가산을 탕진할 위기에 직면한 경우도 있다고 토로하는데 이는 작용반작용의 법칙 상대성 원리로 받게 되는 표적이다. 초록은 동색이요 가제는 게 편이듯 내 앞의 인연이 내 모습이다. 다하지 못한 네 죽음을 보고 바뀌지 않으면 나도 다하지 못한 채 따라 갈 수 있다는 점이다. 분명 나 하기 나름이라는 사실을 모르지는 않을 터, 그런데도 만났다 하면 막장으로 가게 만드는 자존심이 당최 무엇일까.

한편, 인간이 오랜 투병생활을 하다가 머리 감고 화장을 하고 깨끗한 옷으로 정갈하게 갈아입을 때와 918년 하나 된 민족국가를 건국하고 1천 년 동안 이루어 온 역사가 그 운을 다했음을 알리는 1897년 대한제국 시기와 다를 바가 없다.

인체의 오장육부 기능이 마비되어 이승을 떠나야 하는 때와 화합의 오대양육대주가 불통되어 나라를 사지로 몰아넣는 경우와 다르지 않다는 것이다. 그러고 보면 국가의 일대기와 개인의 일대기와 다를 바 없지 않은가. 조국을 이끌어 나갈 운용주체, 그러니까 수장이 누구이냐에 따라 활동주체 만백성 삶의 질이 달리 나타나는 것처럼, 일개의 민초라도 삶의 주체자로서 어떻게 사느냐에 따라 행복지수가 달리 나타나는 바와 같다. 문제는 이를 누가 가르쳐 일깨워주느냐 인데 활동주체 만백성을 위해 운용주체 국가가 존재하듯, 활동주체 만백성도 운용주체 국가를 위해 살아간다. 국가 앞에 만백성은 활동주체이지만 사회구성원으로서 이로운 운용주체와 아쉬운 활동주체로 재차 나뉘었고 화합의 원동력은 힘의 아버지를 위한 지혜의 어머니에게서 비롯된다.

아울러 어머니는 이로운 운용주체로서, 아버지는 아쉬운 활동주체로서 가정의 행복은 화합을 위한 합의를 이루어 나갈 때 시작되고, 아쉬운 자는 찾아가는 자로서, 이로운 자는 맞이하는 자로서 자리하고 있다. 왜 그런 것인가. 음양화합의 조건으로 물은 음의 기운 운용주체로서 양의 기운 활동주체 만물에 생명력을 불어넣는 것처럼, 여인은 음의 기운 운용주체로서 양의 기운 활동주체 남성에게 생기를 불어넣어 주는 이치와 같다고 할까. 즉, 양의 기운 활동주체는 음의 기운을 찾아다니는 아쉬운 자리이며, 음의 기운은 양의 기운을 기다리는 이로운 운용주체의 자리이기 때문이다. 그리하여 육(肉)의 모든 생명체는 물(水) 하기 나름이고, 남자는 여자 하기 나름이라 '먼저 주고 후에 받는' 작용반작용의 법칙 상대성 원리가 인간생활 깊숙이 묻어 있다.

이로운 자와 아쉬운 자는 운용주체와 활동주체 이분법의 관계로서, 요지는 도움 받기 위해 찾아가는 활동주체가 있을 뿐 도와주기 위해 찾아다니는 운용주체가 없다는 것에 있다. 만약 있다고 한다면 신앙 전도이거나 생색내기가 전부일터, 언제나 만남은 나의 아쉬움을 채우고자 하는 데에서 기인하는 만큼 득이 될 성싶을 때 만남이 이루어지는 것처럼 내 앞에 있는 너와의 상황도 다를 바 없다. 화합을 위한 합의도 이로워서 맞이하는 자가 아쉬워서 찾아오는 이의 손을 잡을 때에서나 가능하듯이, 행복을 위한 사랑도 다를 바 없다. 이로울까 싶을 때 만나고, 아쉬움을 채울 듯싶을 때에 감정이 솟는 것처럼 이로움의 자원이 많을수록 사랑도 그만큼 많이 받겠지만 그렇다고 행복한 것만은 아니다.

실제 사랑은 허한 곳을 채워보고자 하는 행위로서 자기만족이라면 모를까, 이로움과 아쉬움이 하나 되어 나갈 때 비로소 느끼게 되는 것이 행복이다. 나 하기 나름의 선순환의 법칙을 무시하고 행복할 수 있을까. 이 문제는 앞선 장에서도 다루었고 지금까지 출간된 『뿌리민족의 혼』 시리즈에서 꾸준히 다루었으니 이쯤 하자. 득 보자고 만나듯, 득 보기 위해 사랑하는 것이겠지만 행위의 근본은 화합과 행복을 추구하기 위한 것에 있다. 합의를 했다하나 화합을 이루지 못하면 실패한 것이요, 사랑을 한다하나 행복하지 못하면 불행한 것이라고 말한다.

누구의 잘못일까. 도의적 책임을 넘어 실패와 불행의 책임은 이로워서 맞이하는 운용주체에게 있다. 활동주체도 아쉬움을 채우려는 만큼 이로운 행위로 답례해야 하고 '덕이 되고 득이 되는' 상호상생을 이루지 못하면 화합을 이룰 수 없는 것이라 결코 행복할 수 없다는 것이다. 고작 물질로 합의를 위한 사랑행위에 열을 올려 본들 정신질량이 미치지 못하면 행복을 위한 화합을 이루지 못하여 운용주체는 무덕하면 무득하기 보다 독이 되어 돌아오기에 고통이 배가 된다는 사실이다.

☾ 분통 터질 역사

일국시대의 행보는 이미 고려 초기부터 엇갈렸고, 하나 되지 못한 붕당으로 조선의 부패가 심각해지자 반도는 뿌리의 기능을 전반적으로 상실하고 있었다. 이로움의 원천이어야 하는 뿌리가 홍익인간 이념을 잃고 몸통의 천인상관에 의지해 왔으니 두둑의 천손강림으로 호되게 당해야 했던 것이다.

한편, 16세기 1차 서세동점 즈음 해금정책을 취할 때에는 오장육부 소화기능이 썩어 문드러져 가고 있는 상태이지 않았을까. 19세기 2차 서세동점에 이르자 두둑은 내부의 시련을 극복하고 1867년 메이지 정권을 수립하여 마침내 해양세력 가지의 문물을 받아들이기에 이르렀는데 이는 사실 뿌리를 위한 조치와 다를 바 없었다. 그렇지 않다면 과연 20세기 초 근대산업국가로 두둑의 발전이 순조로웠을 리 없다. 해양세력 가지의 문명을 등에 업은 열도두둑은 반도뿌리를 통해 대륙몸통으로 진출하고자 하는 염원은 1안의 사항이고, 2안으로는 부패와 더불어 쇄국정책의 잠에 빠져든 뿌리를 깨우기 위한 행보에 있었다.

해양세력 가지의 산물, 군함 운요호와 1875년(고종12) 강화도 수비대와 전투가 벌어지면서, 1876년(고종13) 불평등조약을 맺기에 이르렀다. 아마 쇄국의 빗장을 풀어야 하는 순간이 아닌가 싶으며, 힘 한번 써보지 못한 듯싶지만 부패를 털어 내기 위한 일련의 과정인지라 뿌리는 가지에 힘입은 두둑에게 침식당하고 있었다. 이런 와중에도 조정은 개화파와 수구파 간의 대립의 칼날만 세우다 임오군란(1882)을 초래하였고, 대륙 몸통세력을 옹호하는 친청(親淸)파와 두둑 해양세력을 비호하는 친일(親日)파 간의 대립으로 갑신정변(1884)이 발발하였다. 두둑의 강화도 불평등조약의 불씨가 몸통 청의 속방화(屬邦化, 청의 직접 지배를 받는 속국)를 부채질하여 하극상이 발생하였으니 분통 터질 역사가 시작되었다. 그리하여 만백성이 일으킨 개혁의 신호탄이 갑신정변인줄 몰랐던 모양이다.

두둑의 야욕을 누가 불러일으킨 것일까. 그저 민초들은 사람답게 살아갈 수 있게만 해달라고 피와 살을 갖다 바치건만, 난리가 나면 제일 먼저 아낌없이 한목숨 바치건만 정작 이 지경이 될 때까지 조정과 문무대신은 무엇을 하고 있었을까. 나라님은 무얼 하고 계시냐는 것이다. 만백성의 피와 살로 살아가는 이들이거늘 만백성의 의사를 무시하는 처사는 이로울 게 없다는 사실을 몰랐을까. 그래서 사자짓을 해대는 두둑의 탓만 해대야 하는 것일까. 아니면 힘을 잃은 몸통 청을 원망해야 하는 것일까. 조국과 민족을 사지로 몰아넣는 이들이 누구냐는 것이다.

우려하는 바가 터지고 말았다. 그것은 바로 1894년에 일어난 갑오농민(동학혁명)운동이었다. 농민과 민초들이 스스로를 지키기 위해 봉기를 일으키는 것은 언제나 그랬던 것처럼, 권력과 재물은 상층으로 몰릴 때 굶주림의 담당은 하층이었고, 욕심의 주범 배움은 학연·지연·혈연의 쏠림만을 조장하였다. 물론, 농업시대이자 봉건주의시대라는 점에서 중간계층(엘리트)이 자리하지 못한 면도 있지만 설사 있다하더라도(선비) 상층과 하층을 연계해 나갈 중간관료가 상층으로 오르고자 타락하는 것이 문제다. 작금에 중산층의 몰락으로 쏠림이 걷잡을 수 없이 심화되어 가는 것처럼 중간층에서 상·하 계층의 연결고리가 되어 주지 못하는 한 정경 모두 부패의 텃밭일 수밖에 없다.

전봉준(1855~1895)을 필두로 동학교도와 농민들이 일으킨 갑오농민운동은 이념부재가 부패의 원인으로서, 당시 종교로 승화를 위한 신흥신앙이 출몰하는 시기이기도 했다. 특히 몸통과 가지권에서도 신흥신앙이 출현하였지만 뿌리보다 많지 않았다는 점이다. 사라진 원인은 하나같이 교주들의 가르침이 기복차원 샤머니즘을 넘지 못했다는 것에 있다. 주어진 선천재능을 넘어설 때 창출하는 후천의 법에 도달하는 것이거늘, 술(術)에 의지한 채 신(神)을 마냥 흠모한 나머지 사람답게 살아가는 법(法)을 마련하지 못하여 안타깝게 사이비의 멍에를 쓰고 사라져야 했다. 특히 출현하는 시점을 보면 나라가 망할 때이거나 새로운 출발선상에 설 때쯤으로서 이념과 가치를 바로 세워 나가기 위한 것에 있다.

얼토당토않은 이야기 같지만 본래 민족고유 이념은 종교나 철학에서 비롯되는데 삶이 육 건사 물질에 머물면 화합의 정신에 다가서지 못하듯, 뿌리의 이념은 선천의 물질을 넘어 후천의 화합을 위한 것이므로, 그 질량은 인간으로 태어나 사람으로 승화되어 사람들과 사람처럼 살아가기 위한 것이어야 한다. 이는 널리 인간 세상을 이롭게 하기 위함으로 '널리'의 원점은 바로 내 앞에 있는 너를 가리킨다. 무엇보다 2차 서세동점은 물질문명 신기원을 이루어 나가는 시기로서 반드시 인류 변화의 물결에 편승해야 하는 때이자 사람으로 승화에 필요한 질량을 찾아내야 하는 때이기도 했다. 또한 서양가지에서 일으킨 선천적 양의 문명이 필요로 하는 것은 반도뿌리의 질량 후천적 음의 정신이므로 신앙의 출현은 이를 받쳐주기 위한 것에 있었다. 정신문화를 사통팔달에 방점을 두는 것도 물질문명이 있기에 가능한 것처럼, 너를 위한 성인 시절을 살아가야 하는 것도 나를 위한 어린 시절을 살아왔기 때문이다. 선천의 물질문명은 내 욕심에서 비롯되어 너의 아쉬움과 나의 아쉬움이 만나는 고리역할도 하지만 하나 되는 차원은 후천의 정신질량을 바로 세울 때에서나 가능하다는 점이다.

왜 그런 것인가. 어린 시절은 천륜지간 부모님과 구비된 물질에 의존하여 성장하는 시기라 이기적일 수밖에 없는데다가 바르다는 상호상생을 위한 분별의 차원을 이해하는 과정이라 행위는 반쪽반생 착한 짓에 국한될 수밖에 없다. 즉, 나를 위한 선천의 생각차원에서 너를 위한 후천의 마음차원으로 분별력이 곧추세워지는 시기가 21세 성인 시절 무렵으로 이때서나 널리 인간 세상을 이롭게 할 수 있다는 것이다. 한마디로 물질과 정신을 적절히 가미하여 쓸 수 있는 시기가 성년이라는 것인데,

"그런데 말이야" "너를 위해 살아가야 할 때 나를 위해 살아간다면 어떤 일이 벌어질까."

인류의 역사도 마찬가지가 아닐까 싶다. 나를 위해 살아갈 때와 너를 위해 살아갈 때를 분별하지 못해 생각차원 힘의 논리가 마음차원 덕으로 둔갑하였는지를 모르고 있다. 물론 발전은 욕심에서 기인하는 것이겠지만 결국 쌍방 간에 상처뿐인 영광이라면 차원을 달리해 나가야 하는데 정녕 이러한 사실을 몰라서 못하는 것일까.

선천적 물질문명을 이룩하는 시대는 이기적일 수밖에 없는데다가 사량(思量) 분별로 편 가르기 싸움을 서슴지 않는다. 그만큼 19세기 2차 서세동점의 시기는 두 번째 인류의 이데올로기가 아니었나 싶고, 반면 하나 되지 못하면 도태하는 시대로서 인류의 역사는 물질에 정신을 부가해 나가는 업그레이드 시대로의 항해를 위해 준비를 마치고 있었다.

한편, 조정(민씨정권)이 동학혁명을 빌미로 몸통 청에게 파병을 요청하자 두둑도 텐진(몸통 청이 아편전쟁의 패배로 맺은 불평등조약) 조약을 빌미로 군대를 출동시켰다. 일순간에 뿌리의 핵심부에서 몸통 대 두둑 간의 전운이 감돌았고 아니다 싶은 조정은 양군의 철군을 요청하였으나 두둑은 이를 거부하고 내정간섭을 하기에 이르렀다. 이후 개화파를 중심으로 추진한 갑오개혁(1884)은 부국강병 근대국가 수립을 목표로 봉건사회 모순을 해결하고자 하였으나 완전 부패하여 뿌리의 명이 다함에 따라 되레 두둑에게 침식의 단초를 제공하는 꼴이 되고 말았다. 이는 기실 겉으로 드러나는 사안일 뿐이고, 가지의 물질을 어떻게 받아드려야 하는지 모르는 문제도 있지만 뿌리의 생태계는 거의 죽어 가고 있었다는 것이다. 그렇다고 한다면 이후에 몸통도 따라서 고사할 텐데 이쯤 되면 뿌리의 보호막으로서 두둑의 역할이 필요할까. 뿌리가 살아야 몸통과 가지도 살고 두둑도 사는 법이라, 두둑은 해양 가지세력의 전진기지로서 토양을 바꾸기 위한 작업에 들어갔다.

☕ 시술의 진통

　민심은 천심이다. 농업시대의 민란은 상층의 부패한 찌꺼기를 여과 없이 하부구조가 받아먹고 소화하지 못해 벌어지는 일이다. 만약 근대화를 통해 부국강병을 이루어 중간층에서 정제하여 내려 보낸다면 민초의 삶이 살 만할까. 화합의 대안 없이 물질만으로 이루었다면 사상누각이라 당장은 요긴할지 몰라도 상층의 부패를 막지 못하면 어려운 일이다. 그리고 생각해 보자. 과연 나를 위한 이기의 인간으로 태어나 너를 위한 이타의 사람으로 승화의 질량을 마련하는 일이 과연 민초들만으로 가능한 일인지에 대해서 말이다. 우여곡절 끝에 마련한다 하더라도 중간층을 통해 상층으로 올라가야 하거늘 상층의 의식이 개혁되지 않는 이상 어림도 없다.

　뿌리는 몸통·가지·두둑을 위한 운용주체로서 이념은 활동주체 중층이나 하층을 위한 것에 있지 않다. 상층 운용주체를 위한 것이어야 하므로 하층에서 아주 그럴싸한 이념을 마련한들 받아들이지 않으면 있으나마나 한 이념이다. 무슨 소리냐면, 활동주체는 운용주체 하기 나름이듯 활동주체에 맞춰진 이념은 규율과 질서를 위한 법규라고 해야 할 듯싶다. 하층이 제아무리 떠들어 봐도 중층이 받아 주지 않으면 그만이듯, 중층에서 소리쳐 봤자 상층에서 받아 주지 않으면 아무 소용없지 않은가. 그러다가 난리라도 나는 날에는 민초들이 제일 먼저 조국과 민족을 위해 목숨 걸고 싸워야 하는데, 그러고 보면 민란은 살기 위해 일으키는 것이고 상층에서 일으키는 것은 국란이라 이때 조정과 문무대신이 부추기는 것은 만백성의 애국심이다. 기꺼이 한목숨 바쳐 조국을 지켜야 하겠지만 조정과 문무대신까지도 한목숨 바쳐 조국을 지키는 행위가 과연 애국일까를 생각해 보자. 필요하다면 아낌없이 바쳐야 하겠지만 목숨을 바쳐야 할 지경에까지 이르렀다면 완전 패망한 상태다. 나라님은 물론 조정과 문무대신은 조국과 민족을 이끌어 갈 운용주체이지 아니한가. 활동주체 만백성을 이끌 대안을 마련하지 못하였다면 국란은 민란을 통해 일어나기 마련이라, 하층의 민초들이 한 목숨 아낌없이 바칠 때 상층의 조정과 문무대신은 사람답게 살아갈 수 있는 대안마련을 위해 혼신의 힘을 쏟아야 한다. 그리고 법도는 활동주체의 손을 운용주체가 잡고 나갈 수 있는 것이어야 하지 만백성을 군림하기 위한 것이어서는 안 된다. 수탈의 결과는 민란으로 공허한 메아리가 될 터이니 말이다.

그렇게 뿌리는 동학혁명을 발단으로 토양을 바꾸기 위한 대단위 시술 집도가 시작되었다. 그 대가는 하극상의 식민지로서, 지울 수 없는 치욕의 역사를 써내려 가는 것에 있다.

그리고 운용주체 뿌리 하기 나름의 활동주체 두둑의 역사는 오늘날까지 보호막 역할보다 사자가 되어 왔었다. 운용주체 본분을 다했다면 있을 수 있는 일일까. 군림하려다가 나라살림을 사달을 내었고 하층 민초의 몸부림에서 시작된 1894년 갑오농민운동은 항일의병활동의 발단이 되어 1895년 을미사변을 시작으로 투쟁의 강도가 점차 강화되어 1905년 을사의병, 1907년 정미의병, 일제강점기에 이르러서는 항일무장독립운동 세력의 근간이 되었다. 1897년 조선의 국호를 대한제국으로 새롭게 단장하고 자주독립국가임을 재천명했지만 오장육부 기능이 저하되어 임종을 앞둔 상태이고 대내외적으로는 반쪽반생의 상태라 소통의 문제가 심각하였다.

한편, 갑오농민운동에서 야기된 1894년 열도두둑은 대륙몸통 청과의 전쟁에서 승리한 여세를 몰아 1902년 해양세력 가지(영국)와 동맹을 체결, 해양세력 제국주의 면모를 갖추어 가고 있었다. 설상가상으로 오매불망 뿌리가 의지해 온 대륙몸통의 청이 본가지의 핵심 영국과의 전쟁(1840, 아편전쟁)은 물론 두둑과의 전쟁(1894, 청일전쟁)마저 모두 패하여 기세가 숙지자 어느 사인가 가외대륙 몸통의 제국주의 러시아가 고개를 쳐들고 간섭하기에 이르렀다. 뿌리가 기능을 잃으면 몸통도 잃게 되는 것은 당연지사. 무엇보다 문무대신 간의 끝없는 파생은 풀어내야 하는 민족적 과제가 아닐까 싶고, 을미사변 이후 1896년 아관파천(고종을 러시아 공간으로 피신시킨 사건)사건으로 영향력을 행사하기 시작한 가외몸통 친러파와 두둑의 친일파 간에 첨예한 대립으로 인한 독립협회의 심정은 어떠했겠는가. 아무리 귀중한 백년손님이라 하더라도 안방을 내주어서는 안 될 일이다.

가외몸통과 두둑에게 번갈아가며 안방을 내준 결과, 도토리 신세면치 못할 지경이라 해양세력 제국주의와 대륙세력 제국주의의 힘겨루기에 이도저도 못하는 설명한 딸깍발이 신세가 되고 말았다. 조정과 문무대신이 무능한 탓에 벌어지는 일이겠지만 이미 예견된 일로서 가외몸통에게까지 승리한 두둑은(러일전쟁, 1904~1905) 해양제국으로서의 기세는 사할린 섬을 할양하고, 뿌리조선은 물론이요 밑둥치 만주지역까지 차지하기에 이르렀다. 압록강과 두만강을 경계하는 만주야말로 뿌리와 몸통을 하나로 이어주는 숨통이라 관계단절을 뜻할 수도 있지만 새롭게 태어나기 위한 시술의 진통이라 할까. 대륙몸통과 가지의 경계는 히말라야 산맥과 천산 산맥쯤이고, 뿌리와 핵심몸통의 경계는 압록강과 두만강이며, 가외몸통과의 경계는 두만강 부분인 블라디보스토크다.

따라서 뿌리 음의 정신에 가지 양의 물질을 부합시켜 밑둥치를 통해 몸통으로 올려 보낼 때 동서남북 사방팔방 상호균형이 바로 서게 되는 법이다. 즉, 서양물질과 동양정신의 합의가 곧 당대 남쪽 해양세력과 북쪽 대륙세력의 화합을 뜻하는 바라 가지물질에 뿌리정신이 혼화되는 곳은 몸통이다. 20세기 3차 서세동점(1988) 즈음에 풀어나가야 할 인류의 과제이자 뿌리의 소명이므로 해양세력 가지의 물질문명을 두둑 홀로 공급받는다고 해서 동북아에서 선진문명의 삶을 홀로 살아갈 수 있는지에 대해 생각해 보자.

　두둑은 뿌리의 보호막인데다가 전진기지로서 뿌리 없는 두둑은 있을 수 없다. 몸통은 뿌리의 영양분을 섭취해야 건재하고, 그 영양분을 다시 해양세력 가지로 공급하게 되므로 칠칠히 맺은 열매가 종족번식과 밑거름이 되기 위해 땅으로 내린다. 누굴 위한 번식이고 거름일까. 춘하추동(春夏秋冬), 생장수장(生長收藏)의 원리가 그대로 적용되는 바라, 뿌리를 위한 두둑이 만약 가지의 물질문명으로만 지탱하려 든다면 겉으로 드러나는 양양상충으로 바람 잘 날이 없을 것이요, 받아들이지 못한다면 피골이 상접할 것이라, 뿌리를 위한 두둑은 해양세력의 교두보이자 불가분의 관계이고, 서양 가지와는 떼려야 뗄 수 없는 사이다. 보이는 1안으로서야 온갖 만행을 자행하는 듯싶지만 2안을 위한 본능의 상대성이라 뿌리 본연의 삶을 살아갔더라면 과연 그러겠느냐는 것이다. 대륙세력 몸통과의 상생을 위해 뿌리의 행태를 그대로 답습해야 하므로 때로는 멀고 때로는 가깝다. 아울러 뿌리가 존재하지 않는다면 두둑 자체가 아예 필요 없다 할 것이다.

　한편, 가외몸통 러시아와 두둑과의 (러일)전쟁 이후 1904년에 체결한 한일의정서는 두둑에게 잠식당한 뿌리의 실체를 드러내는 하나의 장면으로 1905년 체결한 을사조약은 외교권 박탈이자 치욕과 수치와 경멸도 문제 삼지 않겠다는 혈서와 다름없다. 1907년 고종을 퇴위시키고 순종을 즉위시키는 엄청난 일을 배후에서 벌인 것도 마지막까지 뿌리를 옥조이기 위한 것에 있었다. 이처럼 구한말 두둑에게 잠식당하자 몸통까지 고사 지경에 이른 것도 뿌리의 주체를 몸통의 가치에 의지해 온 결과다. 무슨 판타지 소설을 쓰느냐고 하겠지만 1안의 역사를 재구성하여 2안의 바람을 순리에 가미시키면 오늘날 동북아의 세계정세와 유사하게 돌아가고 있음을 알수 있다. 동족상잔 6.25 이후 서양가지의 물질문명이 들어왔다. 분명 그만한 이유가 있을 텐데 물질답례가 전부이다 보니 해양과 대륙 간의 골만 깊어졌다. 강대강의 대결구도가 물질에서 비롯된다는 사실을 모를까. 특히 몸가지역(몸통과 가지 중간 사이) 중동국가의 전쟁은 동서화합을 촉발하고자 하는 방편인 듯싶은데 물질과 정신의 화합을 이루지 못하면 중동전쟁의 끝은 보이지 않으리라고 말한다. 그렇다면 서양의 물질과 동양의 정신의 혼화될 즈음에 몸가지역의 총성도 잦아들지 않을까.

신앙과 이념의 전쟁은 포용의 관용, 즉 정신질량의 부재로 일어나는 양양상충의 전쟁이라는 점을 부정하지 말아야 한다. 시비는 생각이 다르거나 셈법이 다르거나 할 때 붙는데 속내를 들여다보면 뜻대로 안 될 때이거나 뜻을 받아 주지 않을 때이거나 둘 중에 하나다. 덩치에서부터 현격히 차이가 난다면 애당초 상대가 안 되는 싸움이라 큰 쪽이 웃으면서 넘어가던가, 작은 쪽이 꼬리를 내려 합의에 이행하려 들지만 만만하다 싶으면 기 싸움을 하다가 크게 몸싸움까지 벌인다. 이때 입으로 주고받는 독기를 해독하지 못한 앙심은 피 터지는 싸움으로 일파만파로 번진다. 누군가는 이를 가리켜 자신이 믿고 받드는 신(神)을 옹호하는 싸움이라고 하는데 그렇다면 개인 간의 싸움이든, 정당 간의 싸움이든, 국가 간의 싸움이든 신(神) 싸움이 아닌 것이 있을까.

신앙전쟁이야 정신(믿음)의 빈곤으로 대놓고 하는 싸움이고 보면, 불통으로 인한 싸움은 어떠한 구실을 대건 이념 빈곤 혹은 가치관 빈곤의 나 잘났다는 기(氣) 싸움에서 비롯된다. 기죽었다, 풀 죽었다 하는 말이 곧 신이 나지 않는다는 뜻이기도 하므로 이념과 가치관이 올곧다면 쉽사리 풀 죽거나 기죽을 일이 없을 텐데 덕이 아닌 힘에 의존하다 보니 일어날 수밖에 없다. 뭔가 부족하다 싶을 때, 손해 본다 싶을 때 이성을 잃고 감정적으로 대하다가 사고를 치는데 이면은 혈기왕성함을 뜻하겠지만 이는 사실 도전이 두렵지 않은 젊을 때의 일이고, 결국 나만 손해라는 것이다.

특히 음의 기운에 가까울수록, 지혜의 어머니에 가까울수록, 활동주체를 포용하는 운용주체일수록 썩 싸움을 잘하지 못한다. 너를 위한 서른 살에 가까울수록 운동신경이 급격히 저해되는 이유와 같다고 할까. 아쉬운 활동주체에게 비롯되는 것이 양양상충에서 비롯되는 싸움이라 하겠으니 이로운 운용주체가 송사에 휘말렸다는 것은 아쉬움을 채우고자 다가오는 활동주체의 허한 곳을 채워 주지 못했다는 뜻이다. 힘으로 살아가는 활동주체와 덕으로 살아가는 운용주체와 싸우면 누가 이기겠는가. 가냘픈 여인과 우락부락한 남자와 힘으로 싸우면 누가 이기겠느냐는 것이다. 불 보듯 빤한 일인 아닌가. 상황이 이 지경으로 몰렸다면 훗날 치욕과 수치로 살아가는 일만 남았다.

해양 가지세력의 문물에 힘입은 두둑은 제국주의 면모를 갖추었고, 뿌리는 하나 된 민족국가를 이루어 온 고려시대부터 대륙 몸통세력에 의지하다 사대주의에 빠진 조선시대의 결과물은 1910년 경술국치다. 미처 기계식 시대를 열어 갈 가지의 문물을 받아들일 준비가 되어 있지 못해 벌어진 일이라고 할 수도 있겠지만 이미 대한제국의 수의로 갈아입은 상태라 입관만 남았다.

☾ 왕년에 만석꾼

경술국치가 훗날 기계식 시대를 넘어 아날로그 시대를 열어 가기 위한 일련의 과정이었다는 사실을 받아들일 수 있을까. 물갈이 시대가 일제강점기다. 이 시기에 태어난 세대가 기계식 1세대로서 오늘날의 물질경제 토대를 마련하였다면, 동족상잔 6.25는 밭갈이로서 전후에 태어난 아날로그(베이비부머)는 2세대로서 물질경제에 부가시킬 정신질량을 마련해야 하는 세대였으나 안타깝게 물질에 물질을 부가하는 정도에서 끝내고 말았다. 이는 차후 논할 사항이니 이쯤하고, 구한말(대한제국) 해양 가지세력과 대륙 몸통세력을 조율해 나갈 뿌리의 힘이 있었는지 냉철히 생각해 보자. 아쉬운 자도 이기요 이로운 자도 이기라 만남이 성사된 것은 상호 득 보기 위함으로, 사랑의 감정은 허한 곳을 채워 줄 듯싶은 이를 만났을 때 생겨나 행복은 그 사랑을 통해 영위해 나가는 것이므로 사랑을 한다하나 행복하지 못하면 반드시 뒤돌아 봐야 한다. 인간사 주고받는 문제가 없다면 사랑을 통해 행복을 영위할 수 없다. 사랑 없는 행복 없고, 행복 없는 사랑이 없다는 것은 불가분의 관계라는 소리로, 화합을 위해 일으키는 합의도 다를 바 없다. 합의는 너와 나의 아쉬움을 채우고자 하는 행위이고, 화합은 하나 되어 나가고자 하는 행위로서 음양화합은 내외를 포용해 나가는 것을 뜻한다.

아울러 해양과 대륙의 합의 사항도 70% 물질과 30% 정신이듯이, 외면과 내면의 합의더라도 3:7 상호 질량이 맞지 않으면 간극이 생겨 상극상충으로 이어진다. 무엇보다 양의 기운 해양 가지세력은 시기가 되면 선천질량 물질문명을 음의 기운 후천질량 정신문명과 화합을 위해 뿌리로 가지고 오게 되는데 이는 대륙 몸통세력과 화합을 하기 위한 것에 있다. 뜻하는 바는, 해양세력은 생각의 차원 지식으로 물질문화를 이룰 무렵, 대륙세력은 마음차원 지혜로 정신문화를 마련해 나가야 한다는 것이다. 세 개의 차원으로 나뉘어 운행되는 세상에서 반도는 대륙과 해양의 중심잡이듯이 뿌리는 몸통과 가지의 중심잡이다. 이 때문에 대륙세력을 활동주체 몸통이라 일컫는데 지리학적으로도 해가 중천에 뜬 중쪽에 위치하는 만큼 물질과 정신의 교역의 장소로 적격이며, 해양세력을 활동주체 가지라 일컫는 것은 지리학적으로 하루해가 지는 서쪽에 자리함에 따라 개척한 물질의 완성도를 높여야 한다는 것에 있다. 해 돋는 땅에 위치한 반도는 30% 대륙몸통과 70% 해양가지를 마주보며 내면의 길이 3천 리, 외면의 둘레 7천 리, 3:7 음양합의 0의 수 지형을 이루었다.

이렇게 음양합의 0의 수 지형을 이룬 곳에 자리한 반도는 지판의 뿌리 운용주체로서 몸통·가지 활동주체의 중심을 잡아 나가는 지형에 위치하여 동서남북 사방팔방 상하좌우 어느 쪽으로도 치우쳐서는 이로울 게 없다.

억측이라 할 수 있고 궤변이라 할 수도 있겠지만 치우침의 대가가 천여 번의 외침이었다.

뿌리는 도와 덕으로 살아가야 하므로 인간 세상을 널리 이롭게 하라는 홍익인간은 인류구원을 열망한 한(韓) 민족의 이념이었으나 반만 년 넘도록 본연의 삶을 잊어버리는 통에 대내외적으로 바람 잘 날이 없었다. 무엇보다 합의를 통해 화합을 일으켜야 하는 운용주체 민족의 자원은 덕과 지혜이므로 힘과 지식의 활동주체 민족이 힘으로 밀어붙이는 날이면 결과는 불 보듯 빤하다. 운용주체 지도자의 자원은 기운(지혜)으로서, 그 힘은 상호상생을 이룰 때 배가 되는 법이므로 아쉬워서 찾아온 활동주체와 반쪽반생, 즉 적대적 상태를 유지한다면 되레 겁박을 받는다. 혹자는 천여 번의 외침을 굳건히 이겨 낸 민족이라고 자랑스럽게 떠벌리는데 아무런 이유도 없이 숱한 외침을 받아야 했던 것일까.

왕년에 만석꾼이었다. 잘난 멋에 이웃에게 털리고도 그나마 천석꾼의 명맥을 이었다. 물 건너 근근이 도지로 살아가는 이웃이 있었다. 어찌된 노릇인가. 구천 석을 잃을 때 주체까지도 잃어버렸는지 타박의 세월뿐이라 물 건너 이웃을 무시할 때마다 그들은 노략질로 표적을 주곤 했었다. 그 많은 재물을 잃어버리고도 여전히 만석꾼마냥 으스대며 이웃의 이념을 표방하다 천 석마저 거덜을 낼 즈음 도지로 살아온 물 건너 이웃은 어느덧 천석꾼을 넘어 만석꾼이 되어가고 있었다. 구천 석을 가져다가 만석지기를 이룬 이웃도 이쯤 되면 힘들어지기는 마찬가지다.

만석꾼 시절은 그렇다 치더라도 천석꾼 시절에 몸통과 두둑의 관계를 조율해 나갔더라면, 도지로 근근이 살아가던 시절의 한을 풀듯 안방까지 쳐들어와 주권까지 빼앗지는 않았으리라. 도지로 살아가던 물 건너 이웃의 남부럽지 않은 삶을 보면서 차마 자존심까지 짓밟히기는 싫었는지 왕년의 타령만 해댄다. 그런다고 만석지기 옛날의 영광이 찾아들까. 외침의 원인을 밝히지 못하면 시기하고 질투하고 국권을 피탈한 국가만 탓하게 되므로, 치우쳐 타박이나 해댄다면 뿌리민족의 자긍심을 되찾기 어렵다. 작금엔 세계 경제를 쥐락펴락하는 대국으로까지 발돋움하였으니 그들을 보고 우리가 바뀌지 않으면 바뀔 것은 아무것도 없다. 어떻게 할 것인가. 그런데 어떻게 하고 싶어도 어떻게 해야 할 줄을 모르니 이는 또 어찌 된 노릇인가.

물질 경제력을 키운다고 해결될 일인가. 물질 국방력을 키운다고 해결될 일인가 이 말이다. 물론 1안의 경제와 국방력을 토대로 2안의 정신문화를 이룩해야 하는 것이겠지만 근본이 1안에 있다면 당초에 반도는 거대한 대륙세력과 해양세력 사이에 위치하지도 않았다. 수평을 유지해 나갈 만한 기운을 삼천리 방방곳곳에 묻어 주었으므로, 3차 서세동점 업그레이드 시대는 인류의 평화가 동북아의 반도에서 깃들 것이므로 유념해야 할 사항은 물질경제도 양의 기운 힘이요, 물질국방도 양의 기운 힘이라는 사실이다. 음의 기운 정신경제와 화합의 정신국방을 다지지 않고 화합을 해본들 불화의 모순은 지펴지기 마련이라 양양상충 적대적 골이 깊어지게 되어 있다. 물질문명이 상한가를 치는 IT세상에 과연 물질문명만으로 상호상생을 이루어 나갈 수 있을까. 있다면 어떠한 세상이 펼쳐질까. 신앙계가 표방한 극락과 천당은 아닐 터이고, 펼쳐진다면 정신문명을 도외시하고 있을까. 교육이라고 해봐야 보고, 만지고, 느끼고 욕심성취를 위한 가르침 일색이라, 배운 이들일수록 권력과 제물 앞에 비굴함도 모르고, 거짓말과 모르쇠로 일관해도 무방한 법까지 상층 1%에 초점을 맞춘 듯싶으니 사람답게 살아가고자 소리치는 민초들의 목소리에 아랑곳 하지 않는다.

게다가 팔도로 구획된 뿌리가 내부적으로 하나 되지 못하는데 외부적으로 하나 될 수 있다 생각하지 않나 싶으며, 비겁하고 비참한 뿌리의 역사가 만백성 때문에 그리된 것쯤으로 치부하는 양상이다. 그게 아니라고 반문을 가한다면 겁박과 침탈을 일삼은 나라 때문에 그리된 것이라고 변명이나 해댈 것이 아닌가. 상층 하기 나름이 하층(서민)인데 만백성이 잘못하여 그리된 것으로 비화되었다. 물론 상층과 하층을 연계해 나갈 중층이 제 역할을 다하지 못한 결과이긴 하겠지만 말이다. 엘리트 중산층이 깨어나야 상하 중심을 잡아 나가는 법인데 고작 먹고 살기 위한 육생교육이 전부라 비굴해도 어쩔 수 없는 것 마냥 상층과 오히려 짝짜꿍이 되었으니 두둑의 눈치를 보는 처량한 신세가 되어버리고 말았다. 하나 되지 못한 우리의 모습을 보는 그들의 태도가 바뀌리라 생각하는가. 뿌리생활의 전모가 바뀌지 않으면 바뀔 것은 없다. 생각차원 지식을 표방한 그들을 마음차원 지혜로 화합을 이루어 나가지 못하면 왕년의 재현은 없다는 것이다. 기껏해야 양의 물질과 국방력 그리고 양의 정신문명으로 포장된 삶을 살아가는 것이 전부라 양양상충의 참상이 언제 터질지 모른다. 음의 정신문명으로 상극상충 행위를 상쇄한다면 그들이 하나 되고자 다가온다.

1897년 대한제국보다 암울한 시기가 1910년 경술국치다. 그도 그럴 것이 뿌리를 격하시키는 사대주의가 만연한데 대등한 위치는

커녕 속국의 관계라 이를 청산하고자 뿌리의 국왕을 몸통의 황제와 동등한 의례적 지위에 놓으려고 시도한 것이라고 말한다. 1천 년 전 하나 된 민족국가 고려를 건국하고 쇠(衰)락을 거듭한 5백 년의 시간이 흘렀다. 거듭되는 병폐를 쇄신코자 명주비단 조선의 새 옷으로 갈아입었으나 자정능력을 잃어버려 병(病)의 상태로 접어들었다. 시한부라고 해야 할까. 운명하여 사(死)의 상태로 접어든 시기가 구한말(대한제국)로서 장사(葬事)를 치른 일제강점기의 상태하고 차이는 저마다 의견이 분분할 터, 죽음을 맞이한 자가 누구이냐에 따라 상심은 달리 묻어나지만 사랑하는 임의 사망소식을 막 접했을 때는 청천 하늘에 날벼락으로 그때의 그 심정 어떻게 말로 다할까. 나라 잃은 절망감은 경술국치 전하고 후는 엄연히 다르다. 그나마 쇠(衰)약한 상태라면 운동과 약물치료법으로 나름의 희망을 가져 보지만 처방전이 육신 건강을 위한 것뿐이라면 이미 병은 다른 곳으로 전이된 상태다. 왜 그런 것인가.

1안의 육신건강을 발판으로 2안의 정신건강을 되찾아야 하는 것처럼, 심신 쇠약의 태반은 정신에서 기인하여 육신에 생기는 것이므로 2안의 정신상의 문제를 근본적으로 밝히지 못하면 부모자식이나 형제자매에게 전이된다. 나의 발전은 내 앞에 있는 너를 통해 이루듯, 병의 전이도 너를 통해 받게 되는 표적이다. 소임을 깨우칠 때까지 돌고 돌기에 1안의 육신의 명약(名藥)과 2안의 정신의 영약(靈藥)이 함께 혼화된 처방전이 아니면 백약이 무효일 때가 많다. 그래도 희망을 가져볼 때가 초기 쇠(衰)약해진 상태에서 병(病)이 들기까지겠지만 깊어지면 체념하기에 이른다.

이처럼 건강이 1안의 육신을 통해 2안의 정신을 차리는 것에 있다면, 사망은 2안을 정신건강을 통해 1안을 육신건강을 잃어버리는 것이라, 보다 나은 삶을 위해 반드시 2안의 안위를 살펴봐야 한다. 사랑하는 나의 임이 죽어야만 했던 원인을 모른다면 발전은 가당치도 않다. 하찮은 주검일지라도 그럴만한 이유가 있고 또 이를 보고 가장 슬퍼하는 이에게 주어진 공부가 아닐까 싶으며, 이럴 때마다 누군가는 반드시 산 사람은 살아야 하지 않겠느냐고 위로의 말을 건넨다. 분명 현실을 직시하라는 말이겠지만 어떻게 해야 바르게 산 사람이 살아갈 수 있는 것일까. 조언하는 자는 정녕 바르게 살아가고 있어 하는 소리일까. 그것은 아닐 성싶고, 아마 사랑하는 임의 고귀한 죽음을 위해서라도 지난날을 되돌아보라는 충고의 말이 아닐까 싶다.

5. 일제강점기

    B.C. 7199년 환국시대가 최절정의 관왕(官旺)의 시기였다면, B.C. 3898년에 개국(開國)한 신시 배달국은 약(弱)해져 가는 쇠(衰)의 시기였고, 배달국의 국통을 받고 B.C. 2333년에 건국(建國)한 단군조선은 병(病)들어 죽음에 이르는 사(死)의 단계였다. 그렇다고 한다면 2,096년이 흐른 B.C. 237년 단군 47대 고열가에 이르러 고조선이 붕괴되었을 때에는 장(葬)으로 절멸(絶滅)된 절(絶)의 상태다. 북부여가 B.C. 232년 뿌리의 국통을 이어받으면서 시작된 반도의 열국시대는 새 시대 희망의 씨앗이 파종되었음을 선포하는 바라, 하나 된 민족국가 일국시대의 재창조를 위한 태(胎)의 과정으로 1천년의 여정이 시작되었다. 도와 덕을 잃고 광활한 중쪽 대륙에서 동으로, 동으로 밀리어 반도에 가까워질수록 복중 태아가 양(養)의 상태로 접어든 시기가 열국시대라 할 수 있으며, 북부여의 국통을 B.C. 37년에 고구려가 잇자 사국시대가 시작되었다. 삼국시대는 신

라가 가야를 힘으로 복속시켜 시작되었고, 그 여세로 백제마저 흡수하기에 이르자 고구려의 국통을 698년에 발해가 이으며 일국시대를 위한 이국시대(남북국시대)가 시작되었다. 복중 태아 양(養)의 과정은 인간 세상에 첫발을 내딛기 위한 생(生)의 단계다. 뿌리의 역사는 918년에 이르러 마침내 하나 된 민족국가 고려(일국)를 건국하기에 이르렀으니 1천 년 만에 1천 년 정신문화 창달을 위한 새 천 년의 출발점 위에 섰다.

그 옛날 청운의 푸른 꿈을 이루고자 스스로 목욕하고, 치장하는 지학(志學) 15세를 넘어 21세 성인 시절을 맞이하여 음양화합(혼인)을 이루고 임관(臨官)할 무렵 그만 인류구원의 주체를 잃어버리는 바람에 몸통에서 쫓기듯 뿌리로 들어왔다는 사실을 모르는 터라 일국시대에 들어 더더욱 몸통의 이념에 매달렸던 모양이다. 즉, 고조선의 붕괴는 뿌리의 혼을 되찾기 위한 1천 년 여정의 출발선상이었고, 외세의 침입뿐만 아니라 한민족의 피로 삼천리금수강산을 물들이며 1천 년 만에 이룬 쾌거, 하나 된 민족국가 고려의 건국은 뿌리의 역사상 고귀하고 거룩한 희망을 품은 때였다. 그 위대한 가치로 하나 되어 나가야 했건만 허구의 이념이라고 할까. 실천이 어려운 이념에 매달린 결과가 분열이었고 일국이라는 혈기왕성한 제왕(帝旺)의 시기를 맞이하기도 전에 쇠락(衰落)기로 접어들었다. 1천여 년 전 고조선 붕괴로 열국을 자처하고, 그 열국에서 하나 되고자 피눈물로 복속시켜 하나 된 민족국가를 이루었건만 위대한 인류이념을 잃어버린 민족은 인류의 혼까지 잊어버린 것이라 몸통과 두둑에게 1천 년을 호되게 당했다.

급격하게 쇠(衰)의 상태로 접어든 왕(王)씨의 고려를 바로잡아 보려 1392년에 이(李)씨 조선으로 리모델링하기에 이르렀으나 내면의 개혁을 이루지 못하여 붕당(朋黨)이라는 심각한 병(病)에 걸렸다. 왕씨가 이끌어 온 고려시대 474년 동안 하나 되어 살아가야 하는 분명한 이유를 밝혔더라면, 이씨가 이끈 조선시대 518년간 뿌리의 혼을 찾기 위해 노력했을 터, 이쯤 됐다면 1897년 병(病)에서 사(死)의 대한제국의 수의로는 갈아입지 않았으리라. 1910년 뿌리가 두 둑에게 잠식당하는 천추의 한을 남기지 않았을 것이라는 소리인데 일제강점기 장(葬)의 상태로 접어들어야 했던 이면은 민족분열을 통해 대화합을 이루고자 하는 것에 있었다. 특히 혈연·지연·학연의 폐해가 심각해지면 분열의 조짐이 나타나 자체적인 인적쇄신은 물론, 국정쇄신이 어려울 때마다 병을 통하여 죽음에 이르게 하는 물갈이 사태는 자연발생적이다. 그것이 바로 병(病)에서 사(死)로 이르게 한 일제강점기 물갈이 사태다. 동족상잔 6.25는 밭갈이 사태로서 잔재를 털어 내기 위한 장사(葬事)의 단계라고 할까. 종(種)의 절(絶)에서 새 생명을 잉태하기 위한, 즉 절명(絶命)의 과정이 대한제국이었다면, 절명기(絶命記)는 일제강점기였고, 그렇다고 한다면 절멸(絶滅)의 과정은 광복이요 절멸기(絶滅記)가 바로 동족상잔 6.25다.

뿌리민족이 뿌리에서 터전을 마련한 지 어언 2천 년의 세월이 흘렀는데도 불구하고 여전히 동서(영·호남)는 좌파·우파 지역감정의 매몰찬 이기심으로 기 싸움이나 해대고, 남북은 민주와 공산의 모순이 힘겨루기나 해대는 통에 이기적인 보수와 진보가 조국과 민족을 위한다는 명분으로 파벌을 일삼고 있으니 사분오열이 아니 될 수 없다. 반도의 사통팔달은 대륙세력과 해양세력의 중심에 바로 설 때의 일이고, 밭갈이 동족상잔 이후에 태어난 세대의 소임은 뿌리의 혼을 되살려 정신문화를 창출하는 일이다. 몸통에서 이념을 잃고 뿌리로 들어온 것은 옛 영광을 구현하고자 함에 있으니, 절명의 물갈이 일제강점기와 절멸의 밭갈이 동족상잔 6.25를 치러야 했던 것은 뿌리를 몸통·가지의 중심에 우뚝 세우기 위한 것이었기에, 이를 책임질 전후세대 베이비부머가 화합을 위한 합의의 질량을 반드시 마련해야 한다.

한편, 18세기 해양세력 본가지의 핵심 영국에서 농업과 수공업의 기계화를 이루어 여러 나라로 확산시킨 산업혁명은 19세기 2차 서세동점을 위한 것에 있었다. 중요한 점은, 뿌리가 두둑에게 잠식당하면서 1차 세계대전이 1914년에 발발하였다는 것인데, 1안으로 해양세력 본가지의 핵심 영국의 식민지 세력 확대를 둘러싼 가지 독일과 편 가르기 제국주의 전쟁이라 할 수 있겠지만 2안으로는 인류발전을 위해 기계식 문화혁명을 불러일으키기 위한 것에 있었다. 가지권 해양제국주의 중심으로 1차 세계대전을 치른 것도 업그레이드 시대를 위한 물질문명 개혁을 일으킬 시기가 도래했기 때문인데 물론, 번외몸통 러시아가 깊숙이 개입되었고, 이후 해양제국주의 세력으로 발돋움한 열도두둑이 연합군으로 편입되었지만, 깊은 잠에서 깨어나지 못한 뿌리와 몸통이 동북아에 있다는 사실을 전 세계에 알리기 위한 행보이기도 했다.

그런데 왜 하필이면 문명의 발전 과정이 소통과 화합으로 이루어지기보다 불통과 불화에서부터 시작되는 것일까. 필자의 소견을 피력하자면, 인간은 누구나 육을 건사한 후에야 삶의 질을 논하는 것처럼, 정신문명은 물질문명을 구축한 후에야 창출 가능한 부분이기 때문이라고 할까. 게다가 물질문명은 저마다의 욕심에서 비롯되므로 힘의 논리와 함께 이기의 욕구가 생성되는 바라, 자기 뜻에 동조하지 않는 이들을 불통과 불화자로 인정하여 힘으로 굴복시켜 화합을 은근한 상명하복 체제로 이용하여 무수히 많은 모순을 양산하였다. 특히 물질질량이 최고조에 달할 때면 양극화 현상으로 사회 전반이 일렁이는데 이는 물질수요를 고작 보이는 양의 기운 물질에만 적용시키다가 일으킨 상극상충 현상이다. '에이 설마' 할지도 모르겠지만, 보이지 않는 정신 음의 기운 혼화법을 모르면 모순된 이념과 모순된 신앙은 방법만 달리할 뿐, 체제의 우수성을 힘으로 치켜세우려는 상극상충의 현상을 보지 못한다. 설사 들여다볼지언정 딱히 가르침을 받아야 할 곳이 마땅치 않아 부정으로 일관한다.

내 욕심과 이기의 물질에서 비롯되는 힘의 논리는 기실 도와 덕을 구축하기 위한 토대다. 힘의 논리 육생의 1안으로 물질문명 인프라를 구축할 때까지 인생의 2안의 인프라 정신문명을 마련해야 한다. 뒤를 받쳐 주지 못하면 통합과 화합의 원리를 무시한 돌연변이 사상이 난무하여 피 흘리는 전쟁보다 더 참혹한 삶을 살아가야 할지 모른다고 앞서 밝힌바 있다. 대통합의 시기는 컴퓨터가 보편화되는 20세기 3차 서세동점이 시작되는 1988년 전후다.

한편, 병(病)의 대한제국과 사(死)의 일제강점기를 거쳐 동족상잔 6.25라는 종(種)의 절멸(絶滅) 장사(葬事)의 시대를 맞이했듯, 몸통도 청말 때인 1851년 홍수전(1814~1864)이 대규모 농민봉기를 일으켜 1864년까지 14년 동안 태평천국의 난으로 몸통역사의 흐름을 바꾸어 놓았다. 그뿐만 아니라 1861년부터 시작된 양무운동(洋務運動)은 부국강병의 일환으로 1894년까지 진행되었지만 아편전쟁에 패하면서 악화된 병(病)은 안타깝게 태평천국의 난으로 사(死)하기에 이르렀다. 이후 몸통의 청은 종(種)의 절명(絶命)을 위한 일련의 사태가 벌어졌는데 그것은 바로 대만사건(1874)과 가지 프랑스와의 전쟁(청프, 1884~1885), 그리고 두둑과의 전쟁(청일, 1894)에서 연이어 패한 일이다. 양무운동은 궁여지책 극약처방이랄까. 잠시 기력을 회복하여 머리 감고 화장하고 수의로 갈아입는 절차와 다름없다는 것이다. 역시 몸통은 뿌리하기 나름이라, 1911년 신해(辛亥)년 10월에 혁명(革命)을 일으킨 쑨원(孫文, 1866~1925)은 1912년 1월 중화민국을 건국하면서 삼민주의(三民主義)—민족, 민주, 민생—를 제창하기에 이르자 그해 2월에 청나라는 대륙몸통의 역사 속으로 사라졌다.

이처럼 19세기 2차 서세동점은, 16세기 동서양의 교류를 위해 쌍방을 확인하는 데 그친 1차 서세동점과는 달리 문명의 혁신을 이룰 기계화 세상을 개척하기 위한 것에 있었다.

비록 1차 세계대전으로 말미암아 1차 기계화 문명을 일으켰지만 시대의 흐름은 덕으로 살아가는 세상을 위해 힘에 의지해 왔었고, 1939년에 발발한 2차 세계대전은 뿌리, 몸통, 가지를 하나로 연계할 2차 아날로그 세상을 열어 가기 위한 발판이었다. 아날로그 넘어 디지털이라, 당시만 하더라도 인간 세상의 규범은 이기의 물질문명을 이루는 것에 초점을 맞추었으니 덜 익은 박애정신은 아이러니하게 힘의 논리에 의지해야 하는 터라, 사랑을 하면 행복한 것으로 알고 있었다. 사랑의 감정은 득 될 성싶을 때 우러나오는 것이므로 사랑하면서 '덕이 되고 득이 되는' 이타의 상호상생 질량을 추출하지 못하면 상처만 자리한다. 이렇듯 행복은 이기와 이기가 하나 되어 이타의 질량을 양산할 때 맛보는 차원이라 일방적이거나 혹은 강제성을 띠거나, 이로움을 주고받지 못하면 결코 영위할 수 없는 차원이다. 특히 권력과 물질 앞에 비겁하게시리 아첨으로 일군 만족과는 거리가 멀다. 덕은 이로움의 정신질량이므로 언제나 아쉬운 힘의 물질질량을 활성화하므로써 분란의 소지를 잠재운다. 사랑을 한다 하나 행복하지 못하면 분란이 이는 것처럼, 합의를 통해 화합을 한다 하나 분란이 일었다면 이기와 이기가 따로따로 놀다가 상충을 친 형국이다. 무슨 소리냐면 서양과 물질은 제각각 양의 기운이라 동양의 정신 음의 기운을 배제하고 이룬 화합은 분란이 일게 되어 있다는 것이다. 물론, 서양의 문명도 하나 되고자 하는 가치와 이념이 묻어 있겠지만 활동주체를 위한 양의 기운일 뿐이라 신앙과 철학도 전반적으로 활동주체 양의 기운이 우세하다. 그 때문에 운용주체를 위한 음의 기운이 미약하여 힘의 논리로 사랑과 행복을 표방해 왔고 그에 따른 신앙과 철학, 그리고 물질의 역사가 피로 물들어야 했다. 동양의 역사도 다를 바 없지만 후천의 삶을 위해 내면 깊숙한 부분까지 탐구해 왔으며, 서양의 역사도 선천의 물질을 개척하기 위해 외면의 삶을 과학으로 분석해 왔다. 그야말로 2차 서세동점은 동서양이 만나 내외적인 삶을 분별하고, 화합을 위한 합의의 이념을 곧추세워야만 하는 때로서, 사(死)를 넘어 장(葬)의 상태인 일제강점기, 1·2차 세계대전은 인류희망을 잉태하고 있었다.

☾ 주객이 전도

순사가 곶감보다 무서운 시절이었다. 그것은 아마도 뿌리말살 정책으로 애국자와 매국노가 뒤섞여 살아가기 때문이었고, 특히 독립군과 순사의 삶을 살아가야 하는 한 집안의 고통은 나라 잃은

백성에게 하늘이 가하는 고문이 아니었을까. 더군다나 두둑의 식민지 수탈정책은 주객이 전도된 사항으로 그 옛날 물 건너 도지생활의 서러움을 앙갚음해 보자는 행위가 아닐까 싶기도 하고, 사(死)의 대한제국에서 장사(葬事)의 강점기라 과연 두둑에게 맞서 해야 할 일이 무엇이었을까. 독립운동은 갑오농민운동으로부터 촉발된 부분이라 자주권의 침식은 뿌리민족이면 누구나 아는 일이었고, 1차 세계대전 종전을 1년 앞둔 1918년, 해양세력 곁가지의 핵심 미국 18대 윌슨(Thomas Woodrow Wilson, 1856~1924) 대통령의 민족자결주의 제창은 식민지국가에게는 그야말로 반가운 일이었다. 있는 그대로, 그 민족의 문제는 그 민족 스스로 해결해야 한다는 데 있어 자결권(自決權)을 부여하자는 것이지만 참으로 한심하고 분통 터질 노릇은 두둑이 언제부터 뿌리를 군림하려 들었느냐는 것이다. 남부러울 만큼의 살림을 거덜 내 놓고, 그것도 민족의 지도자들이 고작 1919년 3.1 대한독립 만세나 외쳐대며 기미독립 선언문을 읊조리는 일을 조국과 만백성을 위한 일이라고 한다면 강점기의 원인을 규명이나 할 수 있을까. 소 잃고 외양간 고치는 일이라면 모를까. 두둑에게 잠식당한 뿌리의 처지를 만방에 고하자는 행위도 동정심 유발을 위한 것이라, 이로움이 묻어나지 않는 식민국가의 항변에 귀 기울일 국가가 어디에 있을까.

　자유민주주의를 표방하는 선진국이더라도 득이 될 성싶을 때서나 기웃거리는 법이라 기미독립 선언문을 외쳐대기보다 참회와 성토가 우선이었다. 그뿐만 아니라, 자주독립 국가로 인정받으려 했다면 이로움이 듬뿍 묻어나는 뿌리임을 증명해야 했는데 고작 연민을 일으키고 동정에 호소하는 행위가 전부이다 보니 만세 운동은 실패할 수밖에 없었고 3.1운동을 주도한 지도자들도 심판대에서야 했다. 두둑의 식민지가 되어 버린 뿌리.

하나 되지 못한 지도층의 분열로 맞이한 강점기는 사지(死地)의 삶을 사는 것이라 조국과 민족을 위해 대한독립을 외치며 형장의 이슬로 사라져 간 투사와 만주벌판에서 이슬처럼 사라져 간 독립군 태반이 민초들이다. 정녕 이 땅의 지도자들은 무엇을 하고 있었던 것일까. 두둑에게 잠식당한 이유와 원인을 무시하고 대한독립을 위한답시고 암살과 저격을 부추겨야만 했던 것일까.

그리 손쉽게 찾아올 자주와 독립이었다면 쇠(衰)하여 병(病)들고, 사(死)하여 장(葬)에 들지도 않았다. 절명기에 이은 절멸기가 왜 찾아든 것일까. 지도자들이 하나 되지 못해 받은 결과물이지 아니한가. 천·지·인, 육·해·공, 상·중·하 세 개의 차원으로 나뉘어 운행되는 인간 세상의 삼원화체제는 가장 안정된 구도이자 적대보완적인 이원화체제의 발판으로서 화합을 이룰 때 그 힘은 배가 되어 나타난다. 하지만 이원화체제의 문제점은, 하나 될 수 없는 논란을 쉼 없이 조장하여 나락의 길로 빠뜨리는 데 있다. 붕당정치가 그 예로서 일제강점기는 진정 하나 되어야 하는 시기에 하나 되지 못해 맞이한 민족말살 시대이자 그 원인규명을 위한 시기로서 이 땅의 지도자들이 깨어나지 않고서는 찾을 수 있는 것은 아무것도 없다. 오직 조국의 자유와 독립을 위해 안타깝게 죽어간 민초들의 거룩한 죽음만 덩그러니 남을 따름이다.

뿌리와 몸통의 불가분의 관계를 반영하듯 1919년 3월 1일, 사를 넘어 장의 상태에서 뿌리 만세운동을 일으키자, 1919년 5월 4일, 사를 넘어 장의 상태에서 몸통(1919년 톈안먼 사건)도 만세운동을 일으켰다. 그뿐만 아니라 1919년 몸통 중화민국 상해에서 대한민국 임시정부를 수립하자, 같은 해 중화민국도 광동지방에서 국민당을 창설하였고, 그 다음해인 1920년에 공산당이 창건되었다. 비록 장(蔣)의 입장이지만 뿌리 재건을 위해 끊임없이 자극제 역할을 하는 몸통내부는 합의는 하되 화합할 수 없는 국민당과 공산당의 팽팽한 줄다리기가 시작되었다. 이에 영향을 받은 뿌리도 사회주의 일환으로 공산당이 자리하기 시작하였는데 과연 몸통에서 시작됐다고 몸통만을 위한 것일까.

한해가 마무리 될 즈음이면 가지에서 몸통으로, 몸통은 다시 뿌리로 물을 내린다. 왜 그런 것일까. 돌고 도는 자연의 섭리 생장수장 원리로 인해 뿌리로 내린 물에 각각의 영양성분을 담아 이른 봄에 몸통·가지로 올려야 한다. 다소 이야기가 황당하게 흘러간 듯싶지만 뿌리가 살아야 몸통이 산다는 사실에 입각한다면 한층 이해가 용이하지 않을까 싶은데, 작금의 상황을 예의주시하면 절로 고개를 끄덕일 것 같다. 교류의 질량이 몸통이라면, 화합의 질량은 뿌리이고, 꾸준히 물질로 방편을 추구하는 곳이 가지다. 이처럼 사를 넘어 장의 시기에 몸통 내부에서 끊임없이 변화를 추구해 왔다는 것은 뿌리의 질량을 앞세워 가지와 화합을 위한 합의의 차원에 접근하고자 함에 있다.

각설하고, 뿌리는 임시정부 수립 후 독립을 위한 전쟁을 한창 벌일 때 몸통 중화민국 양대 정당인 국민당과 공산당은 노동자와 농민을 위한다는 취지아래 1924년 1차 국공합작을 채택하였으나 3년 남짓 만인 1927년 해체되었다. 그럴만한 사유가 무수히 발생했겠지만 가장 큰 이유 중에 하나는 공산세력이 급격하게 증가하여 쑨원이 사망하게 되었다는 데 있다. 몸통의 여파가 뿌리로 고스란히 전달되는 것은 당연지사. 두둑에게 잠식당해 수뇌부가 조정을 할 지언정 암암리에 민주·공산 양대 사상의 싹을 틔움에 따라 뿌리 자주독립을 위한 이념의 간극은 날로 심화되고 있었다. 이는 곧 합 의는 가능하지만 화합할 수 없음을 뜻하는 바라, 몸통 또한 이념을 달리한 국공합작이 오래갈 리 없었다.

해양 제국주의로 우뚝 선 두둑은 1931년 몸통과 뿌리의 핵심연 결통로인 둥베이(東北) 지방을 침략하면서 만주사변을 일으켰다. 밑둥치에 위치한 만주는 뿌리·몸통의 생명선으로, 두둑의 만주 침 략은 1안으론 대륙몸통으로 진출을 위한 교두보 확장이겠지만 2안 으론 해양의 밤은 짙어 가고 대륙의 새벽이 밝아 오고 있음을 뜻하 고 있다. 그나저나 요충지 만주가 잠식당함에 따라 뿌리와 몸통은 그야말로 빛 좋은 개살구가 되어가는 상황이라 특단의 조치를 내 려야 하는데 과연 자력으로 취할 수 있을까. 이 문제를 잠깐 짚어 보자. 즉, 뿌리가 사를 넘은 장의 상태인데다가 밑동만주마저 사의 상태로 빠져 버렸으니 천우신조(天佑神助)가 깃들지 않는다면 이미 장의 상태인 몸통 홀로 할 수 있는 일이란 무엇도 없었다. 그런데 아니나 다를까. 두둑은 벌이지 말아야 할 일을 벌이고 말았다. 그 것은 바로 1937년 두둑이 몸통을 잠식하기 위해 벌인 중일전쟁이 바로 그것이었다.

쌍방의 많은 피해가 예견되지만 돌이켜보면 구한말 청일전쟁 (1894~1895)은 뿌리 잠식을 위해 벌인 전쟁이었고, 강점기 때의 중 일전쟁(1937~1945)은 뿌리 광복을 촉발시키기 위한 전쟁이었다고 할 수 있다. 뿌리의 광복이 곧 몸통의 해방을 뜻하므로, 전쟁은 잠 식된 뿌리에서 하기보다 몸통에서 벌이는 것이므로 절치부심 2차 국공합작이라고 해야 할까. 합의하에 1937년 두둑을 물리치기 위한 결사항전에 나섰다. 한편, 2차 세계대전(1939~1945)은 1939년 독일의 폴란드 침공으로 발발하였고, 태평양 전쟁(1941~1945)은 두둑이 거대해양세력의 곁가지의 핵심 미국 해군이 주둔하고 있는 하와이 진주만을 1941년 기습하면서 발발하였다.

서양의 제국주의 가지독일과 동양의 제국주의 열도두둑의 상관관계는 어떠할까.

서양 해양 가지세력 국수주의 힘의 논리가 1차 세계대전을 통하여 동북아 두둑으로 전파되기 위한 제국주의 전쟁이었지만 이는 1안의 사항이고, 앞서 논한 바처럼 2안의 사항은 1차 세계대전은 기계식 시대를 위하여 벌어진 전쟁이었고, 2차 세계대전은 아날로그 그 세상 열어 가기 위해 벌어진 전쟁이었다는 점이다. 게다가 해양 가지세력의 이념과 문물을 우선순위로 받아들이게 되는 곳이 전진기지 두둑이라는 점을 감안해서 아날로그 세상은 뿌리·몸통·가지 모두 함께하는 세상이어야 하므로 두둑은 사자가 되어 태평양 전쟁의 주범이 되어야 했다. 1차 세계대전의 영향으로 막강한 제국주의 해양세력으로 발돋움하여 저지른 2차 세계대전은 그야말로 패권주의 전쟁으로, 특히 서양 가지권의 무솔리니 파시즘(fascism)과 히틀러의 나치즘(Nazism)의 전쟁은 과히 학살에 가까워 아날로그 세상은 인종차별 없이 사람 사는 세상을 위해 민주와 공산은 새롭게 이념 대립의 칼날을 세우기에 이르렀다.

보호막이자 해양세력의 요충지로서 두둑이 해야 할 일은 봉건적 사대주의에 빠져 버린 뿌리를 깨우는 일로서 사자가 되어 버린 두둑에게 있어 2차 세계대전은 자멸이자 화려한 부활이었다. 말하자면 서양가지는 인종주의, 반유대주의 그리고 나치즘이 일으킨 2차 세계대전으로 인류평등을 외치게 되면서 외형으로 빛나는 아날로 그 시대를 열었고, 교두보이자 전진기지인 두둑은 동북아에서 가지의 외형의 물질문명을 먼저 받아들이는 특권을 부여받아 뿌리가 밭갈이 동족상잔 6.25를 치르는 동안 거대 해양세력으로 성장할 수 있었다. 그리고 이는 3차 서세동점 업그레이드 시대까지 서양가지의 문물이 두둑을 통해 뿌리로 들어온다는 것을 예고하는 신호탄이기도 했다. 이후부터 직접 뿌리를 통하여 몸통으로 올라가게 되는데 이는 차후에 논할 사항이니 이쯤하고, 가지독일은 1945년 5월에, 열도두둑은 같은 해 8월 무조건 항복함에 따라 2차 세계대전은 종결되었다. 이후 가지독일은 나치즘이 일으킨 전쟁을 속죄하고 재발 방지를 위해 부단히 노력하고 있지만 두둑은 제국주의 만행을 반성하기보다 변명과 부인으로 일관한다. 왜 그런 것일까. 그 이유를 살펴보면, 이스라엘과 연합국은 물질문화일망정 최강의 선진국 반열에 오름으로써 속죄하지 않을 수 없는 입장으로까지 몰아넣었다. 두둑도 이미 물질문명의 선진국 반열에 올랐다. 뿌리와 몸통이 그들을 능가할 수 있는 선진국 반열에 올라섰는가. 물질과 정신문화, 모두 뒤처지는 형국이라 위안부를 비롯한 일련의 사항을 두둑은 뿌리를 위한 일이었다고 핏대를 세운다. 기실 물질경제는 둘째 치더라도 정신문화가 그들보다 성숙하지 않는다면 사죄는커녕 반성조차 용이하지 않다.

🌙 나무랄 자격

정치는 남북이 분단된 만큼 당연히 성숙해야 하는 것이겠지만 빨갱이 종북놀이에 민주·공산의 이원화체제의 진정성을 잊은 지 오래고, 좌파우파 보수진보 놀음에 동서 화합의 질서는 진즉에 무너졌으니 두둑에게 정신차원마저 뒤처진 형국이다. 경제는 피 끓는 강성노조가 우세를 떨치는 만큼이나 3만 불 시대는 제자리걸음 할 터이고, 국가안보는 정권유지 수단이라 비리의 온상이 되었다. 검찰과 경찰은 물론이요 교육계까지도 비리의 물결이 요동치는 판국이라 정의를 부르짖는 공무원이 있기라도 할까. 하는 행위가 철밥통 지키자는 인상뿐이라 뻔뻔한 모르쇠 공화국의 차원을 넘어 거짓말 공화국으로 입성중이니 어떻게 그들보다 삶의 차원이 무르익을 수 있을까. 제아무리 배상을 요구하고 사과를 요구해 본들 그들이 떠나고 물질문화는 고사하고 정신문화조차 우위에 서 본 적이 없으니 콧방귀나 뀌겠는가 이 말이다. 교두보라는 두둑의 특수한 입지를 고려해 볼 때 득이 된다면 사과와 반성은 물론, 속죄까지도 어렵지 않은 일이나 갑질천국 헬조선의 멍에를 쓰고 살아가는데 이로움의 에너지가 양산되기나 할까. 이득이 되는 해양 가지 세력의 관계에서 잘 나타나듯이 득이 되는데 가깝고도 먼 나라가 될 수 있느냐는 것이다. 내 앞의 인연은 나 하기 나름이라는 작용 반작용의 법칙 상대성 원리가 인간생활 깊숙이 배어 있다는 사실이 작금의 국정농단 청문회에서 여실히 드러나고 있다. 만백성의 이목이 집중된 가운데 간사의 질문이 증인에게 불리하다 싶으면 태연하게 모르쇠로 일관하는 이들이나 그들이나 무엇이 다를까. 바뀌지 않고 바뀌기만 바란다면 나아질 것은 없다. 인간은 언제나 아쉬운 존재이므로 이로움을 찾는 것은 본능행위라 사실 그러한 그들을 나무랄 자격이 있을지 모르겠다.

이로우면 다가올 것이요 이롭지 않으면 멀어질 것이라 상대성은 이렇듯 상호 발전을 위해 주어진 인간관계의 법칙이므로 누구에게도 탓할 자격이 주어지지 않았다는 것이다.

물 건너에서 뿌리의 현실을 훤히 들여다보는 이들에게, 변하지 않고 요 모양 요 꼴로 탓이나 해댄다면 누워서 침 뱉기 아닌가. 억울하면 출세를 하라는 소리가 있지만 두둑과 뿌리의 관계에서 정신문명으로 앞서 나가지 않으면 소용없다. 가지의 물질문명으로 두둑 나름의 삶을 살아가고 있기 때문이라고 할 수 있는데 시간이 문제지 결국 대륙세력과 상극상충의 소용돌이에 빠져들게 되어 있다. 음의 정신문명을 배재한 양의 물질문명이므로, 물질에 정신을 부합할 대안을 마련하여 보급한다면 이로운 만큼 지난날을 속죄하며 다가올 것이다. 대안을 마련하지도 않고 무조건 사과를 요구한다면 오히려 깊은 상처만 자리하게 되는데 상대성이 가져다주는 표적임을 알아야 한다.

한편, 몸통 중화민국의 제2차 국공합작은, 1945년 8월 15일 두둑의 무조건 항복으로 화합의 의미를 잃어버린 국민당과 공산당은 두둑 점령지에 대한 문제로 일촉즉발 상태에까지 이르면서 합작은 다시 결렬되었다. 이후 핵심몸통 중화민국 국민당은 곁해양 가지세력 미국과, 핵심몸통의 공산당은 가외대륙 몸통세력 러시아 소비에트 연방 사회주의 공화국과 연대하였다. 이후 장제스(1887~1975)는 해양세력 곁가지미국의 지원으로 국민혁명군이 1946년 몸통 공산당 당사를 공격하면서 국공 내전이 일기 시작하였다. 1947년 전세가 일시적으로 국민혁명군에게 넘어간 듯싶었으나 1948년에 이르러 인민해방군 쪽으로 기울기 시작하여 1949년 10월 1일 베이징에서 마오쩌둥(1893~1976)은 중화인민공화국의 수립을 선포하고 국가주

석으로 취임하였다. 한편, 장제스가 이끄는 국민당은 같은 해 12월 10일 대만(臺灣)으로 탈출을 감행하면서 타이완 해협을 사이에 두고 중화민국 대 중화인민공화국의 양안(兩岸) 관계가 시작되었다. 왜 뿌리의 역사도 아닌데 그것도 광복 이후 해양과 대륙으로 나뉜 대륙몸통의 역사를 들추느냐면 반도뿌리의 역사도 가지민주 해양세력과 몸통공산 대륙세력으로 갈려야만 했던 원인을 광복 이후 몸통의 역사에서 찾아볼 수 있기 때문이다. 그리고 몸통의 양안관계 3차 국공합작이 이루어질 때가 언제쯤일까. 그것은 아마도 뿌리의 남북이 화합한 이후의 일이 아닐까 싶은데, 1차 세계대전은 군국주의로 기계식 세상을 열어 갈 뻔 했었고, 2차 세계대전은 패권주의로 아날로그 세상을 열어 갈 뻔 했었기에 이러한 상황을 견제하고자 민주와 공산 양대 사상이 자리하였다.

　물론 민주·공산의 이원화체제는 진화발전형의 이분법으로서 뿌리·몸통·가지로 이어지는 삼원화체제의 삼분법에서 해양 가지세력과 대륙 몸통세력의 이원화체제 대결구도의 양상을 띠며 삶의 질을 달리해 나가고 있다. 해양과 대륙의 중심잡이 반도는 남으로는 민주 해양세력이 자리하자 북으로는 공산 대륙세력이 자리하였다. 광복 이후 뿌리의 이념과는 전혀 다른 양대 사상이 자리하면서 어느덧 신앙과 이념과 사상의 종착지로서 우세를 점하려는 군사무력의 화약고가 되었다. '널리 인간 세상을 이롭게 하라'는 뿌리민족 고유이념을 상실하고 자리한 민주·공산의 양대 사상구도는 가지와 몸통의 가치관이지만 이는 분명 뿌리에게 주어진 인류구원의 프로젝트라는 것이다. 목숨이 끊긴 절명기 사(死)의 대한제국은 장(葬)의 일제강점기를 불렀고 절멸기 광복에서 동족상잔 6.25를 치르고 태어난 베이비부머는 새 나라의, 새 희망의 주역으로, 이들

세대에게 주어진 과제라는 것이다.

자유주의 이념과 공산주의 이념은 하나같이 사람 사는 세상을 표방하지만, 사람으로 승화되기 이전의 인간은 우선 육을 건사해야 함에 따라 삶이 다소 이기적일 수밖에 없다.

가지의 민주나 몸통의 공산 이념이나 이와 같은 사실을 간과하여 상하계층을 연계할 중간계층의 역할을 배제한 나머지 민주주의 모순과 공산주의 모순이 부딪쳐 쌍방 간에 심각한 쏠림을 유발하고 있다. 정녕 민주와 공산이 부합되면 어떻게 될까. 우선 어느 민족권에서 혼화해 나가느냐에 따른 문제가 제기되겠지만, 가지 문화권은 물질생산에 우선하고, 교역 문화권인 몸통은 상술에 전반적으로 의지하고 있으며, 뿌리는 정신 문화권이라 체면 중시의 삶을 살아간다는 사실에 입각해야 한다. 그래서 그런 것인가. 점잖은 양반도 예비군복만 입으면 개가 된다는 우스갯소리를 해대는 이유도 형식에 얽매인 상황을 질타하는 소리가 아닌가 싶고, 기실 뿌리의 명성에 걸맞은 동기가 부여된다면 그 무엇도 마다하지 않겠다는 행위와도 다를 바 없다.

절명 장사의 시기 일제강점기와 절멸기 동족상잔 6.25를 겪었다. 베이비부머에게 동기부여가 될까. 그것도 물 건너 도지로 근근이 살아가던 민족에게 당했던 치욕과 수치였다. 합의는 하나 화합할 수 없는 두둑과의 관계에서 사랑의 동기부여가 부여되지 않았다고 생각한다면 존재의 가치가 있을까. 씨앗의 태(胎)를 통해 새싹의 양(養)을 거쳐, 성장의 생(生)의 과정에서 수확의 입신(立身)을 이루어 양명(揚名)을 떨쳐야 하는 세대이기에 하는 소리다. 함정은, 2안의 정신은 1안의 물질을 통해 이루어지는 것이므로 물질에 머물러서는 아니 되나 없다가 있으면 빠지기 마련이라 상호발전을 위해 부여된 민주·공산체제를 망각하고 산다. 해양세력 민주주의는 지배계층 운용주체를 위한 이념이라면, 대륙세력 공산주의는 노동자계층 활동주체를 위한 이념으로서 붕당정치 모순이 서려 있는 뿌리에서 장단점을 간추려 혼화하는 일이 과히 어려운 일만은 아니다. 부합하기만 한다면 널리 인간 세상을 이롭게 하는, 그야말로 뿌리에 걸맞은 이념이 자라나지 않을까 싶은데, 이쯤 되면 부족한 활동주체 공산주의 이념을 덮어 나갈 것이요, 넘쳐나는 운용주체 민주주의 이념을 훑어 내릴 것이라 상호 모순을 보완해 나가는 홍익인간 이념은 곧 몸통의 이념이자 가지의 이념이 아닐 수 없다. 사람 사는 세상은 전후세대의 소명인데 설마로 치부하는 경향이 짙다. 지천명 50세를 훌쩍 뛰어 넘은 오늘에 이르기까지 베이비부머 앞에 벌어진 상황을 주시해 보자. 우연이었을까.

잠시 장사의 시기 일제강점기로 되돌아가 보자. 사의 상태였던 대한제국 1905년에 체결된 을사조약으로 1907년 한일신협약이 체결되자 두둑의 인사가 뿌리의 고위관직에 자리하면서 군의 해산을 비롯하여 조정의 지휘권까지 장악하기에 이르렀고 1910년 8월 29일 마침내 두둑강점기 한일 병합 조약(국권피탈)을 하기에 이르렀다. 같은 년, 월에 뿌리의 지도자들은 가외몸통 러시아 블라디보스토크에서 '적의 죄를 성토하고 우리의 억울함을 밝힌다'는 독립운동 단체 성명회(聲明會)를 결성하였다. 이후 많은 독립단체가 결성되었고, 두둑도 발 빠르게 같은 해 10월 총독부와 자문기관인 중추원을 설치하였다. 한편 1909년 10월 안중근(1879~1910)이 몸통 헤이룽장성 하얼빈 역에서 이토 히로부미(1841~1909)를 저격하였다. 이 여세를 몰아 그의 사촌 동생 안명근(1879~1927)도 1910년 12월에 데

라우치 마사타케(1852~1919) 총독을 암살하다 미수에 그쳤고, 이를 빌미로 두둑은 뿌리의 민족운동을 탄압코자 1911년에 사건을 조작하여 105명의 애국지사를 투옥시키기에 이르렀다. 5백 년 전 왕씨 고려에서 이씨 조선으로 국호 개칭을 앞둔 여말선초 두둑의 왜인들의 노략질이 극심했을 때를 생각해 보자. 그들의 원하는 바가 무엇인지에 대해서 말이다. 반도 뭍에 것은 무엇이든 가져다 써야 하는 열도 섬의 입장은 어떠했을까. 그로 인해 7년 전쟁 임진왜란으로 뿌리가 초토화되었는데도 불구하고 왜구들이 노략질한다고 얕잡으며 무시하고 경멸하지 않았었던가. 모습과 행색이 어떠하든 누군가가 찾아오든 다가왔다는 것은 그만한 아쉬움을 품고 있기 때문이다. 언제나 맞이하는 입장은 이로운 자로서 진정 아쉬워 찾아온 자의 손을 잡고 나아가려 했다면 주객이 전도되는 상황은 일어나지 않는다. 두둑이 노략질하는 입장이나, 뿌리가 독립의 명분으로 요인을 암살하는 입장이나 상황이 별반 다르지 않기에 하는 소리다. 물론, 빼앗긴 나라를 찾기 위해 노력은 해야겠지만 무력으로 되찾을 운용주체 뿌리의 국권이었다면 활동주체인 두둑에게 잠식당하지도 않았다.

아쉬움을 채워 주지 못해 맞이한 강점기이므로 자주독립은 아쉬움을 채워 주며 하나 되어 살아가는 대안을 강구하는 일에 있다. 강력한 응전이 필요한 때였다고 태반이 주장하지만 방편에 머물면 멈추는 바라, 힘의 항전을 넘어 운용주체가 활동주체와 화합하지 못한 이유와 원인을 밝혀 나갔더라면 뿌리는 동북아의 주역이 되었을 것이고, 치욕의 위안부 문제를 들먹이며 사과를 받으려 하기 이전에 먼저 두둑은 정중히 속죄하지 않았을까.

두둑과 을사오적의 관계, 그리고 위안부에 대해 줄곧 묻는데 위안부 문제는 경술국치보다 더한 경멸과 능욕이라 매우 조심스럽다. 무엇보다 두둑은 뿌리의 보호막으로 함께해야 하는 동반자이기 때문이다. 즉, 몸통과는 이와 입술 사이라고 한다면, 두둑과는 강남의 귤을 강북에 옮겨 심으면 탱자나무가 되는 관계라고 할까. 그만큼 대륙세력 몸통과 해양세력 두둑의 상호 조율에도 신경 써야 하는 운용주체 뿌리이기 때문이다. 즉, 몸통과는 떼려야 뗄 수 없는 순망치한(脣亡齒寒) 사이요, 두둑과는 경우에 따라 우호적이 되기도 하다가 적대적이 되기도 하는 남귤북지(南橘北枳) 사이다. 몸통의 롤 모델이 뿌리이듯, 뿌리와 두둑이 하나 되어 나가지 못하면 쌍방이 괴롭다. 그리고 몸통과 두둑의 관계는 뿌리하기 나름이다. 그뿐만 아니라 두둑의 은근한 선망이 뿌리이므로 그 행위를 다하지 못하면 짓밟고 오르려는 성향이 짙게 나타나고, 핵심몸통은 이가 시리므로 함께하고자 하는 강력한 표적을 주는 정도라고 할까. 더군다나 몸통은 뿌리가 쇠하면 함께 쇠하는 절대적 숙명의 관계다. 하지만 두둑에게 있어서는 언제나 선망의 대상이었던 만큼 마음속에 자리한 열등감은 언젠가는 짓밟고 오르리라는 욕망을 은연중에 불태웠으니 조선이 병(病)이 들어 사(死)의 수의로 갈아입었을 때만큼 좋은 기회가 없었다.

　　반면 뿌리민족의 염원이었던 하나 된 민족국가 고려를 건국하여 조선을 통해 대한제국에 이르기까지의 잘못은 누구에게 있는가를 되돌아보자. 활동주체 만백성은 운용주체 문무대신이 하기 나름이요, 운용주체 조정 앞에서의 문무대신은 활동주체이겠지만, 최고의 운용주체 왕에게 간언하고 활동주체 만백성을 바르게 이끌어야 하는 몫은 문무대신이 해야 할 일이거늘 어찌 그들의 책임을 간과

할 수 있겠는가 이 말이다. 물론 무능한 왕의 책임도 크겠지만 그렇다고 탄핵할 수는 없는 일, 보좌하는 문무대신은 각 부처의 관료들이다. 두둑으로서는 한풀이 절호의 기회가 아닐 수 없고, 그 기회를 제공해 준 책임은 엄연히 뿌리의 무지한 조정과 문무대신에게 있으므로 두둑은 제 몫을 다하지 못한 뿌리에 응징을 가하는 것뿐이다. 내 앞의 인연은 나 하기 나름이다. 소임을 저버리고 방황하는 자를 깨우쳐 줘야 하는 내 앞의 너는 사자가 되어야 했던 것이었으며, 이보다 더 큰 문제는 두둑과 한패가 되어 사자가 된 뿌리의 문무대신이다. 대한제국 사의 시기에 강점기 장사를 치러야 하는 시국이므로 그에 따른 조약이 불가피했겠지만 1905년 을사년의 조약에 오인의 적을 두어야 했던 것도 조정의 문무대신이 각자도생(各自圖生)으로 벌인 일이다.

공경대부

넘버3가 넘버2를 넘보듯이 넘버2가 넘버1을 꿈꾸는 것은 당연지사 아니겠느냐마는 조정의 파벌로 외부가 시끄러워지자 외교권 박탈에 동의한 오인은 사자의 차원을 넘은 망국의 원흉이 되었다. 천년만 년 지나도 회복할 수 없는 주객전도의 매국노겠지만 작용반작용의 법칙 상대성에 의한 일이므로 과연 오인의 적에게만 책임을 전가할 문제인가를 생각해 볼 일이다. 조국과 민족을 하나로 이끌지 못해 사지로 밀어 넣은 모든 문무대신에게 책임을 묻지 않는다면 오적만을 탓하게 되므로 나라가 이 지경이 될 때까지의 문무대신은 만백성의 운용주체로서 과연 무엇을 하고 있었던 것일까.

을사조약 이후 독립의 명분으로 요인과 친일파 암살에 혈안이 되었던 것도 조국과 민족을 위한 일이었겠지만 어떻게 보면 민족적 화풀이를 해댔는지도 모른다.

1494년은 연산군(1476~1506)의 즉위년으로, 일신의 영달을 위해 배신까지 서슴지 않았던 한명회(1415~1487)를 무덤에서 꺼내 부관참시(剖棺斬屍)했는데 그렇다고 과연 당대의 조정이 나아진 것이 있었을까. 오히려 내부 분열로 1504년에 갑자사화(甲子士禍)라는 엄청난 피바람이 몰아치게 했다. 내 앞에서 벌어지는 일은 내 공부라는 사실을 받아들이면 정작 불필요한 행위로 시간 낭비를 하지 않을 것이며, 흐트러진 분별을 세우고자 했다면 되풀이되는 실수는 하지 않는다. 사(死)와 장사(葬事)를 치르는 동안 불필요한 행위를 해대는 만큼 어리석어진 분별로 두둑을 탓하고, 친일파를 탓하고, 천하죄인 을사오적만을 탓하는 바람에 사명을 잃어버린 문무대신의 비겁함을 놓치고 말았다. 사실 친일의 대가가 조선귀족령에 의해 뿌리의 관직을 벗고 두둑의 직위를 수여받는 일이라고 하는데 몰라도 너무 몰라 참으로 환장할 노릇이다. 뿌리는 운용주체요 두둑은 활동주체라, 거룩한 운용주체에서 활동주체로 좌천되었다는 사실을 모른다는 데 있어서 말이다.

강점기는 한민족의 돌이킬 수 없는 과오이지만, 뿌리의 잠식은 소임을 저버린 대가이므로 사자짓을 해댄 두둑보다 잠식시킨 뿌리의 조정과 문무대신의 무능이 크다 할 것이요, 분별이 어리석어 조국과 만백성을 팔아버린 오적은 매국노보다 더 심한 소리를 들어 마땅하다. 그러니 어찌 꽃다운 뿌리의 여성들이 두둑에게 팔려가 매춘을 강요당하지 않을 수 없었겠으며 태평양전쟁이 발발하자 끝내는 종군위안부로까지 끌려가야 했다. 작금에도 뿌리와 두둑 사이에 사과와 보상을 넘어 속죄를 요구하는 차원이므로 심각한 외교적 마찰을 빚고 있다. 사자가 사자짓을 해댄 것이라면 잘못은 응당 당한 이들에 있다고 하는 나 하기 나름의 작용반작용의 법칙으로 상황을 파악해 보자.

　물 건너 도지로 근근이 살아가는 집안은 생활의 태반이 부족함이라 근면절약은 자연스럽게 몸에 배였고, 만석지기에서 몰락한 천석지기라도 사대부의 권위만큼은 하늘을 나는 새도 떨어뜨릴 만큼 부러움의 대상이었다. 게다가 내륙(몸통)의 만석지기 집안과 돈독한 관계를 맺는 것까지는 좋았으나 윗사람인데도 불구하고 되레 그들이 윗사람인 마냥 떠받드는 바람에 가치관에 혼동을 느끼어 이웃 만석지기 집안의 이념을 가져다 쓰는 과오를 범하기에 이르렀다. 어느덧 관계는 순망치한 이상이라 이웃 만석지기가 힘들어할 때에는 천석지기는 심한 몸살을 알았고, 천석지기 살림살이가 거덜이 날 즈음 이웃 만석지기의 고통도 이만저만이 아니었다. 그래도 위세와 품위만큼은 잃지 않으려고 바둥거려 왔던 세월 동안 물 건너 도지로 연명하던 집안은 백석지기 넘어 천석지기가 되고 있었고, 허나 사대부가 될 수 있는 위치가 아니었다.

　경제의 부는 누구나 노력하면 얼마든지 쌓을 수 있지만 만백성을 이끄는 공경대부(公卿大夫)는 오르고 싶다고 해서 누구나 오를 수 있는 자리가 아니다. 그 대신 이웃과 하나 되어 나가지 못할 때마다 재산은 축나기 마련이고, 1천 년의 세월을 알게 모르게 허비하는 듯싶더니 끝내 논 팔고 집까지 팔아야 하는 궁지로 몰리고 말았다. 천석지기 살림이 거덜 날 무렵 이웃의 만석지기도 백석지기로 주저앉더니 궁색함이 이루 말할 수 없었다. 물 건너 이웃은 천석지기 넘어 만석지기에 다다랐으나 정작 필요한 것은 공경대부 직위였고, 남귤북지 관계만큼이나 그 기회만을 노리고 있었다. 마침내 대한제국은 물 건너 사는 이들에게 전답을 팔아야 하는 형국이었고, 경술국치는 집을 판 시국이었으며, 강점기는 안방까지 건네준 난국이었다. 과연 공경대부 만석지기 집안이 이 지경으로 몰락하게 된 원인이 아버지에게 있을까, 어머니에게 있을까, 아니면 자손들의 잘못 때문일까, 식솔들의 잘못 때문일까. 때를 기다렸던 물 건너 이웃에게는 절호의 기회가 아닐 수 없으며, 공경대부의 집안은 마침내 금지옥엽 자손까지 넘겨야 했다. 일련의 과정을 보면 활동주체 힘의 아버지 무능함 때문이겠지만 힘의 아버지를 이끄는 것은 운용주체 지혜의 어머니로서, 그 책임은 전가될 사안이 아니다. 사실 공경대부의 딸이 물 건너 도지로 근근이 연명하던 집안에 팔려 갔다는 것은 완전 몰락을 의미하는 것으로, 밑도 끝도 없이 억울함을 만천하에 드러내는 것은 누워서 침 뱉기라 결코 지난날 권위를 되찾을 수가 없다.

그리고 가문의 몰락을 자랑스럽게 떠들어댈 사대부가 어디에 있겠는가. 설사 몰라서 떠벌리는 일이더라도 이쯤 되면 공경대부는 자결을 택했을 것이고, 부인도 그 뜻을 받들지 않았을까 싶은데 만석지기 뿌리의 옛 영광을 구현하고자 한다면 위안부 문제에 대한 고민이 필요하다. 조국과 민족을 팔아먹은 것도 모자라 금지옥엽 뿌리민족의 꽃다운 여인까지 팔아먹어야 했었다는 것은 조정과 문무대신의 무능의 극치를 드러냄이라, 두둑의 관료들에게 먼저 속죄를 요구할 일이 아니라 뿌리의 관료들을 나무라는 일이 우선이어야 한다. 운용주체 뿌리민족의 여인들이 몸통·두둑·가지 활동주체 민족을 위해 살아가야 하는 것은 당연지사. 상호 합의하에 이루어진 음양화합이라면 이보다 거룩한 일이 또 어디에 있겠느냐만 문무대신이 역사적 소명을 잃고 팔려가 치부를 드러낸 딸들의 희생을 창피한 줄도 모르고 정권유지책으로 일삼으려 한다면 오늘날 두둑의 경제는 물론, 문화적인 정서를 뿌리가 결코 앞지를 수 없다는 사실이다. 이미 두둑의 경제와 문화를 세계의 선진국들이 인정하고 있어 하는 소리인데, 과연 작금의 뿌리문화는 어디를 지향하고 있는 것일까.

2011년 12월 전쟁의 아픔과 위안부 문제를 기억하고 평화를 기원하고자 소녀상 하나를 세웠다. 본래의 목적은 두둑의 반성과 속죄를 위한 것에 있었다. 하지만 흐름은 뿌리 각료의 무능함을 일깨우기 위한 쪽으로 흐르는 듯싶어 공경대부 망신살이 대내외로 뻗치고 있는 것이 아닌가를 되돌아 봐야 한다. 뿌리와 두둑의 우호증진을 위해 반드시 풀어내야 할 과제로서 2015년 12월 즈음인가 〈'10억 엔으로 한일 위안부 협상' 사실상 타결〉이라는 타이틀 기사가 눈에 띈 적이 있다. 협상의 내용이야 어찌되었던 뿌리민족의 여인들을 이팔청춘 때 한번 팔아먹더니 죽음을 앞둔 늙은 말년에 또다시 팔아먹는 꼴이라 문제 해결하기 위한 것이라기보다 민족적 자존감마저 팔아버린 형국이 아닌가 심히 우려스럽다. 그것이 아니라면 국민소득 3만 불을 운운하는 시대에 사죄와 반성을 돈으로 바꿔야 할 이유가 없지 않은가. 더군다나 위안부 합의에 불가역적이라는 단어를 사용했다고 하는데 사실 물 건너 도지로 근근이 연명하던 이들에게 그것도 왕년에 잘나갔던 사대부가에서 죗값으로 돈을 받았다. 이러한 사실을 어떻게 받아들일 것인가. 만약 그때 받지 않았다면 사죄의 명분은 충분히 세웠으리라 생각한다. 받아

내려는 입장과 차마 세계적 자존심 때문에 말하지 못하겠다는 입장과 대립각을 세우고 있을 때 진정으로 필요한 말 한마디가 있었다. 그것은 바로 보상금을 받고자 한 것이라 아니라 사과를 받고자 한 일이므로 상대방의 뜻을 사과의 차원으로 충분히 받아들이겠다면서 그만한 돈은 얼마든지 우리 정부에서 보상해 줄 수 있다면서 정중히 거절하는 일이다. 그리고 한 맺힌 삶을 살아온 여인을 위로하고 보상하고 남은 여생 편히 살다 갈 수 있도록 국가차원에서 보살핀다면 그나마 사대부가의 자존감을 보인 것이 아닌가. 뿌리민족의 자긍심을 세계에 보여준 것이 아닌가 이 말이다.

⚫ 종교를 표방한 신앙

하나 되어 살아가도 시원치 않을 판국에 화합의 걸림돌을 만들어서는 3만 불 시대의 돌입이 여간 만만치 않을 것이다. 두둑은 이미 넘어선지 오래고, 몸통은 이제야 깨어났으니 뿌리가 넘어서고 나서야 가능하다. 그 시기는 아마 영·호남 감정의 선이 지워질 무렵이 아닌가 싶은데 뿌리의 소임은 대륙세력과 해양세력의 중심을 잡아 나가는 일이므로 어느 쪽으로도 치우쳐선 넘어서기 힘들다. 설령 치우쳐 넘어섰다 하더라도 쏠림의 후폭풍으로 정치, 경제, 사회, 문화 등 전반적으로 상당한 타격을 입는다.

한편, 16세기 1차 서세동점을 거쳐 19세기 2차 서세동점에 이르러 두둑이 장족의 발전을 이룰 수 있었던 것은 대륙몸통의 진출로이자 해양 가지세력의 요충지로서 자리하고 있어서다. 즉, 대륙세력의 보급로가 뿌리라면 두둑은 뿌리의 보호막이자 해양세력의 병참기지이기 때문에 두둑(일제)강점기는 뿌리가 사대교린(事大交隣)과 동도서기(東道西器)로 주춤하는 사이에 벌어진 일이라고도 할 수 있겠지만 이미 16세기 1차 서세동점 전후로 파행은 시작되고 있었다. 뿐만 아니라 동인·서인 붕당과 성리학, 특히 유·불·선(儒佛仙) 사상체제가 뿌리의 근본, 즉 실질적 행하는 차원과 거리가 멀어 수많은 폐단이 쉴 사이 없이 벌어졌고, 조선의 근간을 뒤흔든 임진왜란과 병자호란은 병(病)에서 사(死)에 이르게 하기 위해 대자연이 내리친 회초리였다.

널리 인간 세상을 이롭게 하라는 홍익인간 이념은 사랑 행위를 통해 행복을 영위해 나가는 상호상생을 추구하는 바라, 뿌리에서 나를 위해 끊임없이 수행한다거나, 너를 위해 나의 삶을 포기해야 한다는 가르침은 반쪽반생이라 그 누구에게도 이롭지 않다. 더군다나 지키지도 못할 규율과 규범은 개인의 자유의지를 무시하는 처사라 다들 소속된 집단에 국한된 의리와 신의만을 부르짖다가 결국 보드기 신세 면치 못한 이들이 부지기수다. 인간이 살아가면서 지켜야 하는 것이 신의(信義)라면 집단의 결속을 위해 필요한 것이 의리(義理)지만 사실 혈연·지연·학연에 막혀 팔도로 구획된 뿌리에서 많은 문제가 야기되고 있다.

말인즉슨, 팔도로 구획된 만큼이나 자기주장 일색일 수밖에 없다는 것이다. 사투리와 지방색에 따른 저마다의 고집과 독선으로 점철된 지도자들이 자리하고 있기 때문에 각자도생하는 형국이 되었다. 결국 하나 되지 못한 팔도를 하나로 아우를 대안마련을 위해 몰아친 회오리가 두둑강점기였다는 것이다. 또한 뿌리 팔도의 독특한 개념이 몸통과 가지에 그대로 투영됨에 따라 뿌리의 이념이야말로 대륙몸통의 이념이자 해양가지의 이념으로서 하나로 연계해 나가는 에너지원은 뿌리에서만 추출 가능하다는 것이다.

　아울러 해양 가지세력 물질문명은 1·2차 서세동점을 통해 사상과 철학은 물론, 급기야 신앙까지 묻어 들어오기에 이르렀는데 그것이 바로 민주·공산 이념과 기독교 신앙이었다. 가지의 중심 신앙인 경교(景敎)는 기독교 종파 가운에 하나로서 몸통에 전래된 것은 635년쯤으로 뿌리로 내려온 것은 신라시대 무렵이었다. 가지에서 초기 기독교는 고대 그리스 아테네와 이탈리아 로마 중심 전역으로 전파되었으며 380년 2월 27일 마침내 기독교를 로마제국의 국교로 선포하였다. 중세에 들어 서유럽을 시작으로 북유럽을 거쳐 동유럽으로 전파되었고 개신교는 16세기에 들어 종교개혁으로 세워졌다. 보편적으로 로마 가톨릭교회(Roman Catholicism)는 천주교(天主敎)이고 프로테스탄트(Protestantism)는 개신교(改新敎)로서 가톨릭교회에서 분리된 복음주의 교회다. 전파는 15세기 대항해 시대 이후 가지의 유럽국가에서 무역 식민지를 통해 시작되었으며, 16세기부터 19세기에 이르기까지 새롭고 다양한 교파가 세워지는 가운데 임진왜란 당시 두둑으로 넘어간 뿌리인들이 예수회의 선교로 기독교인이 되었다고 전해지기도 한다. 뿌리는 19세기에 들어 박해가 심한 가운데에서도 성서 번역을 시작으로 1919년 3.1운동 참여와 서민층의 복음운동으로 전국적으로 확산되었고 특히 남쪽지방보다는 북쪽지방이 성행하였다고 한다. 이 무렵부터 자리매김이 시작되었는데 아마 뿌리의 구시대적인 이념과 기복에 발목 잡힌 신앙을 견제하기 위한 시스템 구축은 자연발생적이었다.

　기독교 신앙은 해양 가지세력의 서유럽과 북유럽이 중심인데도 불구하고 민주주의 이념과 부합하기에 이르렀고, 동유럽은 공산주의 이념에 혼화하기에 이르렀다. 부합과 혼화는 필자의 강변이지만, 신앙과 이념을 별개의 차원으로 받아들이는 이상 인류의 전쟁은 끝나지 않는다. 1안 넘어 2안이듯, 물질 넘어 정신이고, 지식 넘어 지혜이듯, 신앙 넘어 종교이며, 어린 시절 넘어 성인 시절이듯, 인간 넘어 사람 아닌가. 진화발전의 추이라고 할까. 19세기에 복음 전파를 위한 개신교 신앙이나, 19세기 로버트 오언(1771~1858)의 사회주의 개념에서 비롯된 20세기 초 마르크스(1818~1883)-레닌주의(1870~1924)나 알고 보면 모두 사람답게 살고 싶어 하는 욕망이 가득 배여 있다. 근대 시민 혁명기 이후에 자리 잡기 시작한 민주주의도 사람 사는 세상을 갈망함이라 종교를 표방한 신앙의 복음이나 샤머니즘이나 토테미즘이나 후천적 질량이 부가되지 않는다면 다를 바 하나 없다. 그런데 선천적 신앙의 술(術) 차원에 머물러 모두 하나 되어 사람답게 살아가는 종교의 법(法) 차원에 다다르지 못하여 적대보완적으로 민주이념의 모순과 공산이념의 모순을 양산하였다. 생각해 보자. 왜 이렇게 공교로운 상황이 우연처럼 벌어지고 있는 것인가에 대해서 말이다. 이후 해양 가지세력 민주주의와 대륙 몸통세력 공산주의가 대립의 각을 세우면서 어느 사인가 세계의 시선이 반도뿌리로 향하고 있었다.

서유럽과 북유럽은 해양가지의 중심세력으로서 민주주의 체제를 받아들였다면 동유럽권은 가외대륙 몸통세력의 영향을 받아 공산주의 체제를 받아들여야 했던 것처럼 상황이 매우 이채롭다. 서양가지의 핵심세력은 서유럽권으로서, 브리튼(Britain) 제도 영국이 본가지의 핵심이라면 곁가지의 핵심은 미국이고, 프랑스와 베네룩스(Benelux) 삼국 등은 가지세력에 포함된다. 북유럽은 말 그대로 서양가지의 북쪽 세력으로서 스칸디나비아(Scandinavia) 제국과 덴마크와 아이슬란드 등이 포함되어 있다. 그런데 서양가지의 동부세력인 동유럽은 우랄산맥 서쪽에 위치해 대부분이 구소련과 연합한 공산국가들이다. 즉, 러시아를 포함한 15개 독립연방국가와 폴란드, 체코, 불가리아, 루마니아 등의 국가이지만 그루지아, 아르메니아, 아제르바이잔 세 나라는 유럽과 아시아를 경계하는 러시아의 우랄산맥과 흑해와 카스피 해 사이에 위치한 카프카스 산맥 남쪽에 위치하여 아시아에 속한다. 이를 경계로 핵심몸통 중국은 55개 소수민족과 북방몸통 몽골을 포함하여 히말라야 산맥과 천산산맥을 경계하였고, 가외몸통 구소련과 가지와의 경계는 우랄산맥이다. 따라서 반도뿌리와 핵심몸통 중국과의 소통질량은 70%이고, 가외몸통 구소련과는 소통질량은 30%다. 반면 핵심몸통 중국세력과 핵심해양 가지세력과의 소통질량이 30%이요, 가외몸통 구소련 세력과 가지 세력과의 소통질량은 70%다. 따라서 뿌리와 핵심몸통 중국세력과는 압록강과 두만강을 경계하고, 가외몸통 구소련과는 두만강을 경계로 블라디보스토크와 인접한다. 두둑과 몸통은 뿌리하기 나름이라, 두둑과 몸통이 불화할 때마다 불똥이 뿌리로 튄 것은 바로 중심잡이 노릇을 바로 하지 못해서이다.

또한 고유이념을 찾기 위한 방편으로 서유럽의 기독교 신앙과 민주이념이 해양세력 두둑을 거쳐 뿌리로 들어왔으며, 동유럽의 기독교 신앙과 공산주의 이념은 가외몸통으로 들어왔다. 핵심몸통 중국에 이르러 기독신앙을 배척하고 공산체제가 뿌리의 3·8이북까지 안주하였다. 보다 자세한 내용은 광복에서 다루어 보기로 하고, 대륙몸통 공산세력 기독교와 해양가지 민주세력의 기독교 신앙이 의미하는 바가 무엇인지 1안 넘어 2안으로 잠시 짚어 보자.

공산주의 하면 독재를 떠올리곤 하는데 공동생산 공동분배가 정확히 이루어지기만 한다면 정작 필요치 않은 것이 신앙이다. 상중하 수직구도가 좌우 중심의 수평구도를 이루어 사람 사는 세상일 터이니 말이다. 허나 공산체제의 가장 큰 문제는 육 건사 물질은 이기적 차원에서 비롯된다는 사실을 배제한 나머지 부자세습 독재정권으로 치우쳐 몰락한다는 것이다.

이처럼 선천적 인간은 육생을 구가함에 따라 지극히 이기적인 상태라 이타의 후천적 사람으로 승화되어 사람들과 사람처럼 살아가기 위한 방편(정신질량)이 신앙 넘어 종교에서 묻어난다. 신앙이 신앙에 머물면 인간도 인간에 머물 따름이요, 종교로 승화한다면 사람으로 승화할 것이라, 오늘날까지 기도(祈禱)의 방편에 빠진 것은 인간에서 사람으로 승화할 후천의 정신질량을 마련하지 못했기 때문이 아닐까 싶다. 기복(祈福)차원의 신앙에서 직접 행(行)하여 성취(成就)하는 도와 덕의 방안을 마련했다면 사람처럼 살아가는 길로 인도하는 위대한 종교로 우뚝 섰을 터이고, 이쯤 되면 민주와 공산이념이 고작 자본과 사회주의로 탈바꿈하는데 그치지 않았을 것이다. 사(死)의 시기 대한제국 전후로 이 땅에 신흥신앙이 대거 출현했던 이유도 다른 데 있지 않다. 뿌리의 근본을 찾고자 함에 있었는데 한결같이 교주의 행태가 선천의 도술(道術)이 후천의 도법(道法)인 마냥 마구 부려대다가 2대 계승조차 하지 못해 사이비의 멍에를 쓰고 사라졌다.

1대의 선천 신앙을 토대로 기도의 교리를 세웠다면, 2대는 종교로 승화를 위한 후천의 행의 법도를 마련해야 하고, 3대는 계승자로서 사람들과 하나 되어 살아갈 때 비로소 종교로 자리매김한다.

이는 삼라만상 3·3·3 순환의 법도로서 오늘날 뿌리 기업의 3대 계승 원리와도 다를 바 없고, 이도 차후에 논하기로 하자. 한편, 장사(葬事)의 시기 일제강점기 전후로 신앙이 뿌리의 근본에 접근하지 못하자 자구책으로 피 흘리는 독립운동에 매달려야 했다. 물론 빼앗긴 나라를 되찾는 일이 우선이겠지만 과연 힘으로 대결하는 일이 전부였던가. 중하층에서 독립을 위해 한목숨 아낌없이 바칠 때 중상층의 지도자와 정신적 지도자를 자처한 교주는 두둑에게 잠식당해야만 했던 이유와 원인을 찾기 위해 고군분투했었더라면 어떠했을까. 원인에 한 뜸만 다가섰더라도 광복 이후에 치러야 했던 동족상잔 6.25와 민주와 공산 민족분열 시대의 진정성을 깨우치지 않았을까 싶다. 그 험한 꼴을 당하며 살아왔는데도 불구하고 여전히 기도만 하면 신이 탄복하여 화합의 질량이 그저 하늘에서 뚝 떨어지는 것 마냥 받아드리고 있는데 심히 염려스럽다.

그래서 그런가. 물갈이 일제강점기 이후 밭갈이 동족상잔 6.25를 치러야만 했던 이유를 아는 이가 없다. 하나같이 적화통일 운운하는 앵무새의 답변뿐이라 1안의 물질 접촉은 2안의 정신화합을 위해 발생한다는 사실에 접근이 용이치 않다. 일제강점기 망(亡)에서 동족상잔 6.25 멸(滅)까지 일련의 사항은 팔도 화합의 대안을 마련하기 위한 것으로 19세기 2차 서세동점에서 20세기 3차 서세동점에 이르기까지 1백 년의 세월동안 해양 가지세력의 철학, 사상, 이념, 신앙 그리고 물질문명까지 순화되지 않은 상태에서 받아들였다. 소화시킬 수 없다면 배탈설사를 호소했을 텐데 가끔 호소하는 정도인 것을 보면 아직은 별 탈이 없는 모양이다.

이토록 우수한 민족이라서 그런 것인가. 공산체제를 앞에 두고 민주체제는 뿌리의 토속신앙과 몸통신앙 그리고 가지신앙 사이에서의 화합을 위한 합의의 대안을 찾아 나섰다.

이쯤 되면 백여 년 안팎에 그것도 3·8이남에 신흥신앙이 대거 출현한 이유에 대해 알 수 있지 않을까. 신앙 공화국인데도 불구하고 신앙 따로 이념 따로 놀아나는 바람에 인간에 머물러 하나 되어 살아가지 못하고 있다. 이념도 이기적이요, 신앙도 이기적이라 이러한 사실을 깨달지 못한 인간은 더더욱 이기적이라, 끝내 욕심이 분별을 가리자, 신을 흠모하는 어리석은 인간으로 살아가고 있다. 그렇게 점차 자유의지마저 말살되자 어렵고, 힘들고, 고통스러워진 이유와 원인을 무시하고 신앙은 무조건 믿고 따라야 하는 복음의 대상이 되었다. 그 때문인가. 신앙은 부족한 자유민주주의 이념을 보충하기 위해 자리하기보다, 종교로 승화하지 못한 신앙교리를 이념이 매워 나가는 듯한 인상이 강하다.

사람답게 살고자 하는 대안을 마련했다면 신앙은 있으나 마나한 별개의 차원이 아닌가 싶은데 물질에 정신을 뒤받치지 못하자 만백성의 피와 살로 살찌우는 곳은 결국 신앙단체. 만약 선천의 술에 의지하는 신앙이 하나 되는 후천의 법을 창출하였다면 승화된 종교로서 이념과 하나 되었을 것이고, 또 국정을 운영하는 조정과 문무대신이 한 뜸씩 부족한 부분을 매워 나갔더라도 신앙은 점차 이념에 희석되었을 것이다. 특히 공산이념은 공평한 사회를 염원하여 신앙을 배척하지 않았나 싶은데, 정녕 신이 없음을 강조했다면 참으로 우매한 이념이 아닐 수 없다. 그것이 아니면, 매 순간 부족함을 보완하는 정책이 뒤따라야 하건만 이러한 행정이 뒤받쳤다면 사람 사는 세상이라 신앙이 필요치 않다. 이 정도까지는 아니더라도 부닥칠 때마다 발생한 모순을 개선한다면 군림과 독재의 논리는 자리하지 않았고, 또 업그레이드 화하여 역사 속으로도 사라지지도 않는다. 겨우 공산주의 모순이 사회주의 이념으로 변신을 꾀하였지만 신앙을 배제한 이념인 만큼 발생하는 모순을 보완하지 않으면 리모델링 수준이라 다를 바 없다. 자본이념으로의 변화는 민주이념 또한 심각한 쏠림을 유발하므로 결속이 묻어나는 정책이 뒷받침되지 않는다면 이리하면 이리된다는 교과서 정책으로 말미암아 고통은 만백성이 받는다. 민주든 공산이든, 자본주의든 사회주의든 적대보완적인 이원화체제는 일원화체제를 위한 화합의 전 단계이므로 상호 균형이 맞지 않을 때마다 피를 부르는 문제가 발생한다. 언제까지냐면 1안의 물질문명 인프라를 구축할 때까지인데, 구축하였다면 합의의 차원이라 무력은 그야말로 불필요한 행위다. 게다가 2안의 인프라 정신문화 창조에 열과 성을 다할 터, 가끔 윽박지르며 기 싸움은 해댈지 몰라도 무력충돌은 비난의 대상으로 일어나지 않는다.

☾ 동서는 지역감정 남북은 이념대립

작금은 이슬람교 국가 간의 무력충돌이 심각한 수준까지 이르렀다. 왜 하필이면 아시아권의 몸통과 유럽권의 가지 그 중간 사이에서 벌어지느냐에 대한 문제는 차차 나누기로 하고, 거친 모래바람 속에 알라의 은총이 깃든 중동지역은 몸통과 가지 그 중간지역에서 삶을 영위하고 있으니 '몸가' 중동세력이라고 해야 할 것 같다. 오일 머니가 세계 경제를 흔들 때마다 화약고가 되었고 특히 기독교와 이슬람교의 충돌은 어제오늘만의 문제가 아니다. 뿌리가 몸가세력 중동국가와 이슬람교를 접하기 시작한 때가 70년대 중후반 무렵에 일어난 중동의 건설 붐을 타고 있을 때가 아닐까 싶다. 그 이전 까지만 하더라도 황량한 사막을 낙타를 타고 지나는 페르시아 왕자와 상인 그리고 신밧드의 모험과 같은 천일야화(千一夜話)를 애니메이션으로 보는 게 전부가 아니었나 싶은데, 양의 기운이 넘쳐나는 20세기 3차 서세동점이자 업그레이드 시대를 몇 해 앞두고 알라를 섬기는 그들만의 신앙과 이념을 보고 익힐 수 있었다. 공교롭기만 한 일이었던가.

이슬람교의 창시자인 무함마드(570~632)는 7세기 초 예언자이자 지도자였으며, 오늘날의 중동은 여러 나라로 분리되었지만 1912년 발칸 전쟁(1912~1913)이 발발하기 전까지는 하나로 운집된 거대한 오스만 제국(1299~1922)이었다. 이 전쟁에 패하면서 붕괴일로에 서 있다가 발칸 전쟁의 연장선인 1차 세계대전의 발발로 독일 제국 (1871~1918)의 편에서 싸우다 패하면서 오스만의 중심세력 투르크족은 1923년 터키를 건국하였고, 나머지는 중동의 아랍국가로 분열되었지만 오스만 제국을 단결시키는 원동력은 이슬람교로서 오늘날까지 아랍국의 생명수이자 활력소로 자리하고 있다. 필자가 몸통세력과 가지세력의 중간에 위치한다 하여 중동의 아랍국을 '몸가'세력이라는 생경한 단어로 표현한 것은 지역의 특색에 맞춰진 이슬람교로 그들만의 특성 있는 삶을 살아가고 있어서 그렇다고 할까. 그런데 우연일까. 하필이면 뿌리의 장사 기간인 두둑강점기와 맞물려 열국으로 분열되어야 했던 것일까.

신앙을 배격하는 공산주의에는 그다지 이슬람 국가가 포함되지 않았으며, 오스만의 민족주의라고 할까. 아니면 아랍의 민족주의라고 할까. 여전히 그들만의 신앙으로 그들만의 삶을 영위하는 데 민주주의 이념이 개입하면서부터 이슬람 국가만의(중동) 전쟁에 휘말리고 말았다. 1천 년 지속된 기독교와 이슬람 간의 신앙전쟁은 그렇다 치더라도 공산주의 이념을 앞에 두고 민주주의 이념과 이슬람교 신앙과 부합치 못한 소리가 요란하다. 겉으로야 가지의 해양세력 민주주의가 화해의 손길을 내민 듯싶지만 부딪쳐 몸가중동에서 울부짖는 소리는 이념과 신앙이 부닥쳐 나는 소리이자 신앙과 신앙의 부조화를 일으켜 나는 소리다.

몸가의 핵심에서 이스라엘은 장장 2천여 년 만인 1948년 5월 14일에 어렵사리 건국을 선포하였는데, 아랍연합군의 총 공세로 중동전쟁의 서막이 올랐다. 수십 차례 이스라엘과 중동아랍 사이에서 크고 작은 전쟁을 치르다 맞이한 업그레이드(1988년 전후) 시대 이후부터는 해양세력 곁가지의 핵심 미국과 몸가세력 아랍국가의 전쟁이 된 듯싶고, 대다수 국가들이 유전을 둘러싼 공방이라 말하지만 이는 방편이자 구실일 따름이고 실상은 이념을 표방한 신앙전쟁이다. 대체로 몸가의 핵심지역에 자리한 이스라엘은 몸가의 주요세력인 이슬람 국가와의 분쟁이 끊임없는 가운데 2011년 시리아 내전이 발발하면서 잠시 주춤한 상태다. 내전의 원인은 민주화를 염원한 반정부군(수니파, 기존세력, 국민)과 정부군(시아파, 분파) 사이에서 시작되었지만 민주주의를 표방하는 해양세력의 집요한 간섭에 몸가세력은 희대의 IS를 잉태하면서 어느새 해양가지와 몸통지역은 테러의 공포에 휩싸였다. 과연 몸가지역의 분란이 민주이념과 유전 때문에 일어난 것이었을까.

민주주의가 이슬람 문화와 부합될 수 있다면 혼란은 지속될 성싶지 않고 몸가의 정신주체로 자리한 알라의 이슬람권에서 기독교 신앙이 민주주의를 표방하는 한 지속된다.

이렇듯 몸가지역 중동전쟁은 해양 가지세력 기독교 민주주의와 이슬람 민족주의 간의 대결의 장이 되었다. 기독교와 이슬람 간의 혼화의 방도를 강구하지 못해 원유를 방편 삼아 민주주의 기독교 세력이 은근히 힘으로 밀어붙이기를 시도하는데, 힘으로 물질문명을 일으킨 가지세력의 맹점이라고 할까. 이보다 대륙 몸통세력과 해양 가지세력 그 중간에서 나름의 삶을 구가하던 중동의 몸가세력 중심에, 지중해를 바라보는 약속의 땅 가나안에 이스라엘을 건국하면서 화약고가 되었다. 사실 고립무원(孤立無援)의 땅이 아닌가 싶은데 유일한 희망은 서쪽으로 접해 있는 지중해다. 이집트는 남서쪽, 요르단은 동쪽, 시리아는 북동쪽, 레바논은 북쪽에 위치하였으며 거대 해양세력 가지민주와 대륙세력 몸통공산 사이에 위치한 반도뿌리와의 상관관계는 어떠한가. 예언자가 다르다는 이유만으로 하나 될 수 없다면 진정 예언자의 가르침이 무엇인지 되돌아봐야 한다. 교리는 한결같이 사랑하며 살아가라는 가르침 일색인데, 정녕 하나 되지 못하는 것은 사랑하지 못해서가 아닌가 이 말이다. 그것이 아니라면 교리에 발이 묶여 사랑할 수 없다는 소리밖에는 안 된다. 실상이 이러하기에 이념의 모순도 모순이지만 신앙의 모순이 참으로 심각하다. 그리고 변함없이 지금까지도 인간은 지구촌 여기저기서 이념을 빙자한 신앙전쟁을 벌이고 있다. 내가 흠모하는 신앙이 네가 흠모하는 신앙에 참견하려 들지 않는다면 그에 걸맞은 이념이 마련되지 않을까 싶고 문제는 승화되지 못한 신앙이 종교의 탈을 쓰고 이념까지 간섭한다는 것이다.

사랑은 나에게 이로울 듯싶을 때마다 생겨나는 감정이다. 실제는 전혀 이롭지 않은데 총칼을 앞세워 강요한다면 마지못해 하는 행위라 탈을 내기 마련이다. 그리고 사랑을 왜 하는 것인가를 생각해 보자. 행복하기 위해서가 아닌가.

이념의 참견과 신앙의 간섭으로 얼룩진 중동국가의 참상은 바로 전쟁이다. 오늘날 단 한 번도 하나가 되어 보지 못한 인류가 저마다 사랑앓이 문제를 안고 사랑을 가르치지만 결국 사랑하지 못해 일삼는 건 전쟁이다. 비록 종교로까지 승화하지는 못했을망정 신앙이 바라는 바가 사랑으로 이루려는 행복한 세상이 아닌가. 공산 이념이든 민주이념이든 화합을 위해 합의를 이루려 하듯, 사랑은 행복을 위해 하고 있다. 물론 신앙이 종교로 승화되었다면 인류는 행복의 동산에 한발 다가섰을 것이고, 민주와 공산이 상호 모순을 보완해 나갔더라면 유토피아가 꿈의 세상이 아니라는 사실을 깨우쳤을 것이다. 이기의 물질 세상에 인간의 발이 묶여 이타는 고사하고 사랑마저도 예언자의 가르침에 따라 네 편 내편으로 갈라서 싸워야 할 지경이라면 몸가세력 중동전쟁에서 비롯된 테러의 진정성을 알기 위해 노력해야 한다.

한편, 뿌리는 동족상잔 6.25 이후에 물질성장을 이루면서 신기하게도 자연재해뿐만 아니라 두루두루 안전국가라는 소리를 들어왔다. 이러한 사실이 물갈이 고통과 밭갈이 고충으로 주어진 특혜일 리는 없고, 그런데 한류열풍과 문화콘텐츠 시대를 맞이하여 몸가지역 중동전쟁을 안방에서 즐기듯이 훤히 들여다보고 있다. 내 앞에 인연이 내 모습이라 하듯이 내 앞에서 벌어지는 일 또한 내 공부라, 그러고 보면 뿌리는 민주·공산 이념이 대립각을 세워 전운을 감돌게 하고, 몸가지역 중동은 신앙 전쟁으로 바람 잘 날이 없다. 과연 어느 민족에게 주어진 특혜이고 과제인가. 아이러니하게 인류의 모든 극한의 상황은 절명의 물갈이 일제강점기와 점멸의 밭갈이 동족상잔 6.25 전후로 벌어져 오늘에까지 이른 듯싶은데 우연일까. 무엇보다 반도뿌리와 몸가지역 중동에서 벌어지고 있는 일련의 상황들이 과연 예배와 기도로 해결될 문제인가를 심도 있게 생각해 봐야 할 시점이다.

해양세력 곁가지의 핵심 미국은 본가지의 핵심 영국과 민주주의 체제결속을 위한 명분으로 세계의 경찰을 자처하며 지구촌 곳곳에 화합을 빌미로 힘으로 간섭하다 많은 문제에 연루되어 대안을 마련하기에는 역부족이다. 그렇다고 춘하추동 사계의 변화가 뚜렷치 않은 지형에서 살아가는 이스라엘 유대 민족이 선민이라는 이유만으로 문제 해결의 중추적인 역할이 가능한가에 대해 생각해 보자. 상호상생의 대안은 생장수장 근본원리를 아는 민족에게 가능한 것이므로, 해양 가지세력과 대륙몸통 사이에 위치하여 사계의 변화가 가장 뚜렷한 반도에서나 가능하다는 것이다. 더구나 뿌리는 해 돋는 곳이요, 몸통은 해가 중천에 뜬 곳이며, 가지는 해가 지는 곳에 위치한다. 즉, 지역의 특색에 따라, 민족의 특수성에 따라 삶의 질량이 달리 주어진다는 점인데 특히 하루 24시간을 위해 사는 곳이 뿌리요, 20시간을 위해 사는 곳이 몸통이고, 16시간을 위해 사는 곳이 가지라고 한다면 억지 논리일까.

또한 신앙과 신앙의 대립과 이념과 이념의 대립은 엄연히 차원이 다르다. 보이거나 만져지지 않는 영역은 신성불가침이다. 함부로 떠벌릴 수 없는 오직 받들어 모셔야 하는 대상일 뿐 가감의 대상이 아니라는 것이다. 그렇지만 이념은 신앙 너머의 차원을 뜻하므로 불가침의 대상이 아니라는 사실이다. 즉 신은 숭배의 대상이고, 이념은 발전의 대상인데도 이기의 인간이 모두 거기에서 멈추었다는 것은 화합을 위한 이념을 앞세우기보다 숭배의 대상을 먼저 받들어 모셨기 때문이 아닐까. 따라서 이념과 이념의 대립은 상호발전을 위한 적대보완적인 행위라고 한다면 신앙과 신앙의 대립은 일방적으로 한쪽을 고립시키고자 벌이는 행위라는 것이다.

신앙을 옹호하는 세력은 적어도 문명의 발전에 기여하지 않았냐고 하겠지만, 분별이 시원치 않을 경우에 자칫 신앙이 문명을 잠식시키는 경우에까지 이른다. 분명한 사실은 신앙과 이념은 별개의 차원이지만 이념 앞에 신앙이 다르더라도 노력 여하에 따라 경제를 성장시킨다. 허나 신앙은 교리가 맞지 않으면 분열과 분파를 조장한다. 물론, 이념도 하나 되는 방도를 마련할 때까지 쉴 새 없이 부딪쳐야 하겠지만 이념의 부족함을 나타내는 부딪침은 얼마든지 인간의 힘으로 수정 가능하다. 그러나 신앙과 신앙의 부닥침은 신성불가침 교리의 맞대응으로 율법은 물론이요 가르침의 모순마저도 자기합리화하려 들기에 합의는 할지언정 화합을 이루어 나가지는 못한다.

그런데 신기하게도 뿌리는 신앙의 공화국인데다가 동서는 지역감정 남북은 이념대립으로 사분오열이 났지만 신앙과 신앙의 충돌은 없다. 이 땅에서 유·불·선과 기독교의 마찰은 견제의 차원이고, 종파 간의 파벌은 왕권다툼으로, 신앙의 싸움이 아니다.

무엇을 뜻하는가. 신앙 간의 싸움이 심각하다면 사분오열된 만큼 자멸하겠지만 살아남고자 만백성의 눈치 보는 견제의 차원은 모두 그 자리에 주저앉는 형국이라 발전이 없다는 것이다. 그러나 민주·공산 이념의 대립각은 사통팔달을 위해 벌어지는 것이므로 얼마든지 하나 된 차원의 삶을 살 수가 있다. 사계가 뚜렷하고 생장수장 원리가 배어나는 뿌리에서의 사통팔달이야말로 몸통의 사통팔달이자 가지의 사통팔달이라 공부로 주어진 몸가지역 전쟁은 뿌리의 사통팔달을 촉구하기 위한 것에 있다. 순 억지라고 할 수도 있겠지만 오늘에 이르기까지 인류는 물질문명을 위해 살아왔다는 사실을 부정할 수만은 없지 않는가. 그리고 문명을 이루고자 숱한 이념과 사상이 자리해왔고 그중에 철학과 인문이 인간생활 깊숙이 스며들었다. 분명한 것은 물질문명 인프라는 정신문명을 위한 토대라 피 흘리는 전쟁까지는 막지 못하였다. 어디까지나 내 욕심으로 이루었던 것이 물질경제와 육생문명이고 보면 보다 나은 삶을 이루고 난 후에서나 생각하는 것처럼 정신문화와 사회복지는 물질경제가 뒷받침되고서나 가능하다는 점이다.

그리고 분명 현대문명은 생각차원의 지식과 상상의 나래를 펼쳐 이루었다. 말인즉슨, 눈에 보이는 물질문명은 이기적 본능 욕심에서 비롯되고, 이타는 화합의 본성에서 기인하므로 보이지 않는 정신문명 창달은 인간에서 사람으로 승화되어 사람처럼 살아가는 세상을 가리킨다. 당장 춥고 배고픈 이들에게 필요한 것은 옷과 밥이다. 추위와 배고픔을 면한 후에서나 잘못 살아 춥고 배고파야 했다는 부정할 수 없는 사실을 일깨울 때 자신의 처한 입장을 받아들인다는 것인데, 태반이 옷과 밥을 앞에 두고 신앙에 귀의하라는 지루한 설교를 듣는 대가가 있어야 한다면 밥 한 숟갈 얻어먹고 떠난다. 그러다 때가 되면 다시 나타난다. 허기진 배를 움켜쥐고서 말이다.

신앙을 앞세워 변화 없이 되풀이 되는 사랑행위도 그렇고, 변화 없이 배고픔을 면하고자 찾아오는 이들도 그렇고 이는 과연 누구를 위해 하는 행위일까. 잘못 살아온 지난날을 뒤돌아보기보다 교리를 앞세워 신의 은총으로 고작 육신의 허기를 면하는 것에 대한 감사의 기도를 드려야 한다고 종용할수록 춥고 배고픈 이들이 늘어나면 늘어났지 줄지 않는다. 또 1안의 육생 행위는 내 뜻대로 해 보려는 경향이 짙어 유야무야 불통하게 되는데 단지 이를 인식하지 못할 뿐이다. 허기진 육신을 통해 메마른 정신을 채운다면 착하다는 선(善)의 차원은 바르다는 정(正)의 차원과 본질이 다르다는 분별을 세울 수 있는 것처럼 바르다는 정신문명은 치우친 물질문명을 통해 이룬다. 해서 바르다는 정(正)의 사항과 치우쳤다는 사(邪)의 분별이 가능한 민족만이 화합의 대안을 마련할 수 있다는 것으로 그 조건을 충족할 수 있는 곳이 바로 지판의 뿌리이자 그곳에서 살아가는 뿌리민족이라는 것이다.

북극과 남극에 가까울수록 하루 종일 해가 지지 않는 백야 현상과 해가 뜨지 않는 극야 현상으로 말미암아 상호상생 생장수장에서 벗어난 삶을 살아간다. 물론 태어나면 죽어야 하는 것이겠지만 위도와 경도가 동·서의 중심에 다다를수록 춘하추동 사계의 변화가 뚜렷이 나타나므로 그만큼 삶도 다양하게 영위한다는 것이다. 그로인해 동물차원의 삶에서 벗어나 인간다운 삶을 살아가는 것이고, 신토불이 조건으로 선천의 물질문명을 이루었다면 사람다운 삶을 위해 후천의 정신문명까지도 일구어야 한다는 것이다. 해양세력 서양을 가지로 표현한 것은 해가 떠서 지는 시간만큼 양의 기운 이기의 물질문명을 이루어야 하기 때문이요, 대륙세력을 몸통으로 표현한 것은 해가 중천에 떠 있는 만큼 이기의 물질과 이타의 정신교역을 이루어 나가야 하기 때문이고, 해 뜨는 반도를 뿌리라 표현한 것은 하룻밤이 지나 해가 돋음에 따라 음의 기운 이타의 정신문명을 이루어야 하는 데 있다.

그리고 사분오열은 사통팔달하기 위함이라, 보이는 뿌리의 물질
자원은 보잘 것 없는 듯싶지만 보이지 않는 자원은 몸통과 가지를
덮고도 남음이 있음이라 팔도로 구획된 만큼이나 다양한 차원의
삶을 살아가고 있다. 이 소리는 가지·몸통의 민속 문화가 뿌리팔도
곳곳에 배어 있다는 것으로 세 개의 차원으로 나뉘어 운행되는 세
상의 조건에 따라 동서남북이 달리 적용되는 것도 하나의 차원으
로 연계하기 위한 것에 있다.

그 예를 찾아보자. 영동(嶺東)은 산악지방이라 주식이 감자와 옥
수수였다면, 호남(湖南)과 호서(湖西)는 평야지대로서 주식은 쌀이
자 반찬은 별미의 차원이었을 것이고, 영남(嶺南)은 산악과 평야가
반반이라 주식도 반반에 이르지 않았나 싶다. 해서 호남과 호서는
평야지대인 만큼 1안의 의식주를 담당한다면, 영남은 산악과 평야
가 반반이라 1안의 물질을 통한 2안의 화합의 질량을 마련해야 하
고, 험난한 산악주령의 삶을 살아가는 영동은, 호남·호서의 의식주
를 바탕으로 영남이 마련한 화합의 질량을 백두대간을 통해 몸통
으로 실어 나르는 일을 담당한다. 이는 일제강점기와 동족상잔
6.25를 치르고 오늘에 이르기까지 뿌리 순환의 단면을 그려 본 것
으로, 해양세력 가지의 물질문명을 두둑에서 중화시켜 뿌리 재건
후 몸통으로 올라가 대륙을 재흥한 상황과 별반 다르지 않다.

이후에 뿌리가 화합의 단초를 제공하지 못하여 동북아는, 해양
세력 가지와 대륙세력 몸통은 일촉즉발의 긴장상태로 돌입했다.
그만큼 가지의 민주주의를 토대로 몸통 공산주의와 하나 되는 정
신문명은 뿌리에서 창출해야 한다는 것이다. 과연 호남과 호서에

서 물질의 질량을 마련하고 영남에서는 정신의 질량을 창출하고 있을까. 온통 물질생산 라인뿐이라 민족화합의 정신생산 라인은 생각지도 못하는 실정이다. 실상이 이러하다 보니 영동의 가치가 점차 희석되는 것처럼, 3·8이북 공산주의 이념은 3·8이남 민주주의 이념 하기 나름이라는 사실을 알아야 하는데 알고 있을까. 서양 가지 해양세력이 1안의 문명을 위한 삶을 살았듯이 호남지방도 1안의 삶을 위해 치달렸고, 뿌리가 2안을 위한 삶을 살아가야 하듯 영남지방도 2안을 위한 삶을 살아가야 하는데 물질문명 앞에 멈칫거리는 바람에 동·서양이 화합하지 못하였듯이 영·호남은 지역갈등으로 남·북은 이념갈등으로 사분오열의 골만 패였다.

◐ 둘은 하나에서 분리된 것

거대한 모래바람 속에 원유에 한 가닥의 희망을 걸고 살아가는 몸가지역과 춘하추동 사계가 뚜렷한 뿌리는 무슨 이유로 다른 환경이 주어지는 것일까. 주식이 감자와 옥수수인 영동지방을 생각해 보자. 서쪽지방 물질과 동쪽지방 정신이 부합이 될 때 동·서가 하나 되는 바라, 그런데 여전히 한쪽은 미각을 뽐냄이요, 다른 한쪽은 물질을 뽐냄이라 그 사이에서 영동은 피똥을 싸야 했다. 주어진 선천적 질량의 진정성을 모르면 내부 분열로 가치관의 혼동을 일으켜 물질에 고착된 삶을 살아가려 하고, 받아들인 물질의 조건, 그 뜻을 헤아리지 못하면 질타 속에 힘의 논리로 독재가 득세한다. 장관의 집에 태어나고, 부자의 집에 태어나고, 학자의 집에 태어나 본들 찾아온 인연의 아픈 가슴을 매만질 줄 모른다면 가치가 있을까. 화합을 위해 주어진 조건인데 농사꾼의 집안에 태어나도, 어부의 집안에 태어나도, 장돌뱅이 집안에 태어나도, 도지로 근근이 살아가는 집안에 태어나도 하나 되기 위해 노력한다면 그 무엇이 두려울까마는 성공하기 위한 것만, 재산증식을 위한 것만, 사업하기 위한 것만, 장사하기 위한 것만, 그저 먹고 살고자 취직에만 몰두하여 가르치고 있으니 좌절의 문턱을 넘어설 리가 없다. 보잘 것 없는 집안에 태어나 보잘 것 없다는 일을 하더라도 하나 되기 위한 삶을 살아왔다면 만인의 추앙을 받는 자가 될 것이니 이쯤 되면 그는 보잘 것 없는 삶을 사는 이가 아니다.

물질 앞에 정신이 피폐되어 '바르다'는 것과 '다르다'는 것과 '그르다'는 차원을 분별치 못하는 지경에까지 이르자 동물처럼(육생) 먹고사는 행위를 가르치는 곳밖에 없는 것 같다. 아마도 선천적으로 주어진 것을 이루고자 하는 것밖에 몰라 벌이는 행위겠지만 뿌리의 삶을 살아가는 민족이라면 조금이나마 내가 만들어 나가는 후천적 삶에 관심을 가져야 한다. 기도를 통해 이루어질 일이면 어려움이라는 난관에 봉착하지도 않는다. 합의하지 못해 화합을 이루지 못하는 것처럼 사랑하지 못해 행복을 영위하지 못하는 것인데 말이다. 물론, 선천의 행위에 대한 합의를 가르치고 사랑을 가르치는 곳이 즐비하다. 그런데 화합하지 못해 실패하고, 행복하지 못해 파경에 이르는 집이 늘어가는 건 후천 행위에 대한 삶을 가르지는 곳이 없기 때문이 아닐까. 선천의 신앙에 의지하여 가치를 세우고 삶의 방향을 달리해 나가는데도 불구하고 전쟁과 테러의 공포에 지구촌이 떨어야 한다는 것은 후천의 종교로 승화를 못하여 벌어지고 있듯이 말이다. 물질문명이 정신문명으로 대변혁을 일으키지 못하면 여지없이 공포의 시간은 찾아든다는 것이다.

업그레이드 시대 즈음에 유태인의 선민(選民)으로 부각되자 한(韓)민족은 동이(東夷) 족이라는 말이 떠돌면서 언제부터인가 천손민족(天孫民族)이라고까지 지칭하기 시작하였다. 인류의 시원 뿌리를 증명하듯 근래에는 선민이라는 말까지 돌고 있다. 아마도 위서니 진서니 말도 많은 ≪환단고기≫의 영향 때문이 아닌가 싶은데 벌어지는 상황은 그만한 이유가 있어서이고, 정황은 그로 인해 나타나고, 말은 상황과 정황으로 만들어지고 있다. 물론, 긍정과 부정도 받아들이는 자의 몫이겠지만 추론해 보건데 몸가세력의 선민은 가지권의 신앙과 물질문명을 세우는 데까지가 소임이라고 한다면, 뿌리의 천손의 사명은 신앙을 종교로 승화시켜 정신문명을 창출하는 일이다.

"가지에서 사랑을 배우고, 뿌리에서 행복을 누리고"

개신교가 사의 시기 대한제국에 자리매김하고, 장사의 시기 두둑강점기에 이르러서는 독립운동에까지 관여하였고, 민족종교를 자처한 신흥신앙도 자주독립의 의사를 내비치며 조선의 독립국임과 조선인의 자주민임을 알리고자 노력하였다. 그렇게 장사의 시기에 가지의 신앙과 몸통의 신앙 그리고 뿌리의 신흥신앙은 하나인 듯 움직이지만 예언자가 다르고 지옥관이 다르고 교리가 달라하나가 될 수 없었다. 민주·공산도 상층과 하층으로 엘리트층의 중재 없이는 하나 될 수 없는 이념이라 조국의 독립이라는 명분하에 뿌리 내리기에 여념이 없었다. 철로는 기차에 자원을 실어 나른다는 명분은 같지만 마주 보는 쌍방의 모순을 바로잡지 못하면 하나된 차원의 역할을 다할 수 없다. 둘은 하나에서 분리된 것이기에 대립은 하나 되기 위해 세운다. 이때 둘로 분리된 이유와 원인을 밝히지 못하면 하나 될 수가 없다. 하나 되어야 하는 시기가 업그레이드 시대이자 날로 용량과 쓰임이 광범해지는 컴퓨터 보편화로 자기부상열차가 대세다. 이쯤 되면 신앙도 종교로 승화를 위해 노력해야 할 것이고, 공산과 민주도 하나 된 삶을 위해 상호 노력을 게을리 하지 말아야 할 것이며, 정부도 물질에 정신을 부합해 나갈 대안마련에 골몰해야 할 것이다.

인류 대통합을 위해 뿌리의 광복은 희망이기보다 절멸(絶滅)기로 다가왔다. 새 시대를 열어 나갈 새 생명을 잉태하기 위해 밭갈이 동족상잔 6.25를 치러야 했던 이유다. 신앙공화국이 되어갈 즈음 해양가지의 물질문명과 이념 그리고 사상과 철학에 관련된 서적들이 봇물 터지듯 밀려 들어왔다. 어느 세대를 위한 것이었을까. 절멸의 물갈이 강점기 기계식 세대를 위한 것에 있을까, 절멸의 해방둥이 세대를 위한 것일까, 아니면 새날의 씨앗 베이비부머 아날로 그 세대의 태동을 위한 것에 있을까.

한편, 뿌리에 자리매김하고자 대립적 자세를 취한 가지신앙과 몸통신앙, 가지이념과 몸통이념의 명분은 그럴듯하였으나 사분오열 되어 가고 있었으니 하나 될 수 없는 신앙과 이념의 독립운동단체는 여기저기에서 불꽃처럼 일어났다. 어느덧 조정마저 빼앗겨 버린 문무대신은 만백성에 의지하기에 이르렀고, 의지할 곳을 잃은 만백성은 새로운 신앙과 이념에 탈출로를 찾고자 따르기에 이르렀다. 하나 된 민족국가 고려부터 조선의 패망에 이르기까지 민초들의 목숨으로 지킨 조국을 문무대신의 방만한 놀음에 빼앗기고, 민초들의 거룩한 죽음을 권력유지책으로 이용할 때마다 조국은 풍전등화에 놓이곤 하였다. 사람답게는 고사하더라도 인간답게만 살게 해달라고 목숨 바친 조국이건만 문무대신마저도 신앙에 놀아나고, 이념에 놀아나고, 권력에 놀아난 세월이 전부인지라 화합이라고 해봐야 자기 뜻을 받아 주는 이들에게 국한되었으니 팔도로 구획된 뿌리에서 하나 되는 일은 어지간한 모양이다.

1919년 만주에서 조직된 의열단의 성과가 나타나는 싶을 때, 1923년 신채호(1880~1936)가 발 빠르게 조선혁명선언을 하였다. 이 바람에 민초들은 열사의 칭호를 받으며 조국과 민족을 위해 한목숨 바치고자 하는 열기가 더욱더 고조되었다. 과연 지도층에서는 독립을 위해 목숨 바쳐 싸워야 한다고 부추기는 일밖에 할 일이 없었을까. 그러했다면 참으로 한심한 노릇이다. 사실 3.1만세운동 이후에 청년지식층에서 사회주의 사상을 수용하면서 민족해방과 계급해방을 추구하는 조선공산당이 1925년에 창당하기에 이르렀다. 이후 일제의 탄압으로 내부분열이 일어나 1928년에 해산되어 암암리에 활동하다 광복 이후 재건되었지만, 1946년 11월 23일 남조선로동당(남로당)의 명패를 내걸기에 이르렀다.

독립운동이 활발히 전개되던 1925년 두둑과 몸통(중화민국)이 만주에서 독립군 단속과 체포에 관한 모정의 교섭을 추진하여 미쓰야 협정 체결로 독립운동이 위축되었고, 1926년 4월 26일 마지막 황제 순종(1874~1926)의 죽음으로 518년 조선 역사의 마감을 알리자 감정이 한껏 고조되었으며, 조선공산당의 주도하에 6.10만세운동이 일어났다. 1928년 한글날이 제정될 때까지 수많은 피 끓는 애국단체가 결성되었고, 1929년 만주에서 군정부이자 독립운동단체인 국민부를 수립하기에 이르렀다. 1929년에 불어 닥친 세계대공황은 곁가지의 핵심 미국의 가치를 뿌리와 몸통에 드러내 보이기 위한 해양세력의 나비효과였다고 할까.

물론, 뿌리는 장사의 시기요, 몸통은 깊은 잠에 **빠진** 형국이라 여파가 미미하겠지만 해양 가지세력의 경제와 문화는 변혁기로서, 그 여파를 고스란히 받아들이게 되어 있는 열도두둑의 여러 곳에서는 기근을 면하고자 딸까지 파는 비참한 경우가 빈번했다고 한다. 무엇보다 18세기 산업혁명은 19세기 2차 서세동점의 원동력으로 1차 세계대전의 도화선이 되어 20세기 1차 기계식 시대를 열어 갔다. 서방의 세계 경제공황은 2차 세계대전의 촉매제로서 2차 아날로그 시대를 열어 가기 위한 것에 있었다고 해도 무방할 것 같다. 따라서 해양가지의 경제공황은 태평양을 건너 두둑을 거쳐 뿌리로 들어오게 되는 것은 대륙세력 몸통을 깨우기 위한 방편이라 중재역할을 뿌리에서 못하면 사실상의 화합은 어렵다.

겉으로 드러난 해양민주와 대륙공산의 화합은 매우 그럴듯해 보이겠지만 이면은 가지신앙과 몸통신앙의 화합을 위한 것이므로 뿌리에서 중화노력 없다면 합의조차 용이하지 않다는 점이다. 중재는, 가지의 신앙은 양(陽)의 기운이자 사(邪)의 물질이념이다. 이에 부합할 음(陰)의 기운 종교와 바르다는 정(正)의 이념을 뿌리에서 추출하여 몸통으로 올려 보내는 일이다. 가능했던 것이었을까. 비록 두둑강점기에 일어난 가지의 경제공황이었지만 뿌리를 깨우기 위한 과정이자 자본주의 모순을 들추어내기 위한 일련의 과정으로서 1939년 전체주의 국가 출현으로 2차 세계대전이 발발했지만 제2차 아날로그 시대의 서막이자 제국주의 폐막을 알리는 전주곡이었다. 그 대가로 뿌리는 이념의 대립과 신앙 대립의 날을 세워야 했지만 화합을 위한 합의 질량을 추출해 내기 위한 것에 있다.

아니나 다를까 두둑은 뿌리와 몸통의 관계를 끊고자 1931년 밑
둥치 사변(만주)을 일으켜 1932년 만주국을 수립하였다. 앞서 만주
의 중요성을 밝힌 바처럼 밑둥치로서 뿌리의 일부분이자 몸통의
숨통으로, 잠식은 곧 뿌리·몸통 사망을 뜻한다. 이후에 뿌리의 많
은 의인들이 의거하면서 연합하여 대항하였으나 역부족이었다. 이
에 힘입은 두둑은 1937년에 전면(중일전쟁)전을 일으켰으며, 해양
세력으로서 뻗어나가고자 하는 제국주의 두둑의 끝없는 욕심으로
1941년에 태평양 전쟁을 야기하여 멸망의 2차 세계대전에 휩싸였
고 1945년 8월 6일과 9일 두 차례에 걸친 원자폭탄의 실험소가 되
면서 막을 내렸다. 두둑강점기에서 벗어난 순간이라고 하겠지만
그 대신 뿌리와 몸통은 각기 다른 이념의 철로가 놓여 전혀 다른
차원의 삶을 살아가야 했다.

과연 뿌리와 몸통은 각기 다른 차원에서 힘을 발휘할 수 있을까.
둘이 하나 되어 나갈 때 배가 되는 법으로 하나 되어 나가려면 인
고의 세월을 보내야 한다. 대륙세력 공산이념은 해양세력 민주이
념이 일으키는 물질문명의 바람으로 깨어나야 하는 처지라, 3차 서
세동점이자 제3차 디지털 시대가 도래하기까지 몸통과 3·8이북은
상위계층의 지배모순을 몸소 체험하며 살아야 한다. 민주이념을
채택한 3·8이남은 어떠한 삶을 살아가야 하는 것일까.

가지민주와 몸통공산이 대립각을 세울 때, 뿌리에서 공산이념에
대처하는 민주이념의 처신을 어떻게 해야 하느냐는 것이다. 공산
체제로 깊은 잠에 빠져 버린 대륙세력이 바라는 것은 민주이념이
일구어 온 해양세력의 물질문명이다. 그렇다고 해서 대륙의 공산

이념이 마냥 손 놓고 기다려 온 세월만은 아니었다. 공산주의의 모순을 드러내면서까지 민주이념을 끊임없이 자극해 왔던 것은 선천적 물질이념을 넘어 후천적 정신이념으로 하나 되어 살아보자는 것에 있었다. 게다가 대륙몸통의 힘은 해양가지의 물질이념을 가미할 때 나타나므로 뿌리는 반드시 혼화의 질량을 마련해야 한다. 이를 위해 가지의 민주문명은 몸통의 공산질량을 필요로 하고, 몸통의 공산문명은 뿌리의 화합의 질량을 필요로 하므로, 영·호남 화합을 이루고 남북이 하나 된다면 해양세력과 대륙세력은 뿌리를 원점으로 해서 수평정책을 유지해 나간다. 무엇보다 두둑 본토에 투하한 원폭을 생각 여하에 따라 권선징악을 논하겠지만, 2차 서세동점 무렵엔 뿌리가 사경을 헤매는 중이었고 품종개량을 위해서라도 반드시 장사(강점기) 이후에 절멸(광복)기가 필요했을 터, 이를 위해 사자로 돌변해야 했던 것이 바로 두둑이다.

1914년 1차 세계대전이 끝나고 몸통은 1924년 1차 국공합작에서 비롯된 1931년 만주사변으로 제국주의로서의 두둑은 1932년에 만주국을 수립하였고, 1936년 제2차 국공합작은 마침내 1937년 중일전쟁의 불씨를 제공하였다. 지루한 공방 끝나기도 전에 1941년 태평양 전쟁을 일으켜 1939년에 발발한 2차 세계대전의 중심에 서게 되면서 인류역사상 처음으로 인간과 도시를 상대로 두둑은 원폭의 실험장이 되었다. 그 대가로 뿌리와 몸통은 잠식에서 벗어났고 두둑은 해양 가지세력의 물질문명 선진화를 이룰 수 있었다. 이를 길흉화복이라고 해야 할까. 나 하기 나름에 달리 나타나는 작용반작용의 법칙 상대성 원리로 벌어진 일이었다는 사실을 받아들일 수 있느냐는 것이다. 곁가지 핵심 미국은 생존을 위해 두둑을 물리쳐야만 했으며, 36년 만에 맞이한 뿌리의 광복은 1차 기계식 시대를 넘어 2차 아날로그 시대의 변곡점인데도 불구하고 왜 절멸의 시기가 되어야 했던 것일까.

6. 광복

조선에서 대한제국의 멍에를 쓰고 13년 동안 사경을 헤매다가 일제강점기 36년 장사(葬事)의 기간이 흐르고 맞이한 광복(光復)은 그야말로 새 희망찬 새 시대를 꿈꾸어야 할 시기였던가, 아니면 절멸의 폭풍전야인가. 사실 5년의 광복기는 절멸의 과정이었다. 고조선 분열 이후 뿌리에 고착된 몸통의 백가쟁명을 비롯하여 노장학, 성리학, 유교 사상 등의 불필요한 모든 이념을 걸러 내기 위해 민주와 공산의 이념이 자리하였고, 기복일로의 유·불·선을 견제하고자 기독교 신앙이 터 잡기에 이르렀다.

기실, 초상을 치른 후에 상주는 "여러모로 도와주신 친인척은 물론 지인 분들까지 찾아뵙고 인사드리는 것이 도리이겠으나 황망중이라 경황이 없어 이제야 일상으로 돌아와 인사 올립니다."는 식의 틀에 맞춘 상중인사를 건네고 나면 일생일대 가장 중요한 상속문제가 남는다. 무엇을 어떻게 하고 살아갈 것인가는 이후에 문제다.

그런데 상속받을 것이 있기라도 하는 것일까. 곧이어 태동을 위한 점멸의 동족상잔 6.25가 발발할 터인데 말이다. 특히 뿌리민족의 상속은 대륙세력 몸통의 장래까지 달린 문제라 어느새 민주와 공산으로 남·북이 나뉘었고, 영·호남의 지역감정은 3·8이남이 풀어야 할 과제로 남자, 신앙 간 대립의 골도 깊어졌다.

반면 공산이념이 자리한 3·8이북에서는 종교로 승화하지 못한 신앙은 기복 그 자체로 간주하여 척결하였다. 왜 그래야 하는 것일까. 유물론 때문이라고 할까. 게다가 신앙과 공산주의는 하나 될 수 없는 물과 기름 사이로 치부하였다. 공동생산 공동분배를 지향하는 공산이념은 싸우고, 부딪치고, 충돌하는 사고를 미연에 방지하고 힘들고, 고통스럽고, 어려운 일들을 함께 처리해 나가는 데 있어 빌어서 구하는 기복신앙은 불필요할 따름이다. 사유재산 제도가 인정된다면 내 욕심을 채워 줄 신앙이 필요하겠지만 공동생산 공동분배를 지향하는 한, 신앙은 자본주의 병폐에 지나지 않는 것으로 취급하기 때문이다. 하지만 사람으로 승화하기 이전의 인간은 이기적인데다가 특히 문명개척을 부추기는 욕심은 물질 앞에서 한없이 드러내 보이게 된다는 사실을 간과한 것이 그만 붕괴일로에 서고 말았다. 즉, 양의 차원 치우친 사(邪)의 문명을 양의 기운 사(私)적인 이기의 행위를 통해 이루는 것처럼, 내 욕심의 문명을 사유(思惟)하고 내 욕심으로 물질을 사유(私有)하려 들었기 때문에 마침내 물질문명을 이루어 낼 수 있었다. 때문에 그 너머 차원의 삶도 치우친 사(邪)의 물질을 생산하여 개인적 사(私)의 물질문명과 연관 지을 터, 민주주의만으로 결코 바르다는 정(正)의 정신문명 차원으로 접근이 용이하지 않다. 만백성이 주인으로서 보장받는 사유재산만큼이나 복잡한 인관관계가 형성되고 그에 따른 부족한 부분을 매우고자 신앙이 대신하여 인간생활 깊숙이 관여하고 있다. 그러나 사유재산이 인정되지 않는 공산이념에서의 신앙은 불필요한 요소다. 칼 하인리히 마르크스의 유물론은 만물의 본질은 정신이 아닌 물질이라 하였다. 즉, 인간은 물질 창조 활동을 통해 자기구현을 하게 된다는 것이다.

그래서 그런 것인가. 신의 존재를 아예 인정하지 않아 신앙은 아편이라는 말을 하기까지도 한다. 만약 기복일로의 신앙이 만인에게 이로움을 주는 종교로 승화하였다면 공산이념에도 이로울 터, 아마 이쯤 되면 달리 받아들이지 않았을까 싶다. 오직 노동에 의한 물질생산이 사회발전의 원동력이고 이에 따라 하부구조가 상부구조를 움직인다는 차원에 그만 홀렸으니 활동주체와 운용주체의 근본을 알 수 없을뿐더러 이기의 물질 앞에 이기적인 인간이 다가서면 양양상충을 일으킨다는 사실과 반드시 이타의 정신을 창출하여 사람으로 승화해야 한다는 사실을 놓칠 수밖에 없었다.

이후에 독일의 프리드리히 엥겔스(1820~1895)가 마르크스와 동맹을 맺어 19세기에 공산당을 선언하자 19세기 2차 서세동점의 바람이 불었다. 뿌리가 부실하면 핵심몸통은 기력이 쇠진하여 가외몸통이 그 역할을 대신하는 법인데 이때 본가지와 협력하기보다 곁가지와 협력하는 것은 뿌리에 강력한 자극을 주기 위한 것에 있다.

20세기 초 가외몸통 소련의 블라디미르 일리치 레닌에 의해 보완되어 마르크스-레닌주의라 불리는 공산주의가 20세기 말 3차 서세동점을 맞이했는데도 불구하고 19세기에 그대로 머무른 이유가 있다. 앞서 밝힌 바처럼 물질의 발달은 이기심으로 이루어 나가는 개인의 욕망으로서 이타의 정신과 하나 되어 나가야 하는 인류의 문명인만큼 선천질량은 후천문명을 위한 것이다. 즉, 선천은 물질차원으로 받아 온 만큼 노력하면 누구나가 취할 수 있는 것이고, 취하였다면 아쉬워서 찾아온 이들과 하나 되어 살아가야 하는데 화합의 차원은 후천질량이라 정해진 바가 없어 인생방정식 선순환법으로 만들어 나가야 하는 부분이다. 그러니까 선천의 물질로 너와 내가 만났다면 후천의 정신으로 하나 되어 살아가야 한다는 것인데 민주주의건 공산주의건 모두가 지금까지 이기의 선천질량에 매달려 왔던 결과가 바로 전쟁이었다. 이를 보완하고자 신앙이 함께해 왔던 것이나 본래 기복은 사랑을 빙자한 이기심으로 가득 차 있어 사리사욕을 채우려 한다는 점이다. 과연 어떻게 해야 인간의 본질 이기를 사람의 본성 이타로 승화할 수 있는 것인가. 이에 대한 문제가 신앙계가 풀어야 할 과제였다.

1988년 3차 서세동점 전후로 민주주의 체제가 이기의 선천질량에 쏠림이 심화되면서 종교로 승화되어야 할 신앙은 오히려 기복의 방편으로 인연 불러들이기에 혈안이었으니 양의 기운이자 사(邪)의 차원 치우친 물질문명과 음의 기운이자 바르다는 정(正)의 차원 정신문명에 대한 분별만 흩트리고 말았다. 공산주의야 이기의 물질 선천과 이타의 정신 후천을 분별치 못한 이념이라 변화를 추구한다 해도 사회주의에 자본주의 제도를 덧씌우는 정도라 분열을 막을 방도가 없다. 게다가 민주이념과 신앙계는 선천적 모순을 드러내 놓기에 여념이 없는지라 혼란을 빚지 않을 수 있을까. 이를 감추고자 교묘하게 일으키게 되는 것이 바로 전쟁이다.

그리고 사유재산 제도가 폐지된다면 물질생산의 동기부여가 감소될 것이고, 인정된다면 욕심이 빚어낸 부작용의 결과물이 여기저기에 산재할 터, 민주건 공산이건 시급하게 찾아 나서야 할 것이 화합의 질량이다. 그렇다고 선천질량에 막혀 있는 민주와 공산이 무조건 화합을 이룬다고 해서 해결될 문제일까. 절대로 그렇지 않다. 이기주의 민주체제와 모순주의 공산체제가 마주보고 살아간다는 것은 쌍방 간의 장단점을 찾아 보완해 나가자는 것에 있다. 따라서 대책 없이 무턱대고 화합만이 살길이라 외쳐댄다면 더 큰 분열을 조장할 뿐만 아니라 이로 인해 빚어지는 분쟁으로 앞으로 더 큰 문제에 봉착하게 된다. 즉 화합을 위해 첫발을 내딛는 화해는 분명 필요하지만 화해했다고 대안 없이 왈칵 화합하는 것만큼 위험천만한 행위는 없다는 것이다. 물론, 화합을 위해 이념의 대립각을 세우는 것이겠지만 그동안의 분쟁은 화합의 대안 마련을 위해 주어진 표적이었는데 마련하지 못했다면 응당 걸맞은 차원의 표적이 재차 발생하지 않을까. 그리고 과연 아무런 이유 없이 공산주의가 신앙을 박해하는 것일까. 하나 되고자 하기보다 우선 자신이 믿고 따르는 예언자의 교리에 따르지 않으면 무조건 배척하는 이기주의와 기도로 안 될 것이 없다는 기복주의 신앙은 공산주의 이념과는 전혀 맞지 않기에 배타의 대상이다. 만백성의 삶에 득이 되는데 멀리할 이유가 어디에 있겠으며, 일용할 양식이 되는데 박해할 이유 또한 어디에 있겠느냐는 것이다. 민주주의 이념이 만백성의 아픔을 구석구석 매만져 주지 못한 부분을 신앙이 대신 감싸 주지 않을까 싶어 자유를 빙자하여 함께하고 있다.

한편, 2차 세계대전의 패배로 두둑이 무조건 항복하자 1945년 8월 15일 뿌리의 광복을 맞이하고 3년 후인 1948년 8월 15일 3·8이남에서 대한민국 정부를 수립하자, 3·8이북에도 1948년 9월 9일 조선민주주의 인민공화국을 수립하였다. 이윽고 두둑강점기를 통해 뿌리의 일국시대는 1천 년 만에 무너지고 상반된 이념으로 분열의 이국시대를 맞이하기에 이르렀다. 혹자는 광복이 왜 절멸의 과정이냐고 반문하지만 태동을 위한 동족상잔 6.25는 2차 절멸의 밭갈이고, 절명의 과정 대한제국을 통해 맞이한 일제강점기는 1차 절명의 물갈이라는 점이다.

따라서 1차 물갈이 두둑강점기는 보이고 살아 숨 쉬는 종(種)의 멸(滅)을 위한 것이 아니라 뿌리에 고착된 이념, 사상, 신앙 등의 보이지 않는 치우친 사(邪)의 종(種)을 1차로 멸하는 과정이었고, 2차 밭갈이 동족상잔 6.25는 잔여분을 2차로 멸하는 과정이자 새 희망을 파종하는 일련의 과정으로서 알음알이 지도층과 지식인까지 겨냥하고 있었다. 즉 1차 물갈이 두둑강점기는 뿌리에 신앙, 이념, 사상, 문화 등의 신품종을 파종하기 위한 1차 변혁기였고, 동족상잔 6.25는 나머지 잔재를 털어 버리는 2차 혁신기였다. 다소 표현이 억지스러울지 모르나 광복을 절멸의 과정이라는 필자의 논변은 점멸기 동족상잔 6.25를 기점으로 뿌리의 미래 베이비부머와 함께 정중동(靜中動)하여 1차 기계식 시대에서 2차 아날로그 시대를 넘어 3차 디지털 시대까지의 여정을 준비하는 기간이었다.

☪ 미완의 역사

만석지기를 폼 내던 환국(桓國, B.C. 7197~3897)시대의 권세를 3,301년 동안 이어오다가 천석지기로 다소 궁핍해 졌던 신시(神市) 배달국(配達國, B.C. 3897~2333)시대는 홍익인간 이념으로 옛 영광을 구현하고자 시작된 여정이지만 1,565년 만에 되레 백석지기 신세로 전락하고 말았다. 동서 2만 리, 남북 5만 리 12연방국의 영토가 4,866년 만에 백석지기 고조선(古朝鮮, B.C. 2333~238)의 영토로 줄어들었고, 더 이상 물러서지 않으려는 마지노선이기도 했다. 백석지기로는 도저히 밑둥치 만주조차 지키기 어려운 실정이라 북부여(北夫餘, B.C. 237~A.D. 37)가 국통을 이어받으면서 시작된 열국시대는 결국 274년 만인 A.D. 37년에 고구려(37~668)가 그 맥을 이어받으면서 사국시대가 시작되었다. 팔도의 걸쭉한 사투리로 저마다 힘을 앞세우고 나를 따르라고 외쳐 대는 시대였으며, 또 힘을 앞세우지 않으면 군림이 용이치 않은 시대이기도 했다. 그만큼 지장(智將)이나 덕장(德將)보다 용장(勇將)이나 맹장(猛將)밖에 없었다는 것을 대변한다 하는데 과연 그러했을까.

이후 고구려의 맥을 668년에 발해가 이어받고 신라와 남북국의 이국시대를 열어 가다가 드디어 하나 된 민족국가 고려를 918년에 건국하기에 이르렀다. 1천 년 동안 피로 일구어 낸 일국시대 고려의 건국은 하나 되어 나가는 방안을 강구해야 하는 시기여야 했고, 1392년에 건국한 조선은 진정 하나 된 일국시대로서 하나 되어 살아가는 시대여야 했다. 그러나 조선시대를 위한 고려시대 초기부터 조정과 문무가 화합을 위한 합의를 이루지 못하자 변방몸통(거란) 침략에 시달리다가 끝내 북방몸통(몽골) 충(忠)의 멍에를 쓰고 건국해야만 했던 조선은 하나 될 수 없는 두 개의 평행선을 물려받은 형국이라 더하면 더했지 덜할 리는 없었다.

중앙집권의 훈구(勳舊)와 향촌자치의 사림(士林)의 대립으로 동인(東人)과 서인(西人)으로 나뉘었고, 동인은 다시 남인과 북인 그리고 북인은 소북과 대북으로 다시 나뉘어 소북은 유당과 남당으로 또

갈리었다. 서인도 뒤질세라 소론과 노론으로 나뉘고 다시 노론은 시피와 벽파로 재차 나뉘었다. 참으로 어지럽고 복잡한 분파의 형태가 이 민족 지도자들의 실상을 그대로 대변하고 있다. 하나 되어도 시원치 않을 판국에 뿌리 팔도의 기운이 하나 되면 오히려 손해라도 보는 것 마냥 조선은 붕당의 폐해가 날로 커져 가나싶더니 만백성의 피로 일구어 온 하나 된 민족국가는 결국 1천 년 만에 물갈이 일제강점기를 통해 밭갈이 동족상잔 6.25를 치르고 민주·공산 이원화체제 이국시대를 열어 가야 했다.

만석지기 그 옛날 도와 덕을 저버린 대가로 뿌리는 운용주체로, 몸통은 활동주체로 분리되었다. 이후 운용주체 뿌리가 활동주체 몸통의 삶을 답습하기에 여념이 없었고 그 결과가 하나 되어야 하지만 하나 되지 못한 붕당의 폐해고, 사실 이원화의 모순을 드러낸 붕당은 일원화를 위한 것인데도 불구하고 고려·조선 1천 년 동안 화합의 대안을 마련하지 못하자 서서히 분열의 병이 도지고 있었다. 분명 뿌리에서 민주와 공산의 체제의 대립은 붕당의 개념과 다를 바 없어 잃어버린 민족혼을 찾기 위해 내린 방편이 아닐 수 없다. 또 민주주의의 초석이어야 하는 신앙은 사람답게 살아가는 자유를 지향하는 만큼 발맞춰 종교로 승화해야 한다. 왜 근본의 자리 뿌리로 전후 가지의 신앙이 안착한 것일까.

인간에서 사람으로 승화하기 위해 필요한 질량이 정신이듯, 이기에서 이타로 승화하기 위해 필요한 질량도 정신이며, 선천적 기복신앙에서 후천적 종교로 승화하기 위해 필요한 질량도 정신이다. 일원화에서 이원화로 분리된 것은 욕심 때문이었듯, 저마다의 욕심을 화하여 합의의 질량을 마련을 해야 하는데 기도만을 종용하는 신앙은 좀 그렇고 종교로 승화한 차원이면 얼마든지 가능하다. 이를 위해 편 가르는 행위부터 없애야 하고, 그다음 선천의 이기적 신앙과 후천의 이타적 종교 차원의 깊이를 깨닫는 일이다.

나를 위한 기도가 화합을 일으킬 수 있을까. 너를 위한다고 하지만 대책 없이 해대는 기도는 내 속 편키 위함이라 오히려 분란만 자초한다. 후천의 기도는 행의 차원이라 종교로 승화하지 못한 이유를 알게 된다면 너를 위할 때와 나를 위할 때의 분별이 자연스럽게 서게 되므로 어렵고, 힘들고, 고통받는 이유까지도 알게 된다. 손쉬운 기도행위 앞에서 누구나가 인간 구원을 서원하지만 내 욕심의 로망 선천의 기도로 이룰 수 있는 일이라면 전쟁, 고통, 좌절, 실의, 낙담 등의 사건사고도 일어나지 말아야 한다. 이처럼 선천의 기도는 나를 위한 것이고 후천의 기도는 너를 위한 것이라, 행복과 화합의 차원은 무조건 사랑과 합의만을 부추기는 신앙이 종교차원으로 승화할 때 가능한 일이다. 과연 믿음 충만한 예언자의 교리가 다른 마당에 과연 그리할 수 있을까. 그리고 이는 따르는 신도들의 공부이기보다 가르치는 지도자들의 공부다.

정치나 정당도 다를 바 없겠지만 너를 위해 살아간다 해놓고 어느 순간 의식이 다르다는 이유로 배척하고, 사랑행위가 선교나 전도의 목적에 있다면 끝내는 등을 돌리게 된다. 간혹 개인 간의 감정싸움으로까지 번져 살인도 마다하지 않는데 신앙전쟁도 마찬가지로 예언자와 교리우월을 드러내 놓고 숙이지 않으려 하기 때문에 종파 간에 혹은 국가 간에 벌어지지 않나 싶고, 애당초 신앙의 간판을 내걸고 다가섰다면 모를까, 사랑이 신앙으로 포장되었기에 후천의 종교에까지 다가서지 못하고 있다.

나를 위해 살아온 어린 시절은 너를 위해 살아가야 성인 시절을 위한 것에 있듯, 주어진 선천질량도 나를 위해 쓰이듯 만들어 나가는 후천질량은 너를 위해 쓰여야 하는 것에 있다. 한결같이 너를 위해 살아가야 할 성인 시절인데도 불구하고 어린 시절처럼 나를 위해 살아가다 부딪쳐 실패하는 것인데도 그 원인이 마치 네게 있는 것 마냥 탓하거나 핑계로 일관한다. 기실 너와 나를 위한 차원을 이해하기 시작하면 후천의 기도 행위를 깨닫는 것은 유도 아니다. 실패는 너를 위해 살아가야 할 때 나를 위해 살아가다가 받게 되는 표적의 일환으로 이를 기복 충만한 내 욕심의 기도로 극복하였다면 참으로 흠모하는 신의 가르침에 심각한 모순이 발생하였다. 물론, 신의 은총이라 일컫는 기적이 발생하기도 하겠지만 기적은 천우신조라 상호상생을 대입해 보자면 참으로 난해하고 복잡한 인생방정식을 풀어야 하니 이쯤하고, 받아 온 기본금 사주(四柱)의 질량이 남아 있는 이들이 기도를 방편으로 재기했다 치더라도 반쪽반생의 상극의 원리를 깨우치지 못하면 시간이 문제이지 재차 주어지는 표적을 피할 방도는 없다.

상생은 순리요 상극은 역행이라는 순환이 이치에 근거하여 선천의 기도는 자기의 바람을 통해 자신의 모순을 찾는 과정이어야 하고, 후천의 기도는 바르게 들어서서 널리 인간 세상을 이롭게 하며 살아가는 행위가 부가되어야 한다.

바르게 들어선다는 것은 나를 위한 선천질량에서 너를 위한 후천 차원으로 들어섰다는 뜻으로, 만약 이러한 법도를 신앙이 마련한다면 종교로 우뚝 설 터이고, 이쯤 되면 공산·민주 이념과 더불어 신앙의 간판을 내려놓아도 무방한 세상이 아닐까 싶다. 욕심의 산물이기의 물질은 양의 기운이자 받아 온 기본금 선천질량이라 상극상충의 위험이 항시 도사리고 있는데 이는 음의 기운 후천적 정신질량 부족으로 일어나는 현상이다. 다소 설명이 장황해 진 것은 다름이 아니라 이념이 채워 주지 못하면 신앙이, 신앙이 채워 주지 못하면 철학으로 채워 나가기 위해 민주이념에 신앙이 함께하는 것인데 방편에 불과한 물질차원에 묶여 심각한 쏠림을 유발시킨다는 사실을 모른다. 즉, 물질에 물질만을 부가한 결과 힘의 논리를 양산하여 싸우고, 부딪치고, 충돌하며 살아가고 있다는 것이다. 사적인 기운에 이기심만 첨가해 왔으니 사상이든, 이념이든, 신앙이든, 철학이든, 가치관이든 쏠림의 심화는 당연지사. 상극상충은 이기와 이타의 질량을 혼화하지 못해 일어나는 현상으로 특히 유리알처럼 투명해 지는 업그레이드 시대에 두드러진다.

동·서양은 음과 양으로 만나서 하나 되어 살아가는 시대를 가리키는 말이 업그레이드로서, 물질문명으로 꽉 채워지면서 품격을 높이고자 물질에 물질을 부가해 보지만 욕심은 양의 기운과 사적 기운의 결합인지라 풍요 속의 빈곤을 심각하게 부추긴다. 2차 세계 대전 이후에 가지민주 해양세력이 1안의 물질개척에 총력을 기울여 육신의 안위를 위해 노력하는 동안 몸통공산 대륙세력을 위한 2안의 정신창출 과정은 뿌리의 몫인데 아무것도 모르는 상태였다. 물론, 동족상잔으로 폐허가 된 뿌리에 당면한 과제는 육 건사가 우선으로 1안의 목표는 춥고 배고픔을 면하는 일이었고 이루었다면 2안의 목표는 응당 하나 되어 살아가는 것이어야 하건만 2안의 목표까지 육생살이 가치관, 잘 먹고 잘사는 일에 두는 바람에 흙수저, 금수저, 헬조선이 되고 말았다. 끝내 국가의 수뇌부는 시대의 흐름을 파악하지 못하자 그나마 도파에서 민족정신을 운운하며 찾으려 애를 쓰지만 유물유적에만 초점을 맞추고 있으니 근본의 자리에까지는 다가서지 못하고 있다. 바른 것을 잃어버린 치우친 사의 세상이더라도 만백성의 부르짖음에 귀만 기울이더라도 최소 기득권층에서 와해시켜 울부짖는 일은 없으리라. 그리고 태평양 전쟁에 패하여 물러났다고 해서 광복이 찾아온 것일까. 병으로 사경을 헤매다가 사하여 장사 치르고 맞이한 광복은 점멸의 과정으로서 새로운 시작을 의미한다.

요컨대 강제 잠식이 아니라 이미 부패의 정도가 심하기에 물갈이 절명기와 밭갈이 절멸기는 새로운 품종을 이 땅에 파종하기 위한 일련의 과정이었다. 아울러 뿌리의 진정한 광복은 일국시대 1천년의 역사를 되돌아보며 잃어버린 민족 고유의 삶을 되찾아 살아가는 일에 있다.

따라서 1919년 4월 13일 몸통 상해에서 수립한 임시정부는 1945년 8월 15일 태평양 전쟁에서 패한 두둑이 본국으로 돌아가면서 해체되었고, 1948년 8월 15일 반도국 뿌리는 새로운 체제의 대한민국을 선포하였지만 진정한 의미의 정부 수립은 스스로 동서화합을 이루고 남북통일을 이루는 그 날이 아닐까 싶다. 때를 같이해 단일왕조 이(李)씨 조선의 화려한 궁궐이 텅 비자 지방 곳곳의 서원, 향교, 서당들까지도 주인을 잃고 건물만 덩그러니 남아 있다. 뜻하는 바가 무엇일까. 대립, 갈등, 분열의 책임을 물어 쫓겨난 것이 아닐까 싶은데 그리고 보니 어느 사인가 뿌리의 창조시대 앞에 서 있다.

소임을 잃어버린 미완의 역사와 나아갈 길을 잃어버린 교훈의 역사로 남는다는 것은 반드시 이루어야만 하는 민족적 과제가 남아 있기 때문이고, 지도층의 잘못으로 풍전등화의 위기에 놓일 때마다 민초들은 초개와 같이 한목숨 아낌없이 바쳤다는 것은 조국을 사랑하기 때문인데 눈을 씻고 찾아봐도 삶의 질이 나아진 대라곤 없다.

여전히 조정과 문무대신의 나약함에 왕이 궁궐을 버리고 떠나는 작태가 되풀이되면서 끝내 팔도 각지 서당, 서원, 향교에서 글 읽는 소리마저 끊겨야 했다. 인물의 맥이 끊겼다는 것이다.

반면 서양의 물질문명을 가르치는 신식학교가 자리한 것은 업그레이드 시대를 위해 뿌리 고유의 삶을 부활시키기 위한 것이었으나 물질에 사로잡힌 나머지 불신의 시대를 초래하고 말았다. 해양세력과 대륙세력 사이에 위치한 반도는 뿌리로서 이념과 감정의 골이 패였다는 것은 그만큼 몸통, 가지도 감정의 골이 패여 있다는 방증이다. 이념이야 쌍방의 모순을 보완한다면 하나 되어 나갈 수 있지만 불신의 장벽은 독특한 지방색으로 그어진 것이라 할 수 있으니 행위가 이롭지 않은 이상 허물어지는 그 무엇이 아니다. 물론 그 가치에 상응할 만한 이념이 받쳐준다면 신념과 신의와 믿음이 따라 생기므로 불신의 골은 깊어지지 않는다.

뿌리가 가지세력과 몸통세력의 중심잡이 되는 그 날이 동서남북 사통팔달 하는 그 날이 아닐까 싶은데, 아마도 민주·공산의 모순이 보수·진보 성향에 그대로 투영되고 있기 때문이다. 물론 중도보수나 중도진보를 자처하는 이들도 있겠지만 중도를 부르짖는 이들이 더하면 더했지 덜하진 않는다. 이로우면 발을 담글 것이요 이롭지 않으면 뺄 것이니 기실 주체가 바로서지 않으면 너나 나나 어디에 이로운지 생각해 보자. 무엇보다 가지·몸통에서 이념대립의 골이 깊어지는 만큼 그 진통을 뿌리가 고스란히 받게 된다는 점이다.

매우 황당한 소리로 들렸겠지만 뿌리, 몸통, 두둑으로 이어지는 동북아의 정세가 뿌리, 몸통, 가지로 이어지는 세계의 정세라는 사실을 업그레이드 시대라는 사실에 입각하여 반도뿌리를 중심으로 관찰해 보면 어떨까.

☪ 돌연변이 가치관

뿌리가 몸통의 이념에 의지해 온 결과는 부패였고, 1910년 두둑이 자행한 1차 물갈이 사태 강점기 이후 1950년 2차 밭갈이 사태 동족상잔 6.25가 끝나고 파종된 문명은 아날로그였다. 이 시대의 주역 베이비부머가 태어나기 전에 여성교육의 장이 활짝 열린 터라 구석구석 신식공부 열기로 가득하였다. 더군다나 음의 기운이 뿌리인데다가 뿌리민족의 여인들이야 말로 운용주체 중에 운용주체가 아닌가. 그것도 뿌리민족 최상의 음의 기운 엘리트 여성들에게 양의 가지 문화 교육의 열기가 피어오르자 불합리한 유신체제에 대항하는가 싶더니 이내 민주화 열풍을 뜨겁게 달구었다.

가지의 양의 향기 가득한 물질문명에 필요한 것은 음의 향기 그윽한 뿌리의 정신문명이듯, 양의 기운 활동주체 남성에게 필요한 것도 음의 기운 운용주체 여성이라는 사실을 모르지 않을 터, 양의 기운 만물이 음의 기운 물과 화합을 이룰 때 비로소 만개하듯이 말이다. 무엇보다 절명의 과정 대한제국 시기에 뿌리민족 최상의 여인들을 위한 최신식 최고학부가 생겨났다는 것은 절명기 일제강점기에 대한 분별과 광복이라는 점멸의 과정을 통찰하기 위한 것에 있었다는 사실을 모른다. 왜일까. 물론, 음의 기운 운용주체로서 절멸기 동족상잔 이후 아날로그 시대를 이끌어 나갈 양의 기운 활동주체를 위한 것에 있지만 1차 물갈이와 2차 밭갈이의 진정성을 모른다면 음양화합은커녕 너 따로 나 따로 놀아나는 결과를 초래하여 많은 문제를 양산시킨다는 사실 또한 알 리 없다. 가지의 물질문명은 뿌리의 정신문명을 갈망한다는 사실을 모르면 운용주체이기를 포기한 여성상위보다 못한 양성평등을 부르짖게 되는데 이쯤 되면 활동주체 양의 기운 남성들을 무시하는 처사와도 같아 돌연변이 가치관이 가정에서 자생하여 사회적으로 심각한 문제가 야기된다는 것이다. 음의 기운 운용주체에 대한 부분은 계속 다루어야 할 사항이니 이쯤하고, 전후 뿌리에서 시작된 아날로그 문명과 신식공부는 인식의 개혁을 일으키기에는 충분하였다.

유교와 사대주의 모순이 야기되면서 남존여비와 칠거지악에서 깨어났고, 이기주의 민주이념과 욕심 가득한 신앙에서 나름 생활의 활기를 찾은 듯싶게 사회활동에 눈을 뜨기 시작하였다. 만약 뿌리민족 운용주체 여성들로부터 두둑의 식민지는 파종을 위해 깨어나는 일련의 과정이었다는 사실과 2차 세계대전에 패하여 본국으로 돌아간 것은 시기가 다가왔기 때문이라는 분별을 세웠더라면 작금에 동북아의 중심에 뿌리가 우뚝 서 있지 않았을까.

다소 오해의 소지가 있을 부분을 보충 설명을 하기에 앞서, 두둑에게 빼앗긴 뿌리의 지도부를 미화하려는 소리가 아님을 밝혀 두는 바이다. 16세기 1차 서세동점(임진왜란과 병자호란) 이후부터 부식은 자생능력을 잃어버리면서 시작되었고, 19세기 2차 서세동점(대한제국)에 이르러 국제정세에 편승하지 못하자 다가올 20세기 3차 서세동점(업그레이드 시대)을 위해서라도 신품종을 파종해야 했으니 그 사자 역할을 작용반작용의 법칙 상대성의 원리 인생방정식에 의거하여 두둑이 맡았다.

대륙세력 몸통도 뿌리 하기 나름이지만 해양세력 두둑도 뿌리하기 나름이다. 뿌리가 고사하면 몸통도 죽고 두둑은 아무짝에도 쓸모없는 것처럼 살아남기 위한 본능은 자연발생이라 운용주체 뿌리는 활동주체인 몸통과 두둑과도 하나라는 것이다. 문제는 활동주체 양의 기운 만물(육의 생명체)은 운용주체 음의 기운 물(생명의 원천)하기 나름이듯, 몸통이나 두둑은 뿌리 하기 나름이라는 사실을 모르고 있다는 것이다. 물론, 반도는 뿌리요, 대륙은 몸통, 서양은 가지, 열도는 두둑임을 몰라서 그런 것이라고 치자. 그러나 우리 민족만이라도 인류 순환의 근본원리를 알아야 하기에 황당무계할 것 같은 이론을 써내려 간다.

뿌리는 운용주체 머리다. 몸통은 오장육부 간접적인 활동주체이고, 가지는 두 다리로 움직이는 직접적인 활동주체다. 아울러 두 다리는 머리와 몸통을 위해 움직이고, 몸통은 머리와 다리를 위해 쓰이는 소화기능의 본체다. 세 개의 차원으로 나뉘어 운행되어 세상이라 불리듯, 머리, 몸통, 다리로 구성된 인간의 육신에도 삼위일체 삼신사상이 그대로 적용된다. 단지 운용주체 머리만은 천기의 하늘이고 상(上)이라 중(中) 몸통과 하(下) 다리를 움직여 천지만물에서 비롯되는 문명과 화합의 질량을 창출해야 한다는 것이다. 그리고 물은 음의 기운으로서 구석구석 흘러들어 양의 기운 만물을 소생시키는 운용주체다. 과연 물이 활동주체 만물로 살아갈 수 있는지를 생각해 보자. 자연의 섭리를 무시하는 처사라 존재계는 돌연변이화 되어 멸망에 이를 것이고, 활동주체인 만물 또한 생명의 근원 물이 될 리가 없기에 그대로 고사해 버린다. 만물의 영장이라 일컫는 인간은 선천의 차원에서 승화되지 못하면 세상은 부패됐다 할 것이요, 활동주체일망정 승화되어 후천의 삶을 살아간다면 운용주체로 우뚝 섰다고 할 것이다. 여기에서 자칫 남자(♂)가 여자(♀)의 삶(성 소수자)을 살아가는 것으로 오인할 수 있기 때문에 하는 소리인데 한번 결정된 음양은 불변이라 바뀌지 않는다. 본연의 선천질량을 무시하고 억지로 바꾸려 든다면 상극상충의 현상으로 나머지 삶이 순탄치 못하다. 그러나 아쉬워서 찾아가는 활동주체에서 이로워서 맞이하는 운용주체로 변화는 얼마든지 가능하다.

　예컨대 사람으로 승화되기 이전의 인간이나, 신앙이나, 이념이나, 사회나, 국가나 물질차원의 선천질량에 안주하면 바뀔 것은 아무것도 없다는 소리다. 물론, 물질문명의 발달로 육신의 편리함을 가져왔지만 결국 이기주의를 양산하여 너 따로 나 따로 놀아나는 지경에까지 이르렀다. 물질 앞에 하나 되어 살아가지 못하면 이념의 전쟁과 신앙의 테러로 피 흘리며 살아야 한다는 것인데 뿌리의 광복은 양의 기운이 넘쳐나는 업그레이드 시대 3차 서세동점을 위해 주어진 시간으로 준비해야 할 사항은 음의 기운 정신질량이다. 그야말로 동서양이 만나 상호상생을 이루어 하나 되어 살아가는 시대로서 물질에 정신을 부가하지 못하면 그들로부터 심한 역풍을 맞을지도 모른다. 나 하기 나름에 달리 나타나는 원리는 선천적 이기의 본능을 일깨우는 법칙이다. 나밖에 모르는 행위로 일관한다면 상대방도 결국 자기밖에 모르는 자로 돌변할 터, 그리된다면 물질 이기와 신앙 이기는 양양상충을 부를 것이고, 내가 너를 위한다면 너도 나를 위할 것이라 상호상생은 역시 나 하기 나름에 달리 나타나는 자연의 섭리다. 그리하여 업그레이드 시대는 '하늘은 스스로 돕는 자를 돕는 시대'다.

　각설하고, 1안으로는 명백한 두둑의 침탈 행위를 어찌 용납할 수 있겠느냐마는 2안으로서야 각자도생을 넘어 상호상생을 위해 벌어진 일이자 이념의 파종을 위해 일어난 일이다. 너와 나의 사이도 마찬가지 아닐까. 상호상생을 이루지 못할 때마다 힘겨루기나 해대다가 상황이 불리하다 싶으면 절교도 서슴지 않는가. 19세기

2차 서세동점과 맞물려 신흥 신앙의 대거 출현한 것과 더불어 크고 작은 민중봉기가 끊이지 않았을 때에는 이미 조정과 문무대신과의 소통은 불능상태다. 이를 통해 뿌리에 고착화된 신앙과 이념 그리고 내 뜻만 받아 주면 탓하지 않으리라는 붕당정치의 모순을 깨우쳐야 했었고, 두둑강점기는 잘못 살아온 지난날을 되돌아보고 뿌리다운 삶을 살아가기 위해 피눈물을 쏟기 위해 주어진 시기였다는 점이다. 두둑의 소임은 열도로 돌아간 이후에도 뿌리 반도를 보호하는 일이라 우리민족 본연의 삶이야말로 몸통을 위한 일이자, 두둑을 위한 일이고, 가지를 위한 일이다. 또 그 날이 뿌리의 자유와 광복을 되찾는 날이 아닐까 싶은데 창피하게시리 두둑의 지배에서 벗어났다는 뜻의 해방(解放)이나, 국권을 되찾았다는 뜻의 광복(光復)이나 고유의 이념을 되찾지 않고선 그 무엇도 부르짖을 수 없다는 사실을 모르는 모양이다.

왜 그런 것인가. 1안의 물질로나 2안의 정신으로나 대륙 몸통세력과 해양 가지세력 사이에서 균형을 잡아 나가지 못하면 자유로울 수가 어디 있겠으며, 특히 보호막으로서의 두둑은 몸통과 가지의 균형이 쏠릴 때마다 뿌리에 표적을 자연발생적으로 가한다. 분명한 사실은 천 년만 년 지나도 물 건너에서 도지로 근근이 살아온 두둑은 만석지기 뿌리의 상전이 될 수가 없다는 것이다. 비록 환국(桓國)에서 신시(神市) 배달국(倍達國) 그리고 고조선(古朝鮮)에 이르기까지 3대 계승을 바로 하지 못해 약소국이 되어버린 강점기에 두둑의 강요로 창씨개명을 한다 해도 변질은 몰라도 고유의 종(種)은 변할 수 없는 것인데도 불구하고 가능한 것 마냥 무릎 꿇고 상투까지 잘라야 했다는 사실보다 치욕은 없다. 비로소 피눈물의 시대를 거치면서 왕권시대는 청산되었고 이내 서양가지의 민주주의가 자리하였지만 사실 오늘날까지도 민주주가 무엇인지 잘 모르고 있는 것 같다. 몸통의 공산주의도 마찬가지가 아닐 듯싶고 만약 만백성에게 이로운 이념이었다면 사람 사는 세상을 만들어 나가지 않았을까. 정권의 부패를 운위하기 전에 시대가 바뀌었음을 자각하여 개인의 권리를 찾아야할 때가 왔다. 그런데 어떻게 찾아야 하는 것일까.

실제 자유 민주주의를 체험하지 못한 터라 사람답게 살고 싶어 하는 만백성이 아우성이다. 총칼을 들이밀고 사랑과 평화를 외치는 행위나, 공동생산 공동분배를 내세우며 독재로 일관하는 행위나 다를 바가 무엇일까. 체제구축을 위해 노력하는 지도층에서는 한결같이 사람답게 살아가는 세상을 구현하기 위해 노력하고 있다고 말하지만 변한 것이 없다. 속셈은 권력을 누리기 위한 것에 뜻을 둔 모양새다.

사람답게 살아가는 세상은 티 없이 맑은 정의로운 세상으로서 이념의 모순과 신앙의 모순 그리고 민주주의 이기와 공산주의 이기와의 대립은 쌍방의 모순을 바로 잡아 나가기 위한 설정이지만 체제의 우월성을 추켜세우는 바람에 적대적인 골만 깊어졌다. 다시 말해 적대보완적인 관계가 유지되는 것은 뿌리에 걸맞은 이념 창출을 위한 것이므로 공산체제보다 민주체제가 경제적인 우위에 섰다고 유세 떨어 좋을 것은 없다. 너 죽이고 나 살아야 하는 자본주의의 경쟁구도는 결국 하부구조 수탈로 이어져 쏠림만 조장할 뿐이라 정의를 빙자한 권력 앞에 놀아나기는 매 마찬가지다. 때론 자유평화와 민족화합을 위한답시고 자기 논리를 전개하다 좌파우파 진영논리에 곧잘 빠지는데 그러다가 제대로 알지 못하는 민주주의를 타박하기 일쑤다. 민주주의보다 더 나은 이념을 알고 있어 타박하는 것일까. 그것은 아닐 것 같고, 아마 더 나은 삶을 추구하고자 함이 아닌가 싶은데 내 뜻대로 할 수 없는 부분과 있는 부분을 밝혀내지 못하는 한 나아질 것은 없다.

공산체제도 선천의 질량이요, 민주체제도 선천의 질량이라 후천적 화합의 질량을 모르는 상태에서 정의사회가 구현될 리 없다. 티 없이 맑아야 이루어지는 사회가 정의사회이므로 만백성을 위한 정치의 개념을 깨닫지 못하면 정의 구현은 어렵다. 복지는 정의를 통해 이루어 나가야 하는 것인데도 불구하고 정치에 의지하는 경향이 두드러진다. 길들여지는 만큼이나 '행여나', '혹시나'에 기대치를 마냥 부풀리는데 이를 깨우칠 수 있느냐가 관건이다.

그리고 작금의 민주주의로 정의사회 구현이 가능한 것인가를 생각해 보자. 정치란 이로운 삶을 구가하기 위한 것에 있듯, 정의란 이로운 삶을 위해 착하기보다 바른 것이어야 한다. 누구한테, 만백성에게 그리고 '아쉬워서 찾아온 이들에게' 과연 아무런 제도와 장치 없이도 이로움을 행할 수 있을까. 도덕을 거론하고 양심을 운운해 본들 이기의 권력과 물질 앞에 흔들리기 마련이고, 그 대신 이로운 행위를 다하지 못하면 만백성의 원성에 죽임을 당하거나 욕먹고 물러난다. 정치가 이로웠다면 목메도록 정의를 부르짖고 온몸을 던져 가며 복지사회를 갈망할까. 권력은 부정과 부패로 만연되었기에 복지를 배신한 정치를 대신하여 만백성이 정의를 부르짖지만 여전히 다스리려고만 드는 행태라 뿔난 민심을 달래 보려 아까운 시간을 법을 개정하는 데 소비한다. 그렇다면 정녕 유전무죄 무전유죄라는 말이 떠돌지 말아야 하거늘 여전할 걸 보아하니 실질적 이로움과 탁상공론 법 개정안과는 해석을 달리한 것이 아닌가 싶다. 나 하기 나름에 달리 나타나는 작용반작용의 법칙 상대성 원리는 인생방정식 선순환의 이치로서 '덕 되게 하니 득이 되더라'는 상호상생을 일깨우고, '무덕하니 무득하더라'는 반쪽반생을 가리키며 '해하니 독이 되더라'는 상극상충을 증명하는 바라 어렵고, 힘들고, 고통스러워진 세 가지 원인을 세 가지 원리에 대입해 보면 알 수 있다.

이와 같은 실질적 차원의 선순환의 법칙을 받아들인다면 인간 논리의 법은 방편이자 참고 사항으로서의 역할을 다할 것이며, 정의는 만인에게 이로워야 하는 것처럼 정치도 다스리기보다 만백성에게 이롭게 다가서려 할 것이다. 바르다는 정(正)과 상호상생을 뜻하듯 정사 정(政)도 우리 모두를 이롭게 하는 원동력이어야 하므로 이롭지 않다면 그것은 정이 아니다. 쌍방 간에 덕 되지 않으면 이로울 수 없는 것인데 상호상생 행위를 착하고 선(善)한 것에 비유하는 통에 정의마저 왜곡되는 실정이다. 이에 따른 문제는 『뿌리민족의 혼』시리즈에 자세히 서술하였으니 참고하기 바라며, 정신질량을 바로 세우지 못하면 정치와 정의는 상극으로 치달린다는 점이다. 허나 중상층만 되더라도 싸우고, 부딪치고, 충돌하는 일을 힘이 가미된 물질로 무마시키려는 경향이 짙은 걸 보아 육신의 안위에 빠져 살아가는 것을 알 수 있다. 정신질량을 배제하면 함께하는 삶과 점차 멀어지는데 운용주체 지도층에서부터 빠져 살아가고 있으니 인간의 역사가 피로 물든 전쟁의 역사일 수밖에 없다. 공산주의라고 뾰족한 수가 있을까. 가뜩이나 공동분배라는 독재가 사유재산 제도를 인정하지 않아 중산층을 넘어서기도 전에 발전이 멈추고 말았다는데 말이다.

☾ 타고난 역량

권력, 물질, 명예 등을 얻기 위한 동기부여는 내 욕심에서 비롯하여 내 고집으로 성취하지만 일을 그르치는 것도 결국 내 고집과 욕심 때문이다. 조건이나 상황도 그렇고, 성과를 이루기도 전에 나누어야 하는 것도 그렇고, 개인소유보다 공동소유가 좋은 결과를 기대하기 어려운 것도 이와 같은 연유에서가 아닐까. 화합을 위한 합의가 만만치 않은 일이라 만약 개인의 명예와 사유재산보다 공동분배와 공동명예로 삶을 한껏 고취시킬 수 있다면 하나 되어 나가는 차원은 그다지 힘들 것 같지는 않고, 자유의지도 개인의 욕망에 의해 움직이는 것처럼 선천의 기본 자리에 오르는 일도 개인의 욕심을 첨가하지 않고서는 어려운 일이다. 과연 이기의 욕망이 솟구치지 않는다면 뜻을 이룰 수 있는지에 의문을 던져 보자.

피 땀 흘린 노력의 결과가 아무런 대가 없이 나누어야 한다면 그야말로 반쪽반생 행위다. 능률은 물론 내 것과 네 것의 경계 없는 공동의 몫이라는 개념이 가져오는 동기부여는 사뭇 다르다. 선천행위 만남을 통해 사랑하고 후천행위 행복을 위해 사는 것처럼 저마다 달리 주어진 개인의 역량을 소급적용하고 수입을 일률적으로 공동화한다면 인간은 이기적이라 능률이 오를 리 없다. 타고난 역량이 다른 만큼 능률이 오를 때 기세를 타는 법이고 또 능률은 수입과 직결되는 상황이므로 누구나 그 기세유지를 위해 노력하게 되는데 이를 좋은 말로 선의의 경쟁이라고 한다. 인간의 욕심에서 기인한 문명은 이기의 집합체라 물질 앞에 한없는 욕심을 드러내게 되어 있다. 즉, 화합의 문명을 위한 이기의 경제 앞에서 경쟁 없는 사회는 사람으로 승화되고서나 가능한 일로 노력한 만큼의 성과는 행위의 본질인바 경쟁 없는 사회는 너와 나의 발전이 어렵다. 또 너와 나의 발전은 물질문명을 일으키고 난 후 정신문명 창달을 위해 노력하게 되는 것이므로 선천의 경쟁을 통하여 후천의 화합에 다다르게 되는 것이 음양 관계다. 그리고 이기의 경쟁과 이타의 화합은 물질과 정신을 뜻하는 바라 선 수입과 후 지출의 수평을 유지해야 한다. 왜 그런 것인가. 벌어들이는 것은 받아 온 것이요, 쓰는 것은 개인의 역량과 관련된 창출이기 때문이다.

문제는 어떻게 써야 하는지를 모른다는 것에 있다. 그렇다면 삶의 질은 이루어 나가는 과정에서 논해야 하는 것이 아니라 이룬 후에 논해야 한다는 결론에 이른다. 어린 시절은 성인 시절을 위한 것에 있듯, 주어진 과정을 찾아 나설 때 맛보는 것은 좌절이요, 이룬 후에 맛보는 차원은 실패인 것처럼 말이다. 분명한 것은 주어진 것을 이루는 과정에서 맛보는 좌절은 성공의 자양분으로 오뚝이처럼 다시 일어설 수 있다. 허나 성공 후의 실패는 재차 좌절의 과정이 따르므로 그다지 녹록치만은 않다. 수입은 내 욕심에서 기인된 이기적 양의 기운이라면 지출은 너를 위한 이타적 음의 기운이라, 삶의 질은 지출에 비례하지 수입에 비례하지 않는다.

아울러 지탄의 대상은 만백성을 정치적으로 이용하여 상극상충을 촉발하는 권력자들과 벌기만 하고 쓸 줄 몰라 반쪽반생을 야기하는 경제인들을 가리키는 말이 아닐까 싶은데 과연 정경인사들이 무엇을 필요로 하기에 그런 것일까. 정녕 만백성의 피와 살로 이루었다는 사실을 알고 있느냐는 것이다. 받아 온 기본금 사주(선천질량)는 아쉬워서 찾아온 인연들을 위한 것인데도 불구하고 정경제를 쥐락펴락하는 이들이 국가가 어려워질 때마다 만백성이 그런 것 마냥 책임을 전가하곤 하는데 설사 그렇다 치더라도 문제를 해결해야 하는 것은 정관계 인사가 아닌가. 해결의 기미가 전혀 보이지 않는다는 것은 그만한 사달을 대신하여 만백성이 온몸으로 헤쳐 나가야 한다는 것이다. 분명한 것은 국가의 사달은 다스리지 못해 나는 것이 아니라 이롭지 못해 나는 것이고, 기업의 사달은 벌지 못해 나는 것이 아니라 이롭게 쓸 줄 몰라 난다. 누군가가 개인적인 사달은 없어서 날 수밖에 없는 것이 아닌가 하고 묻지만 없을 때에는 하고자 하는 것을 하지 못한 괴로움이라고 할까. 사달과는 다른 차원이다. 이를 대비하고자 양의 기운 활동주체는 벌어들이는 행위에 주력해야 하는 것이고, 음의 기운 운용주체는 이롭게 쓰는 행위에 매진해야 하는 것이라 이렇듯 경제계가 벌어들이면 정관계는 아낌없이 만백성의 삶의 안위를 위해 써야 한다. 바르게 쓰는 것(상호상생)이 사달을 방비하는 것이라고 볼 때 활동주체 만물의 활성도를 운용주체 물이 좌지우지하는 것처럼, 남녀가 화합을 이룰 때 맛보는 것이 행복이듯 남성의 수입과 여성의 지출이 수평을 이룰 때 영위하게 되는 차원이라는 것이다. 말하자면 여성은 음의 기운 운용주체로서 양의 기운 활동주체 남성을 주도해 나갈 때 느끼게 된다는 것인데 필자가 상호상생과 음양화합을 설명할 때마다 예를 들고 있다.

즉, 내 앞의 인연은 나 하기 나름에 따라 달리 나타나기 때문에 하는 소린데, 언제나 아쉬워서 찾아가는 이들은 이로워서 맞이하는 이들 하기 나름이라는 것이다. 제아무리 좋은 선천질량을 받아 왔을지라도 후천질량과 부합하지 못하면 결국 고통스럽게 삶을 마감하는 데에서 알 수 있다. 다소 미흡한 선천질량일지라도 후천질량을 위해 노력한다면 노후의 삶은 행복하리라는 것인데, 나를 위해 살아온 삶은 너를 위한 삶에 있듯이 이로움이 없는 아쉬운 이의 삶은 있을 수 없다는 것이다. 이는 곧 쓰임에 다하는 운용주체 여성이 없다면 벌이에 임하는 활동주체 남성은 기본의 한계를 넘어서지 못하는 것과 같다. 수입과 지출이야 말로 음양의 논리다. 물론, 인간에게 있어 선천질량을 채울 때까지는 나를 위해 버는 것이겠지만 채운 후 지출의 개념은 승화된 사람으로서 너를 위한 것이어야 하는데 인간에 머물다보니 묻어 놓고 썩히어 버리는 경우가 허다하다. 물질을 넘어 정신을 추구하는 인생살이, 벌기만 한다면 양양이 상충을 칠 것이요, 쓰기만 한다면 음음이 상극을 일으킬 것이라, 음양의 비율을 어린 시절에 배워 성인 시절에 쓰인다.

'누구한테' '바로 앞에 있는 너한테' 학교 교육은 경쟁과 성취하는 법만 가르치고 있다. 아쉬워서 찾아온 너와 하나 되어 살아가면 수입(경쟁과 성취)은 덤이 될 텐데 말이다.

혹자는 노후보장을 위해 재테크를 거론하지만 이타의 지출보단 이기의 수입에 국한된 수단이라 써보지도 못하는 결과를 초래하기 십상이다. 노년에 이르러서도 행위가 나를 위한 것에 국한됐다면 태반이 죽지 못해 사는 형국이라고 할까. 청소년문제야 오늘 내일이 아니지만 갈수록 심화되는 노인문제로 세상이 어려워질 줄 어찌 알겠는가. 너를 위한다고는 했으나 결국 나를 위해 살아온 결과가 나타나는 업그레이드 시대이므로 진정 너를 위한 삶에 대하여 연구할 때가 왔다. 반면교사라는 표현이 어떠할지 몰라도 이러한 삶을 살면 이리 된다는 일제강점기 기계식 1세대가 작금의 디지털 3세대에게 주는 교과서라고 해야 할까. 만약 쓰는 법을 가르치는 교육기관이 있다면 음양, 남녀, 수입과 지출의 근본을 아는 곳이 아닐까 싶은데 이쯤 되면 성공과 출세와 맞물린 좌절과 실패의 의미도 함께 가르쳐야 한다. 오를 때 맛보는 좌절은 어려움이고, 오르고 난 후 당하는 실패는 고통이라는 점에서부터 출발한다면 사달의 이유는 충분히 깨우칠 수 있을 터이니 말이다. 이와 같이 두둑이 물러나 찾아온 광복은 동족상잔 6.25 이념전쟁을 촉발시켰다고 하겠지만 실패 후 재기의 과정이라, 대한제국 시대에 민주·공산이 움트고, 두둑강점기에 싹을 틔워, 광복에 이르러 적대보완적인 몽우리를 맺기에 이르렀다.

그리고 물갈이 두둑강점기가 가지에 뿌리를 알리는 1차 과정이었다면 밭갈이 동족상잔 6.25는 가지의 물질문명을 받아들이기 위한 2차 과정으로, 조선 말기에 출생한 이승만(1875~1965)은 1948년 7월 20일 대한민국 초대 대통령에 선출되어 1960년 4.19혁명으로 사임하기까지 3대, 12년 동안 3·8이남의 민주주의를 이끌어 왔다. 일제강점기 태생인 김일성(1912~1994)은 1948년 9월 9일 조선민주주의인민공화국이 수립되자 내각 수상에 선임되었고 1972년에 제정된 사회주의헌법에 의해 국가 주석(主席)의 자리에 올라 사망하기까지 46년 동안 3·8이북의 공산주의를 이끌었다. 분명 1980년대 초반까지 3·8이북의 공산주의 체제가 3·8이남의 민주주의 체제보다 그 나름대로 물질적인 풍요를 누렸지만 이후에 내 욕심의 자본주의 체제에 기세가 숙지기 시작하였는데 그 이유는 앞서 밝힌 바와 같고, 대한제국 출생인 윤보선(1897~1990)은 1960년 4대 대통령에 선임되어 1962년까지 2년간 재임하였다. 5대 대통령 직위를 이어간 박정희(1917~1979)도 강점기 태생으로 5.16쿠데타를 주도하여 1963년 제3공화국을 출범시켜 1979년에 사망하기까지 6·7·8·9대

16년 동안 연임하였다. 특히 사회주의헌법을 신설한 3·8이북의 체제는 대륙몸통 공산체제에 힘입은 바라 서양해양 가지민주세력과의 교역을 통해 장족의 물질경제를 일으킨 이병철(1910~1987)과 같은 사업가가 자리하지 않은 이유가 앞서 설명한 바와 같다. 민주주의에는 이념에 걸맞은 그리고 공산주의에는 공산이념에 걸맞은 인물들이 태어나서 그런 것일까. 자본주의와 사회주의 모순을 거론하지만 사실상 상호보완적이지 않으면 더 나은 삶이란 있을 수 없다.

7. 동족상잔 6.25

동북아의 핵심 축이자 가지몸토의 핵심 충이기도 한 뿌리는 반도로서 두둑이 본래 위치 열도로 돌아가고 맞이한 광복의 시기에 민주주의 표상이자 곁가지의 핵심 미국과 공산주의 발로 가외몸통 소련과 대륙몸통의 핵심 중국의 간섭을 받기에 이르렀다. 이윽고 베일에 가려진 동방의 해 돋는 땅 뿌리의 3·8이남에는 해양세력 이승만 민주주의 체제가 자리하자, 3·8이북에는 대륙세력 김일성 공산주의 체제가 자리하기에 이르렀다. 서양가지에서 아날로그 시대를 열어 가기 위해 불붙은 2차 세계대전이 끝난 지 불과 5년 만에 해양민주와 대륙공산 체제 간에, 그것도 반도뿌리에서 우월을 가리고자 한판의 전쟁을 벌어야 했던 것이 점멸전쟁 동족상잔 6.25로서 아날로그 이후의 IT시대를 열어 가기 위한 전쟁이기도 했다. 동북아의 핵심 뿌리가 살아야 몸통과 두둑이 사는 법이라 부패한 1천 년의 뿌리의 역사를 털어 내기 위한 1차 물갈이 강점기에 이은

2차 밭갈이 동족상잔은 해양세력 가지의 문물을 3·8이남으로 받아들이기 위한 과정이었다. 기실 뿌리는 대한제국으로 개칭하는 순간 사(死)한 상태였고, 때를 같이해 가지의 신앙이 자리하면서 양대 사상 민주와 공산도 서서히 숨을 트고, 장사(葬事)의 시기 두둑강점기에 이르러 양대 이념은 체제 결속의 실체를 드러내고 있었다. 뿌리 절멸의 과정이라 일컬은 광복기에 이르러 해양민주, 대륙공산 두 이념이 반도 남북으로 자리한 것은 개혁을 위해 밭갈이를 하기 위한 것에 있었다.

이처럼 동족상잔 6.25의 발발은 새 나라 새 시대를 위한 점멸기간으로서 광복 후 3·8이남에 가지의 신앙과 이념이 태동하더니만 휴전 후에는 양(養)의 과정, 즉 서양가지의 문물이 봇물처럼 밀려들어 생(生)의 꽃을 피워 열매를 맺기에 이르렀다. 냉철히 생각해 보자. 절명기 두둑강점기 때 대한독립만세를 외친다고 조국의 독립이 찾아오는 것인지 그리고 두둑이 열도로 물러났다고 해서 광복이 찾아온 것인지에 대해서도 말이다. 왜 그런 것인가 하면, 고려·조선 1천 년 동안 부패되어 대한제국에 이르러 절명의 과정을 맞이하면서 대대적인 1차 물갈이 이후 파종을 위한 절멸의 2차 밭갈이를 위해 3·8이남은 민주 해양세력 가지의 간섭이 불가피했던 것처럼, 3·8이북도 공산 대륙세력 몸통의 간섭이 불가피했다. 이렇게 뿌리가 민주와 공산으로 나뉘었는데 어떻게 광복이라 말할 수 있겠으며 자주권을 찾지 못하였는데 어떻게 자유 민주주의를 논할 수 있겠는가 말이다. 뿌리의 이념을 되찾아 자주권을 부활시키는 날이 바로 남북이 하나 되는 날이요, 대륙몸통 공산과 해양가지 민주가 균형을 이루는 그 날이 아닐까. 뿌리, 몸통, 가지로 이어지는 세상의 대통합을 위하여 뿌리의 광복은 분단으로 이어졌으며, 동족상잔 6.25의 발발은 민주·공산 이념의 모순을 드러내 보이기 위한 과정이자 대안마련의 시발점이기도 했다.

보잘 것 없어 보이는 작은 반도에 민주와 공산으로 갈리어 거대 해양세력과 대륙세력이 대치하고 있는 이유가 지정학적인 것에 있다 치고, 민족의 분열이 과연 유형무형의 자원이 빈약하여 벌어지는 일인가를 생각해 보자. 고조선의 역사는 둘째 치더라도 분열된 열국시대에서 하나 된 민족국가 고려를 건국에 이르기까지 1천 년, 그리고 일국시대 고려·조선에서 대한제국에 이르기까지 1천 년의 역사가 어떠하였는가를 살펴보자는 것이다.

뿌리가 놀라면 몸통이 괴로워하고 두둑은 좌불안석이라 언제까지 약소국가의 타령만 하고 있을 것인가. 물 건너 도지로 근근이 연명하다가 19세기 2차 서세동점을 계기로 세계의 물질경제를 주름잡으며 문화시민으로 거듭나 세계인의 칭송이 자자한 열도는 선천자원이 덜하면 덜했지 더하진 않았다. 뿌리의 보호막으로서 해양세력 가지의 물질문명을 동북아에서 가장 먼저 받아들인다는 이점 하나로 모방은 창조라는 슬로건을 내세워 꾸준한 변신을 꾀한 결과 오늘날 두둑에 걸맞은 문화와 경제를 이루었다. 단 하나 취하지 못한 것은 바로 뿌리의 자양분이다. 뿌리·몸통 화합의 고유성분을 섭취하지 못하여 문화생활을 영위한다고는 하지만 뿌리의 자양분이 결여된 가지의 질량일 뿐이라 여전히 뿌리는 두둑의 선망의 대상이다. 또한 양의 기운 가득한 서양의 문물이 두둑을 거쳐 뿌리로 들어오는 이유는 정화를 위한 것에 있다고 할까.

가지의 기운과 뿌리의 기운이 순환하는 두둑이 작금에 바라는 상황은 힘의 물질문명보다 한 차원 높은 화합의 정신질량이다. 하지만 2차 서세동점을 맞이하기까지 바래왔던 것은 정신보다 물질에 있었다. 메이지유신을 부르짖으며 1차 세계대전에 관여해 1차 기계식 문물을 받아드렸고, 2차 아날로그 세상을 위해 치러야 했던 2차 세계대전으로 말미암아 물질경제 대국으로 우뚝 섰다. 뿌리가 해야 할 일이 무엇일까. 유독 동북아에서 열도가 가장 먼저 서양가지의 물질문명을 받아들였던 것은 두둑의 특수성 때문인데 이는 뿌리의 정신문명 파종에 기여하기 위한 것에 있다. 음의 기운은 동북아 삼국에 운집하였고, 그중에서도 음의 원천이 반도뿌리라, 20세기 3차 서세동점 전후로 열도두둑을 거쳐 해양가지의 물질문명이 들어오는 만큼, 이후부터는 대륙몸통으로 정신질량이 뻗어나가야 한다. 육 건사 물량을 생산 후에 화합의 정신을 창출하듯, 뿌리는 두둑을 통해 가지의 문명을 받아들여야 하는 것처럼, 강점기의 기세가 몸통으로 울려 퍼질 때 가지의 문물이 두둑에 쌓이기 시작하였다.

꼭 가지의 문물이 두둑을 통해 들어와야만 하는 것일까. 몸통을 거쳐 뿌리로 얼마든지 들어올 수 있는 일이지 않는가. 순환의 원리에 입각해 볼 때 뿌리에서 추출한 자양분을 몸통을 통해 가지로 올려 보내고, 가지에 맺은 열매는 두둑을 통해 뿌리로 공급하는 순환의 이치가 적용되기 때문이다. 이후에는 저마다 직접 받아들이겠지만 기실 16세기 1차 서세동점을 맞이하여 뿌리 본연의 삶을 살아가기 위해 노력했더라면 19세기 2차 서세동점은 사의 시기 대한제국을 맞이하지 아니했을 터, 이쯤 되면 일제강점기와 동족상잔 6.25는 일어나지 않았다. 지금도 다를 바 없지만 뿌리 본연의 삶이 무엇인지 모르고 있다는 것이 가장 큰 문제다.

지금까지 설명한 바와 같이 16세기 1차 서세동점은 명말청초 임진왜란(1592~1598)과 병자호란(1636~1637)의 시기로서, 사대교린 정책을 고수해 왔던 뿌리라 본연의 삶을 알 리 없었다. 물론, 이조차 필자의 순수논리이겠지만 반도뿌리, 대륙몸통, 열도두둑으로 이어지는 동북아 삼국의 작금의 실정은, 반도뿌리를 사이에 두고 대륙몸통세력과 해양 가지세력이 펼쳐는 대립구도는, 3·3·3차원의 세 단계가 화합을 위한 합의를 이루지 못해 벌어지는 일이다. 전반적으로 방편적인 해석이라 때론 판타지물이 아닌가 싶겠지만 반도는 뿌리의 입장, 대륙은 몸통의 입장, 서양은 가지의 입장 그리고 열도는 두둑의 입장으로 고려해 볼 때 은유법이 적절하지 않나 싶고 실제의 상황도 유사하게 돌아가고 있다. 아울러 두둑이 가지의 문물을 받아들이기에 가장 적합한 지리적 입장이고 보면 자연스럽게 해양세력과 호흡하기 위해 변모하였다. 그리고 몸통은 물질과 정신의 교역의 장소로 적합한 만큼 뛰어난 상술을 보유하였고, 뿌리는 정신의 산지로서 체통과 체면과 예의를 목숨보다 중요시 하였다. 예컨대 촐싹댄다거나 지나치게 굽실거리지도 않았으며 과도한 이문을 보기 위한 상술도 뛰어나지 않다.

대륙과 해양을 아우르며 살아가야 하는 만큼 대꼬챙이 같은 선비정신이 자리하였는데 안타깝게도 사대교린에 매달린 나머지 부패의 결과를 낳았다. 이쯤 되면 해 지는 곳 가지는 물질에 쏠리고, 해가 중천에 뜬 몸통은 상술에 쏠리고, 보호막 두둑은 모방에 쏠리어 어느 사이엔가 모순 천지의 세상이 되어 버린지라 뿌리가 중심을 잡아 나가지 않으면 몸가지역(중동)의 상혼이 고스란히 동북아로 전이될지도 모를 일이다. 만약 이리되는 날이면 세계는 구석구석 피로 물들 것이고, 혼돈의 끝은 보이지 않을 것이라 누구의 잘못인가를 생각해 볼 일이다. 열도가 두둑 특유의 행위를 되살려 선진물질문명을 구가할 즈음 뿌리는 폐허가 되어 이산의 아픔을 안고 3·8이북 공산체제는 대륙몸통 중국과 가외몸통 소련의 지원으로 재건에 몰두하였으며, 3·8이남 민주체제는 곁해양 가지세력 미국의 지원으로 복구에 박차를 가하였다.

그런데 왜 가지민주·몸통공산 이념의 놀이에 동족상잔으로 폐허가 되고 또 그들의 원조를 받아야만 했던 것일까. 주체를 잃어버려 쫄딱 망했으니 때리고 어르는 것을 어찌 알 수 있겠으며 그저 구제품에도 감사함을 표현해야 했던 재건의 시절로 말미암아 가지와 몸통이 들썩일 때마다 비굴하게시리 약소국 코스프레 놀음에 코찔찔이 어린애가 되곤 해야 한다.

1차 물갈이도 그렇고 2차 밭갈이도 그렇고 민족의 혼을 잃어버린 민족에겐 여전히 외세의 간섭과 참견에 놀아나는 비참함만 있을 뿐이다. 오늘날 물질경제와 국민소득이 오른 덕택에 식지 않는 교육열만큼이나 나름의 정의를 외쳐 보지만 대륙과 해양의 눈치를 벗어나지 못한다면 무슨 소용이 있을까. 내부에서의 폄하와 편견은 여전할 텐데 게다가 교육은 배고픈 서민들의 몸부림으로 전락한 듯싶으니 엘리트층이 바로 서지 않는 한 풍요 속의 빈곤은 괴리감을 더하고, 대륙과 해양의 힘겨루기에 등골만 터진다. 돈은 돈대로 쓰고 대우는 받지 못하고 우스꽝스러운 외교전략은 공산이념이나 민주이념이나 득이 되지 못하여 벌어지는 상황이다. 몸가지역의 전쟁과 맞물린 동북아의 긴장은 물질문명으로 해결될 일이 아니라는 것을 증명하는 바와 같아, 만약 남북통일을 물질로 이룬다면 주변의 강대국이 가만있지 않을 것이다. 왜 광복 후에 민주와 공산으로 남북이 나뉘었는지를 생각해 보자. 뿌리 고유의 이념을 저버리고 살아왔기 때문이 아닌가.

되찾는다는 것은 뿌리의 화합을 위한 일이자 몸통과 가지의 화합을 위한 일로서 자원은 보이지 않는 음의 기운 지혜에 묻어 두었다. 따라서 힘과 지식을 발판으로 물질문명을 이루어 살아가는 해양과 대륙을 당해 낼 재간이 있을까. 대륙몸통의 자원은 압록강·두만강을 경계로 들어왔으며, 해양가지의 자원은 열도두둑을 거쳐 뿌리로 들어왔다. 물론, 광복기에 지주와 지식인과 신앙인들이 3·8이남 민주진영으로 대거 내려온 이유도 사유재산을 인정하는 민주주의 자유경제 때문이고, 서민층이 3·8이북 공산주의를 대거 선택한 것도 지주들의 횡포와 사유재산 재도가 없기 때문이다. 1980년대 중반에 들어서야 힘겹게 물질경제를 3·8이남이 추월을 시작하여, 20세기 3차 서세동점(서울올림픽)에 이르러서는 월등히 앞서가는 시점으로 3·8이남은 정신문화 창조에 박차를 가해야 했었다. 양의 기운이 차오르는 업그레이드 시대는 하늘은 스스로 돕는 자를 돕는 시대이자 음양화합의 시대이고 인연맞이 시대로서 이로워서 맞이하는 자는 운용주체 갑(甲)이요, 아쉬워서 찾아가는 활동주체 을(乙)을 위해 살아가야 하는 시대, 그러니까 넘쳐나는 양의 물질만큼이나 음의 정신을 필요로 하는 시대라는 것이다.

따라서 이로운 운용주체는 음의 기운에 걸맞은 삶을 살아가야 하는 것이고, 아쉬운 활동주체도 양의 기운에 걸맞게 살아가야 하는 것이나, 문제는 운용주체 음의 기운 여성이 활동주체 양의 기운 남성의 행위를 해대면서 발생하였다는 데 있다. 이 시기부터 활동주체 남성들이 하나둘 사달이 나는가 싶더니 1997년 IMF를 맞이하여 급속도로 가정이 파괴되었다.

☪ 혹독한 대가

북의 남침으로 시작된 동족상잔 6.25는 팔도 구석구석 피로 물들이면서 엄청난 인적, 물적, 정신적 피해를 봤고, 일천만이 넘는 이산가족이 발생하였다. 그리고 잊지 말아야 할 것은 이역만리 전투에 참전한 유엔 16개 국가와 40여 개의 나라들이 아낌없이 물자를 지원한 데 있다. 참전국 어느 하나 거룩한 죽음에 감사를 표명하지 않겠는가마는 특히 추위와도 싸워야 했던 아프리카대륙 북동부 위치한 에티오피아에 무한 감사를 표하는 바이다. 분명 자유를 소원한 나머지 자유 민주주의를 위해 공산주의와 싸워야 했겠지만 정녕 민주이념이 무엇이고 공산이념이 무엇인지 알고나 싸웠을까. 게다가 뿌리민족의 인명손실만큼이나 해양민주 세력과 대륙공산 세력의 인명손실도 컸다는 점이다. 뿌리가 살아야 몸통도 살고 가지도 사는 법이라 인류역사상 세계 60여 개 국가의 원조를 받으며 치른 민족전쟁이 또 있을까. 그것도 그제야 깨어나기 위해 몸부림치는 조그마한 반도국인데 말이다. 그러고 보면 일제강점기에서 비롯된 동족상잔 6.25는 뿌리의 전쟁이 아니라 가지이념과 몸통이념의 전쟁이었다. 그뿐만 아니라 물갈이 강점기는 서양가지에 뿌리의 존재를 알리는 기간이었다면 동족상잔은 뿌리의 가치를 세계만방에 고하는 방편으로 치렀다.

민족의 가치를 암흑기에 알려야 하는 고통이야 잘못 살아온 대가이겠지만 전후세대 베이비부머는 새 역사 창조를 위한 뿌리의 미래이자 몸통과 가지의 희망이다.

베이비부머 아날로그 2세대를 폐허 속에서 키우고 가르칠 세대가 바로 강점기에 태어난 기계식 1세대다. 그러니까 기계식 세대의 소임은 물질경제를 개척하는 일이고, 아날로그 2세대의 사명은 정신문명을 창출하여 한류열풍의 중심세대 에코부머 3세대에게 물려줘야 하는 사명을 부여받고 태어난 세대다. 한편 가지독일이 2차 세계대전에서 패한 후 라인 강의 기적을 이루었다면 뿌리도 그 못지않게 한강의 기적을 일구었다. 하지만 서양가지의 사명은 선천적 물질문명을 개척하는 데 있다면 뿌리의 소임은 선천의 물질에 후천의 정신을 업그레이드시켜 나가는 데 있으므로 가지독일과는 삶의 차원이 본질적으로 다르다는 점이다. 즉, 선천의 물질문명을 이루고 정신문명을 기다리며 살아가는 민족과 물질문명을 토대로 후천의 정신문명을 창출해야 하는 민족과 삶의 차원이 같을 수 없다는 것이다.

때문에 1안의 문명을 이루고 살아가는 가지는 2안의 질량 정신을 공급받지 못하면 균열이 발생하여 뿌리·몸통·가지로 이어지는 정세는 심각한 무질서의 세계 혼돈으로 빠져들게 된다.

말하자면 운용주체 뿌리에서 활동주체 가지의 삶을 추구한다면 극심한 쏠림을 유발시켜 인류는 급 냉전시대를 맞이하게 되므로 뿌리가 뿌리다운 삶을 살아갈 때 몸통도 몸통다운 삶을 살아가고 가지도 가지다운 삶을 살아가게 된다는 것이다.

하지만 지금까지도 흑백논리, 흑색선전이 여전한 것을 보아하니 고귀한 뿌리의 가치를 그만큼 상실하였기 때문에 일어나는 현상이 아닐까 싶다. 상실은 다하지 못할 때 나타나는 증상이고, 다하지 못함은 곧 치우침이요, 치우침은 타락을 뜻함이라 자기 색을 잃어버린 중도보다 자기 색을 드러내야 할 보수나 진보, 모두 편향되어 의수족에 의지하는 형국이어서 만인의 법치(法治)보다는 군림의 정치(政治)에 혈안일 수밖에 없다. 입장이 곤란해 질 때면 노련한 이해자인 마냥 양시론(兩是論)자가 되기도 하고, 여의치 못하다 싶으면 언제 그랬냐는 듯이 한순간에 양비론(兩非論)자로 돌변한다. 어디에선가는 자강론(自强論)을 운운하지만 타락을 면치 못하는 판국에 방안이나 마련하고 하는 소리인지 모르겠다. 물론, 그만한 이념과 철학과 소신을 가지고 하는 행동이라면 모르겠으나 치우쳐 분별이 어리석어진 자들이 태반이라 상호 중심을 잡아 나가는 질량을 바로 알 리가 없어 하는 소리다.

그래서 그런가, 인간이 인간을 다스려보겠다는 인치(人治)가 횡행하는 것을 보아하니 나 하기 나름에 달리 나타나는 덕치(德治)를 어이 알고 행하겠는가 이 말이다. 내 뜻과 같이하려 든다면 동지라 할 것이요, 달리하려 든다면 적폐라고 할 것인데 이처럼 뿌리 고유의 이념을 잃어버린 순간부터 양분법적 사고방식이 자리하여 하나 되지 못하였다. 그런데 너와 나의 생각이 달리한 순간부터 이원화는 상호발전의 행태로 진화하여 내외를 두루 다스리기 위해 무치(武治)와 문치(文治)가 자리하기에 이르렀다. 이후부터는 하나 되어 나가야 하므로 적합한 대안을 마련했느냐는 것이다. 붕당체제로 말미암아 일제강점기와 동족상잔 6.25를 치러야 했건만 이후에라도 화합의 질량으로 승화하였다면 몸통과 가지의 중심에 섰을 것이다. 왜 60여 개 국가가 지원국이 되었겠는가. 그것도 공산주의 대륙세력보다 민주주의 해양세력에서 말이다.

몸통과 가지는 본래 둘이 아닌 하나로 그 중심에 뿌리가 있으므로 법이란 만민의 평등을 위해 이로워야 하는 데 있다. 아울러 이롭다는 이(利)는 바르다는 정(正)을 뜻하고, 바르다는 정(正)은 덕(德)된 삶의 차원을 대변한다. 이를테면 수직체제를 수평구도로 잡아 나가는 선순환의 원리를 가리키는 말로서 만약 최고 윗선에서 최소의 미동이 일더라도 중산층 너머의 서민층의 흔들림은 극에 달할 수도 있고 반면 불신의 씨앗은 서민층에서 지펴져 중산층을 통해 최고위층에 다다르면 걷잡을 수 없이 번진 상태다.

최고위층 뿌리에 가지·몸통 중산층의 이념이 난립하다 보니 돈은 돈대로 쓰고, 눈치는 눈치대로 보고, 망신은 망신대로 당하는 것은 정신이라는 이로움의 자원을 잃어버려서 받는 표적이다. 혹자는 약소국의 설움이라 말하는데 과연 뿌리가 약소국일까. 치우쳐 받는 서러움으로 물질 넘어 정신세계 사명을 위해 살아간다면 자괴감은 크지 않다. 운용주체 본연의 삶을 잃어버리고 활동주체로 살아가다 받는 서러움이라는 것이다.

만지고, 느끼고, 보이지 않는 뿌리의 본질 그 거룩함을 알기에 하나 되기를 갈망하는 가지와 몸통 국가에서 동족상잔 6.25를 방편으로 찾아왔다. 존재 가치를 알리는 대가로 남북한을 합쳐 520만 명의 인명을 손실했으며, 15만 명의 유엔군에, 90만 명에 이르는 중국군의 인적 손실을 봤다. 그 와중에 29만 명 정도가 월북하고, 65만 명 정도가 월남한 것으로 추정하고 있다. 무엇을 의미하는 것일까. 그리고 꼭 피를 부르며 알려야 했던 것일까. 영약(靈藥)과 명약(名藥) 모두 붕당정치로 잃고 말았으니 혹독한 대가를 치러야 했던 것이므로 두둑강점기에 관료와 양반과 수구세력은 대한독립을 외치며 죽어 갔다. 동족상잔 6.25로 3·8이북은 공산주의가 무엇인지도 모르고 민주주의와 싸우다 죽어 가야 했으며, 3·8이남은 민주주의가 무엇인지도 모르고 공산주의와 싸우다 죽어 갔다. 1차 절명기 물갈이와 2차 절멸기 밭갈이로 표현한 이유가 여기에 있다. 기실 뿌리의 이념과 가치를 저버린 원흉들이 최상위 권력층과 양반들 그리고 지식인들과 지주 등의 운용주체가 아니었겠는가. 냉정하기보다 냉철한 분별력으로 미래를 내다봐야 할 때이므로 몸통의 겁박과 두둑의 겁탈에 시달려야 했던 이유를 한번쯤 생각해 보자는 것이다. 이념의 가치를 저버리면 권력의 남용을 초래하고, 허욕의 물질은 탐욕의 가십거리일 뿐 이를 털어 내지 않고서는 새로운 이념과 신앙을 받아들이기는 어렵다. 설사 받아들였다고 하더라도 붕당에 놀아나 왜곡되기 십상이고, 그렇지 않아도 지금까지 몸통·가지의 이념과 신앙에 춤추는 판국이라 이대로 간다면 완전 고착화는 물론, 어쩌면 두둑강점기보다 더 비참한 완전 종속의 설움을 겪어야 할지도 모른다.

한편, 가지신앙과 이념이 구호물품과 묻어오면서 몸통·가지의 성분을 뿌리의 혼으로 승화시킬 베이비부머가 태어나기 시작했다. 어느덧 아날로그 시대를 발판으로 디지털 시대를 열어 갈 에코부머 3세대를 잉태하기에 이르는데 그 시기가 바로 20세기 제3차 서세동점 업그레이드 시대로서 전 세계인의 관심과 보호 속에 물질문명의 신기원을 이루었을 때다. 해야 할 일이 무엇일까. 분명 서양가지는 물질문명이 앞서갈 것이고 참전했던 모든 국가를 물질로만 보답해야 하는 것일까. 해 지는 서쪽 땅 끝에 위치한 아프리카는 나무 가지의 맨 끝으로 인간이 살아가기에는 매우 척박하다. 뿌리에서 물질의 신기원을 이룬 만큼 교박한 땅에서 살아가는 아프리카의 나라는 물질적인 도움이 간절하겠지만 물질문명을 이룬 서양가지의 상황은 다르다. 무엇과 무엇이 필요한 것일까. 1안의 물질을 필요로 하는 가지 끄트머리의 삶과 2안의 정신을 필요로 하는 가지의 선진문명과 하나 되어 살아갈 듯싶지만 양의 기운끼리 결속은 상충의 기운이 돌아 균열은 시간이 문제다. 이보다 먼저 가지와 몸통은 하나 되어야 하는데 가능할까. 가지의 민주도 양의 기운이요 몸통의 공산도 양의 기운인지라 인류 화합을 위해 민주·공산 대연정이 불가피하지만 결속을 다지는 뿌리의 기운 없이는 불가능하다.

☾ 통합의 철학

물질문명의 선진화를 이룬 서양가지에게 필요한 것은 화합의 에너지 정신질량으로 상호상생을 밝혀 나갈 뿌리에 가지신앙과 이념이 배어 있는 물질을 공급한 이유에서 그 예를 찾아볼 수 있다. 또한 몸통과 가지의 불협화음은 뿌리의 사명을 재촉하는 일로써 어느 사인가 이념과 철학은 물론 신앙의 천국이 되어 있어 하는 소리다. 그런데다가 3대 부자세습으로 이어진 3·8이북의 공산체제는 세계 모든 국가에게 철저하게 배척당하다시피 하는 것은 민주체제 3·8이남을 독려하기 위한 것에 있다고 할 수 있다. 무엇보다 남북한 쌍방의 균형이 무너지기 시작한 때가 업그레이드 시대 전후로서 해양가지세력과 대륙 몸통세력 구석구석에서 뿌리에 관심을 보이는 때도 이 시기였다. 그리고 마침내 3·8이남에서 양의 기운이 빼곡히 들어찬 서양가지의 사상과 철학에 빠지는가 싶더니 민주이념을 합리화시키려는 듯 아무런 의심 없이 독선주의 신앙을 배양하기에 이르렀다. 수천 년 동안 몸통의 이념과 신앙으로 부패되어 힘겹게 물 갈고 밭 간 후에 받아들인 가지의 신앙과 이념은 뿌리 고유이념을 찾기 위한 방편으로 자리해야 했지만 되레 빠지고 말았으니 헛바람만 가득 찬 삶을 살아가고 있다는 사실을 알까. 토템과 샤머니즘을 배척했다고는 하지만 어려워질 때마다 어려워진 원인과 이유는 고사하고 기도에 매달리는 모양새가 맘모니즘(mammonism)을 양산하는 꼴이라 모양을 달리한 배금주의가 자리하고 있다. 참으로 희한한 모순이 자리하고 있다는 사실을 알고 있을까. 몸통의 샤먼을 털어내니 가지의 맘몬이, 가지의 맘몬을 청산하면 몸통의 샤먼이 자리한다는 사실에 대해서 말이다.

그러고 보면 몸통의 샤먼과 가지의 맘몬의 장단점을 알고 있는 곳이 뿌리다. 그만큼 뿌리주변에는 물질 강대국이 자리하고 있는 이유라고 할까. 쌍방 간의 장단점을 발취하여 혼화하는 일이야말로 몸통·가지의 중심을 잡아 나가는 일이므로 강대국의 간섭이 끊이지 않는 이유를 바로 알아야 한다. 예를 들어 선천의 개념은 만나서 사랑을 하는 데까지라고 한다면 후천의 개념은 둘이 행복하게 살아가는 일이다. 그리하여 가지는 사랑을 가르치고 뿌리는 행복을 가르쳐야 하는데 사랑과 행복의 차원을 논하는 선천의 철학도 다를 바 없다. 후천의 사관은 사랑하여 행복하게 살아가는 대안을 마련하는 일이다. 이보다 더 큰 문제는 신앙이 기복에 빠져 가르침의 종교차원에 한 뜸도 다가서지 못하고 있다는 것이다. 바르다는 정(正)에 반드시 이롭다는 이(利)의 행위가 뒤따라야 하듯, 치우쳤다 말하는 사(邪)의 행위는 치우친 만큼 이롭지 못해 해(害)하다는 뜻으로서 이처럼 어려움은 선순환의 표적으로 치우쳤을 때 찾아든다. 아쉬워서 찾아온 너에게 덕(德)이 되었다면 내게도 득(得)이 될 것이라, 언제나 어려움은 행위가 이롭지 않을 때 받게 되는 표적의 일환으로 반쪽반생이나 상극상충에 대한 반성이 따르지 않으면 지위고하를 막론하고 성장은 거기에서 멈춘다.

어려워지는 실상이 이러한데도 불구하고 자기성찰 없이 기복으로 소원한 바를 이룰 수 있다고 생각해 보자. 하나 되고자 노력이나 할까. 내 욕심으로 사랑하는 만큼 행복도 욕심대로 부리려 할 터이고, 합의를 한다 한들 욕심의 소산물이라 정의가 통할 리 만무하다. 더군다나 어려움의 표적이 빌어서 풀어질 것이라면 '덕이 되고 득이 되는' 상호상생은 허망의 차원일 뿐이요, '무덕하니 무득하는' 반쪽반생과 '해하니 독이 되더라'는 상극상충의 원리는 망각의 차원이라, 나 하기 나름에 달리 나타나는 작용반작용의 법칙 상대성원리는 정의사회 구현을 위한 근본원리인 바, 대자연이 가한 표적이 기복으로 해결이 가능하다면 오히려 원칙과 상식이 통한다는 자체가 모순이다. 덕을 잃으면 힘으로 권좌에 올라 권력유지를 위해 재물부터 취하려 들 터이고, 기도로서 표적을 헤쳐 나가는데 어찌 사람답게 살아가는 세상이 가당키나 하겠는가 말이다.

물론, 철학적 사관으로 나름의 해법을 찾아 나서겠지만 문제는 대다수의 사상가나 철학가들이 신앙을 가지고 논리를 편다는 점이다. 더 나은 삶을 추구할 수 있다면 모를까. 신앙에 의지하는 철학이 과연 통합의 철학이 될 수 있을지가 의문이다. '무엇이 걱정인가 기도하면 그만인데'라는 식의 가르침이 난무하면 범민의 태반이 골치 아픈 소통행위를 우선하기보다 손쉬운 신앙에 매달릴 수밖에 없다. 장님 문고리 잡았다고 할까. 소가 뒷걸음치다 간혹 개구리를 잡듯 간간히 소원하는 일을 이룰지 몰라도 기복인데 얼마나 갈까. 불통의 원인을 찾아내지 못하면 유사한 어려움으로 끊임없이 고통받다 끝내 실패하기에 이른다. 받아 온 선천의 질량을 찾을 때 받는 표적이 좌절이고, 찾고 나서 받는 표적을 실패라고 했다. 무엇이 다른 것일까. 누구나가 받아 온 선천의 질량은 노력하면 얼마든지 오를 수 있는 자리지만 후천의 질량은 내가 만들어 나가는 화합의 차원이라 확연히 다르다는 점이다.

나를 위한 행위 너머가 너를 위한 행의 차원인데 기도로 대처 가능하다면 무엇이 문제이겠느냐만 미천한 응급조치보다 못한 행위인지라 매달리면 매달릴수록 어려움만 가중된다는 사실이다. 왜 그런 것인가. 선천질량은 나의 삶을 위한 기본금이요, 후천질량은 너와 나를 위한 자본금이기 때문이다. 양이 음을 찾듯 아쉬움이 이로움은 찾으며, 사랑이 행복을 찾듯이 성공은 출세를 위해 한다는 사실을 그래서 아는 이가 없는 모양이다.

사랑하다가 행복하지 못하면 다시 생각해봐야 하는 것처럼 후천의 행위까지도 기도로 이룰 수 있는 일이라면 실패의 차원은 없어야 하지 않은가.

혹여 믿음이 부족해서 벌어진 일이라고 말하면 정말 곤란하다. 그리고 정작 그렇게 말하는 이들이 있다면 되묻고 싶다. '누가 이 꼴로 만들어 놨는가.'에 대해서 말이다.

정치인들에게 책임을 돌린다면 그들이 의지하는 곳도 결국 신앙이지 아니한가. '누구의 책임이냐는 것이다.' 때문에 선천의 기도는 서원을 위한 예배라고 한다면 후천의 기도는 행복을 위해 사랑하는 그 자체라고 해야 하지 않을까. 게다가 선천의 신앙이 후천의 종교로 승화하지 못하는 이유도 바른 것과 다른 것 그리고 그른 것에 대한 분별을 세우지 못하는 데에 있다. 착하게 살아야 복을 받는다는 소리가 여전한 것을 보아하니 작용반작용의 법칙 상대성 원리로 너와 나의 모순이 드러나는 인간세상에서 선과 악, 죄와 벌, 천당과 지옥에 대한 교리를 깨부수지 못하면 요행을 바라는 기복행위가 소멸되기는커녕 영원할 것 같은 기세다.

하나 되어 나가는 인생방정식은 선천적 신앙과 이념을 넘어선 후천적 삶의 양식을 밝히기 위한 것에 있다. 나를 위해 살아온 어린 시절은 너를 위해 살아가야 하는 성인 시절을 위한 것에 있듯, 분별보다 본능을 앞세우는 어린 시절의 행위야 반쪽반생의 착한 짓이 전부일 수밖에 없을 터 분별을 바로 세워 살아가야 하는 성인 시절에 이르러 비로소 상호상생의 바른 행위를 알기 위해 귀를 기울인다. 삶의 공학이라 할까.

치우쳤다 말하는 사(邪)는 상충의 타락을 뜻하고, 바르다고 말하는 정(正)의 기준은 쌍방이 이롭다는 이(利)의 행위를 가리킨다. 자연의 섭리나, 생활의 이치나, 인간의 도리나 모두 주고받는 선순환 행위를 뜻하는 바라, 특히 가르침이 일방적이거나 한쪽으로 치우쳐서 안 될 곳이 바로 신앙 단체와 교육기관이다. 정치야 보수와 진보 그리고 우파, 좌파의 색깔론을 드러낸 정당에서 조국과 민족을 위해 노력해야 하는 곳이므로 분명한 자기 색이 필요하겠지만 교육의 중심은 정의로움이라 그 어느 쪽으로도 치우쳐서는 결코 이로울 수 없기 때문이다. 신앙은 정치와 경제 보수, 진보, 중도 할 것 없이 누구나가 의지하는 곳이므로 가르침이 치우치고 행위가 치우치면 만백성은 어찌 되겠는가. 물론, 철학도 치우쳐서는 안 되겠지만 자기주장 일색이라 여간해서는 옳고 그름을 분별하기 어렵다. 대자연의 섭리에 다가서지 못하면 진리를 추구하는 논리일 따름이다. 모든 이들에게 이로움이 된다면 모를까. 그렇지 않다면 결국 등을 돌려 신앙에 머리를 조아리게 되므로 상호상생을 이루지 못하면 내 욕심의 산물이다. 민주와 공산도 하나 되어 살아가기 위한 선천적 이념에 불과하다. 그리고 전 세계 234개 국 중에서 유일하게 동서는 지역갈등, 남북은 이념대립의 분단국가로 자리하고 있다. 어마어마한 사방팔방, 사통팔달을 위한 묘약, 바로 후천의 정신질량을 머금고 있어 발생하는 일이라는 것이다.

☾ 민족분열의 근본을 모르면 민족화합의 본질을 놓친다

3·8이북은 3대 부자세습을 어렵사리 구축한데다가 독단적인 핵무장 행보에 전 세계가 상당한 우려를 표명하고 있는 가운데, 체제 강화를 위해 직계혈통의 숙청마저 서슴지 않고 있다. 1948년 민주·공산으로 분리되어 2018년에 이르면 이국시대 70주년이 되므로 통일을 대비해야 할 때가 다가오지 않았나 싶다. 이미 민주·공산 양극화 현상은 업그레이드 시대부터 일렁이다가 1990년대 말부터 3·8이북은 체제붕괴의 일로에 섰지만 3·8이남이 소임을 저버리는 바람에 고통만 가중되고 있다. 고난의 행군 시대를 넘어 굶주림을 면하고자 3만 여명이 넘는 탈북민이 살아가고 있다. 서양 가지라면 모를까 뿌리에서의 물질경제는 방편에 불과할 뿐인데 정신질량을 마련하지 않고서는 흡수통일은 곤란하다. 민족분열의 근본을 모르면 민족화합의 본질을 놓친다. 왜 하나에서 둘로 나뉘어야 했을까. 일제강점기와 동족상잔 6.25가 뜻하는 바가 있을 텐데 다들 열도 두둑을 탓하고 3·8이남은 3·8이북을, 3·8이북은 3·8이남을 탓한다. 뿌리의 화합이 가능할까. 뿌리·몸통·두둑으로 이어지는 동북아 삼국의 화합이 가능하냐는 것이다.

정신문명을 남의 나라일 마냥 방관하고 물질문명에 빠져 사분오열되었다는 사실을 망각해서는 안 된다. 뿌리민족의 사명은 힘의 물질에 지혜의 정신을 부합하여 화합의 질량을 마련하는 일로서 이쯤 되면 동서는 물론 남북도 하나 될 것이라 자연스럽게 대륙몸통 공산세력과 해양가지 민주세력과도 하나가 된다. 만약 뿌리에서 정신을 배제한 물질로만 통일을 이루었다면 양양이 상충하는 꼴이라 대륙 몸통세력과 해양 가지세력의 간섭으로 재차 이원화체제로 분리되어 민족의 대통합은 아주 먼 훗날의 일이 된다. 뿌리가 하나로 결속하여 이득을 취하는 만큼 몸통과 가지도 그에 따른 이로움이 있어야 하는 것이므로 결국 뿌리의 화합은 뿌리만을 위한 것이 아니라 몸통과 가지를 위한 것에 있어야 한다는 것이다. 고이면 부패하고 머물면 멈추는 바라 사분오열은 사통팔달을 위한 것에 있다. 그리고 사통팔달은 화합과 행복의 추구를 위해 네가 아닌 내가 직접 만들어 나가는 후천적 차원이므로, 이념의 본바탕 신앙이 기복을 넘어선 종교의 법에 다다를 때 가능하다.

한편, 1954년 남·북으로 이념이 분할된 동남아의 몸통 베트남은 1975년 4월 2일 피 흘리는 전쟁으로 통일을 이루었고, 1949년 동·서로 이념을 달리한 가지독일은 1990년 10월 3일 민주 서독이 육생살이 물질경제로 공산 동독을 흡수하여 통일하였다. 1967년에 분리된 몸가세력 예멘은 1990년 5월 22일 합의통일을 이루었다고 하는데 굳이 몸통과 가지와 몸가세력의 통일을 밝히는 이유는, 모두 양의 기운 활동주체 국가로서 힘이 가미된 양의 기운만으로도 화합은 얼마든지 가능하지만 음의 기운이 배제된 만큼 외면상 화합의 고리는 체제의 결속을 바라고 있음이라 속으로 곪아 터지는 것은 여전하다는 것이다.

해양과 대륙 사이에 위치한 뿌리의 지정학적인 면도 한몫 거들겠지만 특성상 양과 양, 물질과 물질끼리의 화합반응을 일으키는 즉시 상극상충의 반응이 일어 심각한 국제적 문제로 대두된다. 본질이 음과 양, 물질과 정신의 화합반응을 일으켜야 하는 곳이라 열광은 아마 뿌리보다 몸통가지에서 더 열렬할 것 같다. 이처럼 지역 갈등과 이념의 대통합은 몸통과 가지의 우레와 같은 성원에 힘입을 때 가능하므로 내 욕심이 가미된 이기의 물질로만 포용 정책을 펼친다면 많은 문제가 발생한다. 단편적인 예로 대륙몸통의 무질서는 물질문명에서 기인하는데도 불구하고 이를 물질로 잡아 보려 한다면 되레 양양상충으로 더 큰 혼란을 야기하므로 당면 과제는 무질서를 바로 잡아 나갈 정신질량 마련에 있다. 따라서 뿌리의 사통팔달은 곧 몸통·가지의 사통팔달이라는 점을 감안하면 뿌리는 정신의 메카요, 몸통은 물질과 정신의 허브이고, 가지는 물질의 근본으로 자리하지 않을까 싶다. 유의할 점은 20세기 제3차 서세동점을 맞이할 때까지 남북한 이념의 차이가 삶의 질을 극도로 달리한 것처럼 사랑과 행복의 가치관마저도 달리 나타난다는 점이다.

특히 지도자의 가치관이 만백성에게 그대로 투영되는지라 자유민주주의 3·8이남은 1안의 물질경제를 성취했다면 2안의 가치는 확연히 달라야 한다. 뿌리의 국권을 피탈했던 열도두둑, 동족상잔의 주범 김일성과 이승만, 기실 어느 쪽에 기대여 살아가느냐에 따라 원수도 되고 영웅이 되기도 하겠지만 대한제국에서 비롯된 1차 절명의 물갈이는 2차 절멸의 밭갈이를 위한 것에 있었다. 이후 이승만은 3·8이남 엘리트층에서 꾸준히 회자되는 것을 보아하니 행위는 분명 만백성을 위한 것에 있었다고 하지만 원성은 분명 반쪽 반생일 때 일어난다는 사실이다.

아울러 조선을 사(邪)의 대한제국으로 몰아붙인 지도자들과 장사

(葬事)의 물갈이 시대의 지도자들과 절멸의 과정 광복기의 지도자들과 밭갈이 점멸 이후 생(生)의 시대 지도자들의 사고도 확실히 달라야 한다. 3·8이북의 공산주의 체제는 1대 김일성에서 2대 김정일에 이은 3대 김정은에 이르기까지 부자세습 공포정치로 나름의 주체사상을 세웠다고 떠벌리지만 부자세습 독재자의 주체로 치우쳐 혼화는 가당치 않아 어느 국가에서도 환영받지 못하고 있다. 게다가 2018년이면 3대 70년의 독재인 데다가 정제가 어려운 고인물이라 부패의 한계치에 도달했다고 할까. 언제나 아쉬운 활동주체는 이로운 운용주체를 그리워하지만 체제유지를 위한 이로움이 미흡할 때마다 대항을 불사하니 시급히 마련해야 할 것은 주고받을 수 있는 이로움의 대안이다.

그리고 하나에서 둘로 분리될 때의 원인을 살펴볼 때 세력 확장과 부패를 털어 내기 위한 두 가지로 들 수 있다. 물론 활동주체인 몸통·가지에서는 얼마든지 세력 확장을 위해 힘으로 밀어붙일 수도 있겠지만 운용주체 뿌리의 세력 확장은 완전 이식을 뜻하므로 있을 수 없고, 부패청산을 위한 분리는 얼마든지 가능하다. 이때에는 분명 청산을 위한 조건이 주어지는데 공산(共産)·민주(民主)로 분리된 상황에서 쌍방 간 이념의 장점만을 추출하여 공민주의(共民主義)와 같은 새 이념을 창출한다면 부패청산과 더불어 하나 되지 않을까 싶고, 이리된다면 남북화합은 시간만 남았다.

한편, 육을 건사해야 하는 인간은 지극히 이기적일 수밖에 없으므로 물질문명의 발전은 내 욕심의 발로 사유재산 제도에서 비롯되고, 이를 인정하지 않는다는 것은 육 건사를 위한 개인의 자유의지를 말살하는 행위와 다름없어 퇴행 일로에 선다. 따라서 사유재산을 인정하는 민주주의 개념은 만물을 생성시키기 위해 끊임없이 흐르는 물과도 같아야 하는데 유의할 점은 기득권층에서 권력유지를 위해 갈등과 분열을 조장하여 쏠림을 유발하는 것이고, 이를 보완하는 제도가 마련되지 않으면 민주체제제도 아마 공산체제 붕괴 이후에 새로운 이념에 밀려나지 않을까 싶다.

음의 기운 물은 만물을 생성시키는 운용주체다. 양의 기운 활동주체 만물이 사는 곳이라면 어느 곳이든지 스며든다. 이처럼 대자연(天)의 음의 기운 운용주체가 만물(地)의 양의 기운 활동주체에게 생기를 불어넣어 천지가 운행되는 것처럼 이로운 자가 아쉬운 자에게 생기를 불어 넣는다면 치우침이 있을 수 있을까. 있다고 한다면 타락이라 모든 생명체는 균형을 잃고 자멸한다. 인간사 아쉬워서 찾아가는 활동주체와 이로워서 맞이하는 운용주체로 나뉘어 살아가고 있기 때문에 음양차원은, 매사 힘을 우선하는 남성은 양의 기운 활동주체이고, 지혜롭게 화합을 일으키는 여성은 음의 기운 운용주체다. 또한 권력과 재물을 소유하고 있는 자들은 1안의 운용주체요, 보이지 않는 기운을 보유하여 지도자의 삶을 살아가는 자들이 2안의 운용주체다. 2안의 운용주체는 정신적인 지도자로서 아쉬워서 찾아오는 1안의 운용주체를 위해 살아가야 하는데 과연 그 거룩한 행위에 대해 알고 있을까.

아쉬운 활동주체는 이로운 운용주체가 주도하는 대로 살아갈 터, 바르게 이끌지 못하면 그에 상응한 표적을 받게 되고 또 받는 만큼 심화되는 쏠림은 끝이 없다. 2안의 정신적 운용주체 앞에선 1안의 물질적 운용주체는 활동주체일 따름이라 그만큼 최상의 운용주체일수록 책임 용량이 크기에 상충의 고통은 배가 된다. 혹자는 누리는 만큼 고통은 배가 되어 돌아오는 것이 당연한 것이 아니냐고 반문하는데 1안이든 2안이든 운용주체는 아쉬워서 찾아온 활동주체와 하나 되지 못하면 배가 되는 고통은 피할 수 없다. 왜 그런 것일까. 받아온 선천질량 때문인데 아쉬운 자에게도 그에 상응하는 고통이 따르지만 이로운 자의 고통에 비하면 조족지혈이다.

한편, 1차 물갈이에서 비롯된 이승만체제 민주주의는 2차 밭갈이를 위한 것에 있으므로 광복 후 김일성체제 공산주의와 적대적으로 분리되어야 했던 것은 상호보완을 하기 위한 것이다.

혹여 필자를 운명론자로 의심할 수도 있겠지만 일국시대 조선이 부패되지 않았다면 청산을 위해 이국시대 남북으로 이념을 달리하면서까지 분리되었을까를 생각해 보자. 또 분리는 화합을 위한 것이라 그만한 충분한 이유가 있었다는 것이다. 시간이 흘러 하나 되어야 할 때 재차 분리되었다면 그 이유가 밝혀졌음을 뜻함이라 필자의 논리는 이처럼 운명론의 모순을 옹호하는 데 있지 않다.

상호상생의 근본원리에 입각하여 자유의지에 따른 결실이 아니라면 필경 반쪽반생의 독기가 서렸을 것이므로 하나 되지 못하면 자의건 타의건 부메랑 원리라고 할까, 그에 상응하는 표적을 받게 된다는 사실이다. 아울러 운명(運命)의 운(運)이란 스스로 자신을 부려 하나 되고자 하는 노력을 뜻한다면, 명(命)은 그러한 자신을 관조하는 일이다. 설령 운명론이라 한들 삶은 주어진 선천과 나 하기 나름에 따른 후천의 조화가 이루어져야 하므로 자신의 능력을 꾸준히 배양하지 않고서는 이룰 수 있는 일은 결코 없다. 2차 밭갈이 동족상잔 이후에 꾸준히 발전하는 물질문명만큼이나 실질적인 삶을 주관하는 민주주의 체제도 행보에 발맞추어 나가야 하겠지만 지도자의 역량이 크게 반영되는 제도인 만큼 흐르는 물처럼 변화

없는 독재가 지속된다면 부패하기는 마찬가지다. 물이 생명을 주관하듯 새로운 지도자가 자리할수록 새로운 산소가 유입되는 경우와 같아 자유의지는 더욱 삶을 살찌게 한다. 실개천이 강물을 만나 호수에 이르러 지난날의 여정을 되돌아보고 큰 강에 합류하여 바다에 다다랐다면 하나 된 것이지만 공동생산 공동분배는 고여서 막힌 형국으로 자유의지 말살이랄까. 부패는 모순이자 정화의 자극제. 흐르는 물에 고인 물을 충돌시킨 역할자가 3·8이북의 공산체제요, 정화의 담당자는 3·8이남 민주체제다. 민족분단의 원인이 부패에 있었던 만큼 동족상잔으로 정화된다면 무슨 문제가 있겠느냐만 16세기 1차 서세동점 이후에 급격하게 썩기 시작한 이유가 어디에 있는가를 되돌아보자.

정권교체는 나라발전과 만백성의 안위를 위한 것에 있어 부패청산의 장단고저는 일기 마련이라 그에 걸맞은 이념을 지닌 지도자를 선출하지 못하면 군사 강국의 눈치나 마냥 보며 살아가야 한다. 뿌리의 분단은 물질문명보다 정신문명 창출을 위한 것에 있으므로 반드시 민주·공산의 장단점을 민족의 화합과 인류의 화합을 위해서라도 추려 내야 한다.

일제강점기에 조국의 독립을 위해 거룩하게 죽음을 맞이한 순국선열이 있다. 동족상잔 6.25는 민주·공산을 막론하고 자신의 입장과 처지에 맞서 싸우다 죽어 간 호국영령이 있다. 멀리 타향 월남에서 한목숨 바친 전몰장병도 있다. 그런데 당최 주적이 누구이기에 조국의 원수를 갚겠다고, 부모님의 원수를 갚겠다고 빨갱이 소리를 해대며 칼을 갈고 있는 것일까. 조국과 민족과 인류평화를 위해 초개와 같이 한목숨 바친 순국선열과 호국영령을 위한 길은 보수와 진보 그리고 어정쩡한 중도까지 하나 되어 살아가는 일이다. 이 땅에서 누구를 위해 싸웠든 모두 내 부모형제를 위해 조국과 민족을 위해 고귀하게 죽어 간 넋들이다. 중상층에서 아니, 민초들이다. 조국이 풍전등화에 놓일 때마다 민초들은 아낌없이 목숨을 바치는데도 권력유지책이라면 모를까, 정녕 하나 되고자 애쓰는 지도자의 모습을 찾아 볼 수가 없다.

뿌리에서 일어나는 모든 일들은 막아 내고 물리치는 일만이 능사가 아니라 싸우고, 충돌하고, 부딪치는 원인을 찾아내기 위해 벌어지고 있다는 사실을 알아야 한다. 또 이를 받아들였다고 치자. 누가 해야 하는 일일까. 만백성 아니면 1안의 운용주체 이도 아니라면 정녕 2안의 운용주체일 텐데 하나 되지 못해 국권을 피탈당하고, 하나 되기 위해 동족상잔을 치렀는데도 자기 셈법을 뽐내려는 지도층의 힘겨루기는 여전하다. 신앙에 귀의하여 백수가 된 듯 신도들의 피와 살로 살아가는 정신적 지도자를 자처하는 이들은 과연 무엇을 하고 있는 것일까.

겨우 1천 년 만에 하나 된 민족국가를 이루었고, 하나 되지 못할 때마다 외세의 침략으로 속국의 표적을 받으면서도 붕당정치의 진정성을 깨우치지 못해 파벌이나 일삼아 대한제국에 두둑강점기로 조국의 죽음을 지켜봐야 했다. 광복을 맞이하면서 민주와 공산으로 나뉘었고, 새날의 창조를 위해 동족상잔 6.25까지 치렀는데 과연 민주와 공산의 이념을 바르게 이해하고 해석하는 이들이 얼마나 될까. 있다고 해봐야 엘리트층이 아닐까 싶고 이해한다 해도 태반이 수박 겉핥기 정도가 아닐까라는 생각이다.

자유를 표방한 민주주의야 그렇다고 치자. 지주와 사유재산 척결을 부르짖은 공산주의 이념은 그야말로 하루하루를 근근이 연명하는 민초들에게는 가난의 설움을 당장이라도 떨쳐 낼 수 있을 것 같은 생각에 살맛 난 듯싶었지만 실상은 정통 공산이념에 벗어난 부자세습 주체사상에 세뇌 당하며 살아가고 있다. 기실 민주나 공산이나 권력의 맛을 보는 순간 그 무엇이 부러울까마는 독재로 흐를 때마다 피똥을 싸야 하는 것은 만백성인지라 지도자들이 권력놀음에 혈안이 되는 순간부터 타락이 시작된다는 사실이다.

두둑강점기에서 움트기 시작한 고인 물의 형상 공산이념은, 1948년부터 1994년 김일성이 사망하기까지 46년간의 통치는 새로운 물을 유입시킬 수 없는 독재의 기간이었다. 이승만 정권도 흐르는 물과도 같은 민주이념이어야 하지만 1948년부터 1960년 4.19 의거로 사임하기까지의 12년 재임기간은 고인 물에 가까운 행보였다. 흐르는 물도 고이면 썩듯이 진화도 머물면 퇴행하는 법이라 불통은 반드시 소통을 위해 상충을 친다. 또 흐르는 물의 변화무쌍함은 절기마다 생기를 불어넣는 것과도 같아 시기마다 새 바람을 불러일으켜야 하는 것이 민주정치라는 것이다.

8. 1988년 서울 하계올림픽

드디어 1안의 육 건사 물질경제를 이룩하고 2안의 화합의 정신
경제 창출시대의 막이 올랐다. 1897년 10월 12일 대한제국을 선포
하고 1910년 8월 29일 경술국치를 맞이하기까지 13년의 세월은 사
(死)의 시기 구한말이다. 장사(葬事)를 치르기까지 36년의 세월은 일
제강점기로서 19세기 2차 서세동점에 편승하지 못한 대가였다.
5백 년 부패한 결과이겠지만 뿌리가 두둑에게 밀려난 것은 만석지
기의 방만한 행위가 부른 대참사다. 물론, 몸통의 몰락도 뿌리의
책임으로, 돌이켜보면 조선이 점차 봉건주의 체제에 부패될 무렵
해양세력 열도두둑이 일으킨 임진왜란은 16세기 1차 서세동점을
알리기 위한 바람이었고, 대륙몸통 청나라가 일으킨 병자호란은
사대교린 정책에서 깨어나라는 표적이었다. 갈수록 붕당정치 폐해
가 심각해지자 의지할 곳은 대륙몸통뿐인 듯싶었고 자구책으로 척
양척왜(斥洋斥倭) 보국안민(輔國安民)을 부르짖었지만 자충수였다.

그리고 마침내 뿌리가 두둑에게 침식당한 치욕의 세월 36년이 역사 속에 자리한다. 뜻한 바가 있을 텐데 무엇일까.

핑계 없는 무덤 없듯이 처녀가 애를 낳아도 할 말이 있다 하지 않았겠나. 일어나는 모든 일에는 그만한 이유가 있고 벌어지는 일련의 상황은 그에 따른 결과를 낳는 것처럼 두둑강점기를 통해 잘못 살아온 지난날을 되돌아보지 못하면 동족상잔 6.25의 의미를 알 수 없다. 수확은 노력 여하에 달리 나타나는 결과물이라는 사실을 모를 리는 없고, 저마다 노력을 게을리 하지 않았지만 천재(天災)와 인재(人災)를 우연이라고 치부해야 할까. 지도층의 바른 행보 없이 서민의 피 땀 흘린 노력만으로 소기의 목적을 이룰 수 있는지 생각해 볼 일이다.

설령 이루었다 해도 그 다음 행보가 문제인데 육신의 땀방울로 물질성장을 위해 노력해야 하는 이가 있는가 하면, 정신의 땀방울로 지적성장을 위해 노력해야 하는 이가 있고, 물질과 정신의 소통을 위해 노력해야 하는 이가 있다. 이를 관조한다면 무엇이 문제이겠는가마는 화합의 성장을 위해 노력해야 하는 이들이 육신 안위를 위한 물질성장에 매달리다가 민초들만 허망하게 낭패를 보는데, 이는 지도자 본연의 삶을 잃어버렸기에 벌어지는 일이다.

정신활동 운용주체 민족임을 자각하지 못하면, 1948년 8월 15일 3·8이남에서 대한민국 정부를 수립하자 같은 해 9월 9일 3·8이북에서 조선민주주의인민공화국을 수립한 의미를 알 수 없다. 일국시대에서 민주와 공산으로 분단되어 이국시대를 열어 간다는 것은 뿌리에서 민주해양 가지세력과 공산대륙 몸통세력의 충돌을 예견하는 바와 다름없고, 한편으로 뿌리의 조율 없이는 몸통과 가지의 화합은 어렵다는 사실을 증명하기 위한 것에 있었다. 1953년 7월 27

일 휴전은 그야말로 대륙세력과 해양세력의 중심에 서기 위한 축 포로서 2안의 정신문화 창출을 위한 1안의 물질경제 개척시대의 서막을 알리기에 충분했다.

20세기 3차 서세동점은 컴퓨터가 보편화될 즈음으로 1988년 하 계 서울올림픽이 개최될 무렵이자, 양의 기운이 차오른 서양가지 의 물질문명이 대거 음의 기운을 충전하기 위해 두둑을 거쳐 부산 을 통해 서울로 들어왔으며 업그레이드 시대는 직접 들어오는 시 대이자 베이비부머를 위한 시대이기도 하다. 아울러 가지 양의 물 질과 뿌리 음의 정신이 화합을 일으켜야 하는 시기로서 1안의 인 프라 육 건사를 위한 물질문명이 기초를 이룬 시점을 말한다.

서서히 인터넷이 산간벽지까지 보급되어 업그레이드와 업데이 트라는 단어가 자연스레 친숙해지면서 남녀노소 할 것 없이 작금 엔 노트북과 스마트폰은 일상의 용품이 된 듯싶고 어느 사인가 태 블릿 PC는 젊은이들의 필수품이 되었다. 모두 소통과 화합을 위한 IT기기인데도 불구하고 어찌된 노릇인가 혼술·혼밥의 열풍이 거세 지는 것을 보아하니 나 홀로 문화가 대세다. 참으로 아이러니하다. 역시 내 앞의 인연과 하나 되지 못하면 소통의 본질은 잊고 방편에 매달리는 행위는 예나 지금이나 다름이 없다.

외면의 기술 정보통신 산업의 발전과 함께 정보 혁명을 주도하 는 기술이 IT라고는 하지만 화합을 위한 내면의 정신질량이 배제 된 상태라 물질 앞에 대립과 반목은 여전하다. 문화융성의 대표주 자로 추켜세우는 콘텐츠마저도 내면의 대안이 마련되지 않은 가운 데 현실 불가능한 시뮬레이션 이론의 허구로 채워 나가려다 보니 심각한 모순의 아이템만 즐비한 실정이다. 바른 것과 다른 것과 그른 것, 즉 바르다는 정(正)과 착하다는 선(善) 그리고 치우쳤다는 사(邪)의 분별을 곧추세우지 않으면 걷잡을 수 없는 사이버 전쟁으로 말미암아 믿음과 신의가 바닥을 치는 허망의 시대에서 살지도 모른다.

음의 기운을 갈망하는 시대이듯 정의를 갈망하는 시대는 물질과 정신이 부합될 때마다 세상은 유리알처럼 투명해지므로 내 앞의 인연과 하나 되지 못하면 그만큼 어려움을 면치 못하는 시대이기도 하다. 이로워서 맞이하는 갑은 운용주체요, 아쉬워서 찾아가는 을은 활동주체로서 이로운 자가 아쉬워 내민 손을 잡고 나가지 못하면 그 누구도 예외 없이 파탄을 맞는다. 만민이 정의를 구현하고자 인터넷과 스마트폰으로 전 세계인들이 구석구석을 뒤지고 다니는데 정(正)의 이로움과 선(善)의 아쉬움과 사(邪)의 해로움에 대한 분별을 일깨우는 정도정법을 하루속히 마련해야 한다. 가능한 일일까. 치우쳐 하나 되지 못하는 행위에 대한 분별이 가능하다면 방도는 얼마든지 마련할 수 있다. 그런데 바르다는 정의를 추구하는 사의 과정이라 할까. 물질의 방편에 빠져 사는 바람에 착해서 다르다고 말하는 선(善)의 행위야 그렇다고 치자. 치우친 사(邪)의 행위가 바르다는 정(正)의 행위로 둔갑하였다. 이쯤에서 어려워지고, 힘들어지고, 멀어지는 원인에 대해 생각해 보자.

꾸준히 문화콘텐츠 산업과 인재육성을 위해 노력은 하고 있지만 결실보다는 붐을 일으키는 행위뿐이라 심화되어 가는 쏠림을 어찌하지 못한다. 가리키는 달은 보지 못하고 손가락 끝만 쳐다본다는 견월망지(見月望指), 그야말로 방편에 빠지지 말라는 가르침인데도 불구하고 외적 창조경제와 맞물린 콘텐츠 산업은 행의 차원 내적 대안도 없이 시작하기만 하면 정신문화를 일으킬 것이라고 착각하고 있는 듯하다. 결혼을 하기만 하면 행복이 찾아들 것으로 믿고 있듯이 말이다. IT와 콘텐츠는 분명 문화혁명을 일으키기에는 충분한 대발명이지만 1안의 물질문화에 국한된 사항으로 하나 되기 위한 2안의 정신질량이 실리지 않으면 사이보그와 알파고가 대세라 하더라도 음양은 불변이라, 난데없는 돌연변이 사상의 득세로 인간사회의 커다란 혼란을 빚어 아날로그 시대의 낭만을 찾아 헤매다가 죽어 갈지도 모른다.

뇌가 일으키는 생각은 본능적으로 나를 우선하므로 지식이 발명한 물질 앞에서 특히 인간은 이기적이라 더욱더 이기의 행위를 취하기 마련이다. 본능성장이라고 해야 할까. 육신과 뇌와 성장이 비례하는 어린 시절은 너를 위해 살아가고 싶어도 살아갈 수 없는 본능의 어린 시절이다. 물론, 착한 짓만으로는 상호상생을 일으키지 못하기 때문에 반쪽반생을 일으키는 착한 짓이야 하겠지만 성인시절은 상호상생을 위한 절대분별로 살아가야 하므로 생각차원도 이기의 본능을 넘어 마음차원 이타의 분별에 가까워지려는 시기다. 그렇다고 너를 위한 삶의 차원에 다가설 수 있는 것일까. 뇌가 성장하고 육신이 성장하였다고 바른 것과 다른 것과 그른 것을 분별할 수 있느냐는 것이다. 고민을 해본들 태어나서 죽을 때까지의 모든 가르침이 소통을 위한 소비에 있기보다 안락과 안위를 위한 수입에 역점을 두는 발상을 대단한 것으로 인식하여 번번한 지출한번 하지 못하고 태반이 실패의 고배를 마신다.

사실, 역발상마저도 나를 위한 것이므로 결국에는 싸우고, 충돌하고, 부딪치는 일이 발생하는데 작용반작용의 법칙 상대성 원리 인생방정식에 대입해 보면 바른 행위는 '덕이 되고 득이 되는' 쌍방에 이로움을 가져온다. '무덕하니 무득하다'는 반쪽반생의 다른 행위이고, '해하니 독이 되더라'는 그르다는 상극상충의 치우친 행위로 나타나는데, 하나 되지 못하는 이유라고 할까. 생각차원의 지식과 본능은 마음차원의 지혜와 분별을 세워 나가기 위한 토대가 되어 줄 수 있느냐에 대한 과제가 남았다. 물론, 근기마다 행위에 대한 차원이 달리 나타나겠지만 수행(교육)을 통해 바르다는 정(正)과 치우쳤다는 사(邪)의 행위를 깨우친다면 다르다는 반쪽반생 선(善)의 차원까지 분별이 가능하므로 소통부재로 괴로워하는 이들은 점차 줄어들지 않을까 싶다. 마음이 나밖에 모르는 생각을 견제하듯, 이타가 이기를 견인하고, 지혜가 지식을 견제하듯, 각자도생을 이로운 행위로 견지해 나갈 때 대안마련이 가능하다.

　2차 서세동점 이후 교육의 방향은 생각의 지식을 토대로 물질문명을 쌓기 위한 시스템으로 전환되어 지혜의 가치를 알기도 전에 평가절하되어 생각이 하는 일을 마음이 하는 일로 받아들이는 엄청난 오류를 범하기에 이르렀다. 외적인 삶을 추구하는 서양의 물질논리 앞에 순수 내면의 삶을 구현해 온 동양의 정신적 가치가 서푼짜리마냥 내동댕이쳐졌다. 양의 기운 생각은 지식을 쌓아 이기의 물질을 생산하고, 음의 기운 마음은 지혜를 발휘하여 이타의 정신을 공급한다는 사실을 스스로 부정하는 듯, 내면세계를 구시대 발상적인 것쯤으로 받아들이는 경향이 언제부터인지 모르게 나타나기 시작했다. 분명 생각의 지식에는 감정이 내포되었고, 마음의 지혜에는 감성이 내포되어 있는데 뭐랄까. 생각은 나를 위시한 본능적 수직행위에 발로 이기 행동학적 차원이라고 한다면, 마음은 너를 중심에 둔 분별적 수평행위를 이끌어내는 이타의 정신 공학적 차원이다. 아울러 이기의 인간은 선천적이므로 후천적 이타의 사람으로 승화를 위한 즉, 생각적 차원 이기의 질량을 마음질량 이타로 연계시킬 방안을 강구해야 한다는 것이다.

2차 서세동점 때만 하더라도 1차 산업을 토대로 한 2차 산업은 걸음마 단계였으나 불과 1백 년 안팎으로 3차 서비스 산업의 대안을 마련하기도 전에 정보통신기술의 융합으로 이루어 낸 4차 혁명 시대를 이끌어 내려 한다. 걷기도 전에 뛰려는 모양새로 이쯤에서 서비스 산업의 진정성에 대해 논해 보자.

산업공학은 곧 상업공학이라고 할까. 생활은 아쉬워서 찾아가는 활동주체와 이로운 맞이하는 운용주체로 나뉘자 사통팔달 하나 되기 위한 교류가 시작되었다. 정신질량이 배제된 물질과 물질의 교류에서 화합은 어디까지나 운용주체의 몫인데 이렇다 할 이로움 없이 다시 찾는 것은 인간미(정) 때문이라고 할까. 그저 영혼 없는 물질 거래만 이루어졌기에 불평등해지면서 쏠림과 환란이 시작되었다. 서비스는 그야말로 하나 되기 위해 정(正)과 정(情), 그러니까 이로움과 이로움을 주고받아야 하는 것인데 호주머니만 노린 심사로 불신과 분열의 조장되었고, 상극상충이 팽배한 사회에서 사람답게 살고 싶어 부르짖는 정의는 공허한 메아리가 되었다.

이타의 서비스 앞에 이기의 물질과 돈의 교환은 하나 되기 위한 방편이건만 그저 이기의 돈밖에 모르는 행위가 전부인지라 업그레이드 시대라는 진정성에 접근조차 못하고 있다.

물질과 돈을 위한 만남보다는 생각과 마음의 어우러지는 만남이어야 하나 누구라고 할 것 없이 호주머니만 노리는 판국이라 이대로 가면 삭막해지는 삶을 어찌하지 못한다. 가뜩이나 영혼과 마음이 없는 인공지능과의 교류를 해야 한다면 돈을 위한 물질거래일 수밖에 없어 인간성 말살로 황폐화는 쏠림보다 심각해질 것이다.

하나 되어 살아가야 하는 인간에게 주어진 마음은 에너지로서 절대분별의 차원이라 무형, 무색, 무취로 보이거나 만질 수 있는 그 무엇이 아니다. 영원불멸한 나의 주체 영혼(에고)과는 별개의 질량으로, 특이 사항으로 마음은 에너지라 죽는 그 순간 그대로 산화된다는 점이다. 천(머리이자 뿌리), 지(몸통), 인(다리이자 가지) 세 개의 차원으로 나뉘어 운행되는 세상에서 유일무이하게 너와 나의 차원, 그러니까 생각과 마음이 내 안에서 함께 공존하는 것은 인간뿐이다. 왜 그런 것일까. 공동체를 이루어 살아가야 하기 때문이고 내 앞에 옆에 뒤에 있는 너와 하나 되어 살아가기 위한 방편으로서 화합을 이루지 못하는 각자도생은 타락을 뜻하므로 그에 따른 결과는 자연도태다.

따라서 인간의 참된 교육은 동물처럼 육 건사하기 위한 것에 있지 않다. 사회구성원이 되어야 하므로 입으로 섭취하는 행위는 육 건사를 위함이요, 눈으로 보는 행위는 만물의 조화를 깨우치게 하기 위함이고, 귀로 청취하는 행위는 하나 되어 살아가는 분별을 키우기 위한 것에 있다. 종족마다 신토불이의 특성을 지니고 있겠지만 마음에너지(지혜)가 풍부한 민족일수록 언어 구사능력이 뛰어나다. 언어구사가 단순한 동물처럼 먹고 보는 행위에 안주하기보다 사람으로 승화해야 하는 인간이기에 보고 듣는 만큼의 화합을 위한 소통은 말로 하고 후세의 행복을 위해 글로 합의를 위한 소통의 흔적을 남긴다. 너의 소리를 눈으로 보고 귀로 듣는 말로서 소통하는 만큼 진화발전이 빠른 이유라고 할까.

물질문명의 발전이 멈추는 때가 언제인가 하면 정신문명이 받쳐

주지 못하는 순간, 불통할 때라는 것이다. 지금까지 이기의 물질에 화합의 정신을 받쳐 주지 못해 욕심과 욕심이 맞붙어 피 흘리는 역사를 써내려 왔다. 먹이만 주면 따르는 육생살이 애완동물의 재롱에 잠시 잠깐 시름을 잊는 것처럼 인간의 지식을 입력한 인공지능은 지혜(마음)를 입력할 수 없기에 물질을 위해 함께할 수는 있어도 정신으로 하나 될 수는 없다. 자칫 인공지능의 지식에 빠져 외부의 자극으로 내면의 변화를 일으키지 못할 경우 그야말로 정이 메말라 버린 죽음의 사회가 된다.

내 안에 생각과 마음, 지식과 지혜, 너와 내가 공존하지 않으면 동물이라 인생살이 사람으로 승화될 수도 없거니와 사람답게 살아가려 해도 고작 해봐야 육생살이 인간생활에서 추구하려들 터인데 이기의 인간에서 이타의 사람으로 승화될 정신질량을 마련하지 않고 인공지능 4차 산업을 시행한다면 피도 눈물도 없는 참으로 무서운 세상에 첫발을 디딘다는 사실이다.

☾ 민족재건

사랑으로 행복을 일구어 나가는 인간만이 낭만을 찾고 이상의 날갯짓은 사람답게 살고 싶어 하는 간절함이라 업그레이드 시대의 주역 베이비부머의 청춘시대는 아날로그의 낭만 그 자체였다. 완행열차로 시작되는 여정은 그야말로 과정까지도 자연스럽게 즐겼으니 눈과 귀로 꾸밈없는 자연의 풍광을 그대로 만끽하는 사이에 때때로 심연의 세계로까지 빨려 들어가곤 한다. 반면 디지털 시대의 에코부머 여정은 비행기와 KTX가 대세라 눈과 귀로 보고 듣는 즐거움만큼 입맛에 취해 적지 않게 먹으러 왔다갔다하는 모양이다. 물론, 꾸며진 곳에서 나름의 힐링을 찾고 또 그곳에 눈과 입처럼 귀로 채울 수 있는 정신질량이 있다면 금상첨화가 아닐까 싶은데 바르게 인연을 맞이하는 곳을 찾기 힘들 정도라 오히려 스트레스나 받지 않으면 다행이다.

1안의 농공단지가 방방곡곡 잠식하여 고향마저도 점차 사라지는 지경이고, 심히 우려되는 것은 최후의 보류라고 할까. 고향산천에 고이 간직된 음이 기운 자연마저 물질에 희석되어 그저 찾아가는 인연의 머릿수나 세어 가며 돈으로 계산하는 경향이 갈수록 짙어진다. 복잡 미묘한 양의 기운 도시에서 한적한 음의 기운 시골을 찾는 이유가 어디에 있을까를 생각해 보자.

유유자적 삶의 여유를 찾기 위함이 아닐까 싶은데, 힐링이 아쉬워서 찾아가는 이들이 있다면 반갑게 맞이하여 힐링을 제공하는 이들이 있어야 하는데도 태반이 불러들일 때와 맞이할 때가 전혀 딴판이라 두 번 다시 찾지 않겠다고 말한다. 내게 이롭다면 천리타향 마다하겠느냐만 이 땅에 힐링할 수 있는 곳이 갈수록 없어진다는 푸념뿐이다. 가더라도 자연이 품어 주기에 찾는 것이지 인연이 품어 줘서 찾는 것이 아니다. 그리고 맞이하는 이들은 지금 당장 업그레이드 시대의 뜻을 알기 위해 노력해야 한다.

양의 기운이 넘쳐나는 인연맞이 시대이자 음의 품성을 키워 나가야 하는 자기개발 시대로서 아쉬운 활동주체를 위해 이로운 운용주체의 품성과 가치를 높이지 않으면 앞으로는 찾아가는 이들에게 호되게 당한다. 지식과 지혜, 생각과 마음, 힘과 덕, 물질과 정신, 음과 양, 도시와 농촌으로 나누어 살아가고 있다는 것은 활동주체 도시의 양기와 운용주체 시골의 음기와 화합을 하기 위한 것이다. 인공지능이 대세인 시대에 불신의 장벽을 허물어트릴 방도를 갈구한다면 지역감정은 물론 이념대립은 화합반응을 일으켜 민족 대통합에 한발 다가선다. 즉, 이로운 운용주체가 아쉬운 활동주체의 손을 잡고 나가는 영양성분(사고)을 추출해 낸다면 대륙의 공산이념과 해양의 민주이념의 적 대 적, 강 대 강의 국면은 상호보완적인 국면으로 접어들어 인류의 대화합시대가 전개는 시간문제다. 어디까지나 몸통과 가지는 뿌리 하기 나름이라 4차 산업을 운운하는 작금에 인류화합의 원리를 밝히는 데 주력해야 하며 이를 위해 할 일은 본연의 삶을 찾아 살아가기 위해 노력하는 일이다.

음의 기운은 양의 기운을 찾아다니며 화합의 반응은 일으키지 않는다. 그만큼 이로운 기운이라 아쉬워서 찾아오는 양의 기운으로부터 화합반응을 일으키기에 그에 걸맞은 품성까지도 키워야 한다는 것이다. 번잡한 도시에서 벗어나 한적한 자연을 찾아 떠나는 이유도 방전된 음의 기운을 충전하기 위함이라 화합을 일으키려 한다면 맞이하는 곳에서도 하나 되고자 품성을 키운 이들이 자리하고 있어야 한다. 과연 이 땅에 그러한 곳이 있을까. 한 번 찾으면 두 번 찾고 자꾸만 찾고 싶은 그런 곳 말이다. 어머니 품속처럼 음의 기운 충만한 안식처가 되어 준다면 돈은 그야말로 덤이 아닐 수 없는데 품보다 돈을 우선하는 바람에 소중한 인연을 두 번 다시 찾지 않게 만들고 있다. 본연의 삶을 살아가야 할 운용주체는 목마른 자의 갈증을 해소시켜 줘야 하므로 언제나 화합을 위한 합의의 질량마련을 위해 노력하는 자여야 한다.

너는 왜 이로운 자이며 나는 왜 아쉬운 자인가. 누구나가 어느 곳에서는 활동주체였다가 또 어느 곳에서는 운용주체가 되기도 하므로 너, 나 할 것 없이 운용주체의 소명을 잊지 않는다면 활동주체도 자연스럽게 본분을 잃지 않기 위해 노력하기 마련이다.

소통과 화합은 운용주체의 선순환 행위에서 비롯되므로 상호상생을 이루지 못할 때마다 대접받고 싶어 하고 사람답게 살고 싶어 하는 아쉬운 이들에게 모진 표적을 받아가며 살아가야 한다. 언제부터인가 이 땅 구석구석 끊임없이 축제가 벌어지건만 갈 곳이 없다 말하는 이들이 부지기수다. 그러고도 찾아가는 건 혹여 달라지지 않았나 싶어서인데 실망하는 표정을 보아하니 역시나였던 모양이다. 무엇이 잘못되어 왜 이리 되었을까. 동족상잔 6.25로 삼천리 금수강산이 황폐화되었어도 가슴에는 아픔을 어루만지는 정만은 고스란히 남아 있어 무전여행도 가능했었다. 그리고 1차 물갈이 일제강점기는 민족재건의 시기였기에 독립운동을 독려한 만큼이나 뿌리 재건의 질량까지 찾아나서야 했었는데 그만 지도층에게 맞춰진 포커스는 피 흘리는 독립운동 차원이었다.

1948년 8월 15일 이승만 정부가 들어서자마자 제1공화국(1948~1960)이 수립되었고, 1952년 2차 밭갈이 동족상잔을 치르는 와중에도 자유대한을 수호하기 위해 민주선거를 실시하였다. 전후 자유당이 집권하면서 미흡하나마 면방직 공업을 중심으로 경제개발 3개년 계획을 추진했으나 1954년 11월 사사오입 개헌과 경제침체로 민심은 피폐되었고, 1960년 3월 15일 부정선거와 독재에 항거하는 4.19의거로 물거품이 되었다. 그 결과 윤보선(1897~1990)이 4대 대통령으로 선출되었고 제2공화국(1960~1961)이 출범하면서 총리로 지명한 장면(1899~1966) 내각은 1962~1966년까지 경제개발

5개년 계획을 수립하였다. 그러나 윤보선 대통령과 장면 내각과의 밤낮 없는 충돌로 국정이 혼란해진 틈을 타 일으킨 1961년 박정희 (1917~1979)의 5.16쿠데타로 무산되었고 1962년 3월 22일 윤보선 대통령은 하야 성명을 발표하기에 이르렀다. 어느 지도자 하나 민족재건의 질량을 바로 알지 못했다는 방증이 아닐까.

☾ 가치에 다가서는 일

끊임없이 흐르는 물이 만물에 생명력을 불어넣어 주는 것처럼 정권교체도 자유로이 흐르는 물처럼 만백성을 위해 자연스럽게 이루어져야 한다. 끊임없다는 것은 산소유입을 하기 위한 것에 있듯 천(天)의 하나는 지(地)의 둘, 지의 둘을 인(人)의 셋을 지향하는 하는 바라 만물이 머물면 썩듯 민주주의 정권도 썩는다. 시냇물이 강줄기가 되고, 폭포수가 되고, 호수에 여장을 푸는 것은 화합의 바다로의 여정을 위한 것이자, 새로운 물을 유입하여 혼화하는 과정이기도 하다. 뿌리의 민주주의는 물갈이와 밭갈이를 거쳐 공산주의와 새로이 파종된 신개념으로서 신세계를 구현하기 위함이라 뿌리만이 아닌 몸통·가지를 위해서라도 그리고 민족화합을 위해서라도 부패된 곳은 도려내어지게 마련이다.

전후 우방국의 원조가 있다하더라도 만백성을 위한 지도층의 흐름이 하나와 한곳에서 묶이면 만백성의 생활은 갈수록 절망과 기아의 선상에서 허덕이게 된다. 삶의 질이 향상된다면야 3선이든 4선이든 엘리트층과 흐름을 익히고 배우는 학생들이 분개할 이유가 없다. "돌아갑시다 돌아갑시다 재미있는 시간은 벌써 지나고

1대, 2대, 3대, 4대 돌아갑시다"라는 뜻 모를 노래를 유행가처럼 중얼거렸던 어린 시절이 어렴풋이 생각이 나는데, 정녕 그러했다면 정치놀음일 따름이고, 피눈물로 부패의 역사를 도려내야 한다는 사실을 인지했다면 흐르는 물처럼 신선한 산소 공급을 위해 끊임없는 노력을 요했다.

1960년 3.15부정 선거는 하야의 과정으로 4.19혁명을 촉발시키기에 이르렀고 만약 하야하지 않았다면 이승만은 비운의 죽음을 맞이했을지도 모른다. 1안의 물질은 2안의 정신을 위한 것에 있듯이 역사의 흐름을 인식한 학생들이 불의에 저항하였다는 것은 우리 민족의 미래를 엿볼 수 있는 단면이고, 뿌리에서 최초로 민주주의 제1공화국 자유당 정부를 출범한 이승만 세력을 몰락시키고 출범한 제2공화국은 민주당 정부였다. 그러나 안타깝게도 구파와 신파 간에 9개월 동안 지긋지긋하게 싸움만하다가 제2공화국(1960~1961)은 막을 내려야 했다.

당대 난국을 바로잡아 나가기 위한 왼손과 오른손의 시스템이었다. 물론, 왼손잡이와 오른손잡이를 명확히 구분하여 역할분담이 주어져야 하겠지만 이는 행정의 분야이고, 구파와 신파의 역할은 보수와 진보의 가치를 따지기보다 합의를 일으켜 보다 나은 양질의 화합을 이루어 나가는 것을 우선해야 했었다. 허나 쌍방 모두 한 치의 양보도 없이 내 셈법만 강조하는 우매한 대립은 결국 단명을 자초했는데 오른손이 못하는 일을 왼손이 보조하고, 왼손이 못하는 일을 오른손이 보조하는 행위는 끊임없이 흐르는 시냇물과도 같아 한 뜸만 다가서려 했다면 오늘에 뿌리의 기치를 세우지 않았을까. 모두 조국과 민족을 위한 일이었다고 하겠지만 썩어버린 붕당의 진정성을 알고자 한다면 구파보수와 신파진보의 가치를 명확히 밝혀야 한다. 받아들이지 않는 내 논리는 나에게만 맞는 내 논리라 구파의 가치관을 신파가 받아들이기 힘들고, 신파의 가치 또한 구파가 받아들이기 힘들다. 세상천지 모든 행위가 너보다 나를 위하다보니 부딪침을 피해 갈 수 없었던 것처럼 말이다.

또 내 뜻에 맞지 않는다고 언성만 높이는 행위는 무엇을 구하고자 함인가. 윽박질러 권위를 내세우려는 행위와 내 뜻만 받아 주면 탓하지 않으리라는 독선은 결국 불통으로 이어져 절망에까지 이르게 만드는데 특히 정치인, 경제인, 단체장들의 오만과 독선으로 불통을 일으킨다면 그 고통은 고스란히 함께하고자 하는 이들이 짊어진다는 사실을 재주가 메주인 이들이라 하더라도 모르지는 않을 텐데 아무 거리낌 없이 해댄다.

왼발을 디디면 오른발이 나가고, 다시 오른발을 디디면 왼발이 나가야 하는 것처럼 만백성의 바람은 이와 같았다. 보다 중요한 사실은 엘리트층이 비굴해지면 만백성도 따라서 비굴해진다는 점이다. 그러고 보면 정관계 인사는 엘리트층에 의해 좌지우지된다고 하겠으니 난국은 누구의 잘못에서 비롯되는 것일까를 생각해 보자. 물론 국정을 운영하는 수장이겠지만 그 수장을 받쳐 주는 이들이 누구냐는 것이다. 정치, 경제, 사회, 문화 등의 전반적인 영역에서 주도적인 역할을 하는 엘리트층에서 비교적 적지 않은 영향을 끼치고 있다.

그렇다면 분명 신치(神治), 인치(人治), 법치(法治), 덕치(德治) 등에 대해 나름의 철학을 가지고 있는 계층이 아닐까 싶은데 여기에서는 정치(政治)에 관여한다거나 자신의 안의를 위해 불의에 굴복하여 불통을 조장하는 이들을 말하는 것이 아니다. 명품으로 치장된

호화로운 저택에서 육생살이 동물처럼 처자식과 배불리 먹고살기 위해 기회나 엿보는 비굴한 이들일수록 정치와 경제에 종사하는 이들과 결탁하여 사회적으로 커다란 물의를 일으키고 어느 날 조용히 사라진다. 이때마다 만백성은 배신감과 허탈감에 빠지는데 정치경제계의 불신으로 좌절에 빠지는 서민을 어루만져 주고 희망을 심어 주기 위해 노력하는 이들이 누구여야 할까. 난국을 마치 만백성이 만드는 것처럼 국가의 수뇌부와 정치경제계 인사들이 난리를 친다. 게다가 책임마저 만백성이 짊어져야 하는 것 마냥 으름장만 놓는 판국이라 분별이 바로 서 있는 엘리트층에서 상하 중심을 바로잡아 나가지 않으면 만날 수 없는 철로에서 비롯되는 환란의 끝이 없다.

바르다는 정(正)을 분별하여 다른 행위 선(善)과 치우쳐서 고통 받는 사(邪)의 행위를 일깨워야 하는 계층이 중층의 집단이어야 하지 않은가. 정의구현을 실현해야 하는 계층인 만큼 침묵하는 순간 온갖 불법이 자행되어 혼란에 빠지고 횟수가 잦을수록 사회는 썩고 정의는 죽었다는 말이 나돈다. 민초들의 배움까지도 대신한 엘리트, 만백성의 삶을 책임지겠다는 정관계, 일하는 만큼 먹을 것만 겨우 제공하는 경제계의 CEO 가운데 정녕 민초들을 책임져야 하는 이들이 누구이냐 말이다. 만백성의 피와 살로 살아가는 이들이 있는가 하면, 부리고자 목숨을 연명할 만큼 주는 이들이 있고, 이러한 실상을 바르게 가르쳐 줘야 하는 이들이 있다.

물론 말할 것도 없이 종교계가 해야 할 일이겠지만 신앙에 머무르는 바람에 지탄의 대상이 되었으며 국가의 교육정책은 사교육 세상이라 중심을 잃고 말았다. 그나마 이성을 잃지 않았을 성싶은 엘리트층에게 기댈 수밖에 없는데 비굴하게 물질과 권력 앞에 목을 맨다면 미래는 어떻게 될까. 정의가 죽으면, 진실이 죽고, 사회도 따라서 죽는다. 이때를 가리켜 민주주의가 죽었다고 말하는데 서민들이 감히 민주주의를 죽일 수 있는 일인가. 정경은 분명 하나 되기 위해 유착해야 하건만 짝짜꿍이 되어 불법의 산물이 되어버렸으니 그에 따른 고통을 고스란히 서민들이 짊어져야 한다는 게 문제다. 더군다나 비겁함을 모르는 지도층에서 그때마다 상투적으로 법 앞에 만인은 평등하다고 말한다. 과연 비렁뱅이 앞에서도 평등할까. 세간의 이목이 집중되는 상황이라면 평등한 척이야 하겠지만 무전유죄 유전무죄라는 말이 떠도는 것을 보면 이기적 인간의 논리로 제정한 법은 때에 따라 평등할 수 없는 모양이다.

인간은 이타의 사람으로 승화하기 전이라 유야무야로 이기의 법조항이 내재되어 있을 터, 더군다나 변호사를 통해 법조계와 결탁하면 얼마든지 빠져 나갈 수 있다는 데에서 허술함이 드러나고 있다. 그리고 작용반작용의 법칙 상대성으로 벌어진 일인데 어찌 죄라고 할 수 있겠으며, 감히 인간이 인간에게 죄를 물어 벌을 내릴 수 있느냐는 것이다. 이기적인 인간이 제정한 법은 이기적인 권력과 돈 앞에서 평등할 수 없다는 것이다. 하지만 대자연의 법 앞에서는 만민이 평등하다. 무슨 소리냐면 나 하기 나름에 달리 나타나는 상대성 원리는 일상의 법도로 태곳적부터 인간생활 깊숙이 자리해 왔다. 아쉬워서 찾아온 이에게 이로움을 채워 준다면 맞이하는 자에게도 그만큼 이로움이 되어 돌아오므로 상대성으로 일으킨 상호상생은 평등하다. 그러나 이로워서 맞이하는 운용주체가 자신의 이득부터 챙기려 든다면 상대적 결과는 반쪽반생 불평등으로 나타나 그 대가는 직간접 혹은 부메랑으로 맞는다. 이는 쌍방 간의 자연발생적인 표적으로 특히 아쉬워서 찾아오는 활동주체에게 해를 끼치면서까지 이득을 취하는 행위는 상극상충의 표본으로 운용 주체인 당사자는 물론, 사랑하는 가족 중에서도 제일 잘나고 아끼는 자식이 받는다는 사실을 알까.

대자연 법은 상호상생 선순환 행위로서 그 누구도 예외가 없으며 다들 우연으로 치부하여 호미로 막을 것을 가래로도 막지 못해 큰 곤욕을 치른다. 배고프면 먹어야 하고 피곤하면 쉬어야 하는 것처럼 벌어지는 모든 일에는 그만한 이유가 있다. 불화도 결국 고집 때문에 벌어지는 것이고 보면, 인생방정식을 원인과 결과에 따른 인과율과 비교하지만 부메랑 효과가 인과응보의 차원이라 할 수 있다. 또 나 하기 나름의 차원은 상생과 화합을 근간으로 먼저 주고 후에 받는 선순환의 시스템이다.

☾ 돈을 위해 싸운 시대

합의는 상생이자 화합이므로 아쉬워서 만났다가 하나 되어 나간다면 쌍방 간에 그만한 이로움의 대가가 있을 것이고, 불협화음이 일어난다면 상생과 화합을 위한 표적이 들어간다. 슬프고, 고통스럽고, 괴로울 때의 원인을 살펴보면 그럴만한 이유가 있음을 실제의 상황에서도 충분히 인식할 수 있다. 재물과 권력을 남발하고 법의 조력자 변호사를 통해 교묘하게 모면할지언정 밖으로 드러내지 않을 따름이지 직계가족이나 부모형제일신에게 그에 상응하는 일들이 표적으로 반드시 일어난다는 것이다. 특히 요리조리 빠져나가는 이들의 태반이 법조계에 종사하는 이들이 아닐까 싶고, 법 개정도 이기적인 인간이 하는 만큼 모순은 드러나게 되어 있다. 실상이 이러한데 어떻게 인간이 만든 법이 만백성에게 평등할 수 있을까. 양의 기운 정관계 인사 중에서 음의 기운 법을 개정할 만큼 티없이 맑은 이들이 있으면 모를까 없다면 이기의 산물에 지나지 않겠느냐는 것이다.

각설하고, 1961년 박정희가 일으킨 5.16쿠데타는 윤보선 대통령과 장면 총리와의 충돌이 가져다 준 결과물이다. 16세기 명말청초, 임진왜란과 병자호란으로 급격히 부패하기 시작한 조선은 대자연이 뿌리의 부패를 척결하기 위해 19세기에 들어 일제강점기를 촉발시켰다. 물론, 봉건주의와 사대주의 청산을 위한 것도 있지만 이후 잔재를 털어 내고자 동족상잔을 치르고 이룩한 대한민국은 국민이 주인인 민주주의 국가인데도 불구하고 여전히 내 잘났다는 붕당놀음과 비리의 정경유착에 한없이 고통받는 것은 만백성이다.

생각해 보자. 1960년 4.19혁명에서 비롯된 1961년 5.16쿠데타가 뜻하는 바가 무엇인가에 대해서 말이다. 918년 하나 된 민족국가 일국시대부터 의지해 온 핵심몸통의 이념을 1천여 년 만에 털어 내고자 1776년에 본가지의 중심 영국으로부터 독립한 곁가지의 핵심 미국식 민주주의를 1948년에 뿌리에 안착시켰지만 1960년 만백성이 주인이어야 할 민주주의가 군부의 총칼 앞에 무릎을 꿇었다. 가지의 체재가 뿌리에 맞을 리는 없고 아마 뿌리만의 민주주의를 구현하기 위함이 아닌가 싶은데 안타깝게 나 아니면 안 된다는 서슬 시퍼런 자만심 때문에 돌고 돌아 오늘에 이르렀다.

그리고 고조선의 붕괴와 조선의 분열이 다를까. 독특한 팔도의 사투리만큼이나 우두머리 성향이 짙은 민족이라 열국시대에 총칼보다 도와 덕으로 하나 되어 나갔다면 부패되지 않았을 뿐만 아니

라 뿌리 민주주의를 위한답시고 총칼을 들이밀며 정권을 교체하지
는 않았을 것이다. 덕을 잃고 힘에 의지해 온 결과라고 할까. 빼앗
긴 조국을 되찾기 위해 죽어 간 순국선열과 산천 구석구석에서 이
념이 다르다는 이유만으로 동포끼리 죽이고 죽어가야 했던 호국영
령의 맺힌 한을 바로 알고 한 행위였을까. 독립군의 죽음은 조국의
독립을 위한 일념으로 아낌없이 한목숨 바칠 명목이 서지만 동족
상잔 6.25로 죽어 간 영령들 가운데 민주와 공산을 바로 알고 싸운
이들이 얼마나 될까. 엘리트라면 모를까. 싸우다 죽어 간 태반이
노동자와 농민일 텐데 누가 이들의 죽음을 책임져야 하느냐는 것
이다. 사는 곳에 민주주의 깃발이 휘날리면 민주주의를 위해 싸워
야 했고, 공산주의 깃발이 휘날리면 공산주의를 위해 싸워야 했다.
모두 살기 위해 싸우다가 죽어 갔다는 것이다.

　이윽고 3·8이남에는 기대하던 해양 가지세력 민주주의 정부가
자리했지만 군부에 정권을 이양한 것은 시련과 함께 새로운 이념
창출의 과정이었다. 3·8이북의 공산주의는 대륙 몸통세력 공산주
의의 원조에 힘입어 승승장구할 무렵, 3·8이남은 민주주의를 제대
로 알기도 전에 자유대한의 표상이 되어 버린 군부독재는 경제성
장이라는 미명하에 허기진 만백성의 허리띠를 졸라매게 했다. 그
만한 인물이 없었던 것일까. 허정의 과도정부나, 이를 계승한 장면
의 정권이나, 윤보선 대통령이나 강력한 리더십이 부재한 관계로
카리스마로 무장한 박정희가 1963년(초선) 5대 대통령에 당선되면
서 제3공화국(1963~1972)이 출범했고, 왜곡될 수밖에 없었던 시대
에 민주주의 수호를 위해 뿌리의 미래를 짊어진 베이비부머가 암
흑기 군부정권 30년 동안 정의의 민주주의를 구현코자 최루가스와

싸워야 했던 세월이기도 했다.

1차 물갈이의 교훈은 자주국방이라 1948년 9월 5일 창립한 육군사관학교는 광복 직후인 1945년 12월 군사영어학교로 시작하여 1946년 5월, 남조선국방경비사관학교였다가 같은 해 6월 15일 조선국방경비사관학교로 개칭하였다. 2차 밭갈이 이후 5.16쿠데타의 주요세력은 의외로 곁가지의 핵심 미국 민주주의 유학파들이었다. 그야말로 정의로운 민주주의여야 하건만 참으로 아이러니하게 민주주의가 오간데 없고 군부독제하에 우리도 한번 잘살아보자는 일념으로 1965년 1월 8일 베트남 파병을 결정하여 요번엔 이역만리 전장에서 돈을 위해 싸우다 죽어 가야 했다.

사(死)의 시기였던 대한제국의 13년의 세월을 마감하면서 36년 장사(葬事)의 시기동안 자주독립을 외치며 싸워야 했고, 절멸기를 맞이하여 동족끼리 3년 넘게 민주·공산을 위해 싸워야 했으며, 태동기 10년 동안 잘살아보겠다는 일념하에 없던 적까지 만들어 싸웠다. 태평양 전쟁에서 패한 열도가 보호막 두둑의 위치로 떠나자 광복이 찾아왔다고 말하지만 분단의 아픔을 안고 살아가는데 진정한 광복이 찾아왔다고 말할 수 있을까. 게다가 목숨 바쳐 수호한 민주주의건만 결국 군부체제하에 유신정치시대를 열어 갔으니 더욱더 자유를 갈망할 수밖에 없었다. 또 피 끓는 젊은이들을 전장에 팔아 이룬 국가경제가 빈부격차나 조장하고 있으니 부정부패가 만연할 수밖에.

지위고하를 막론하고 법 앞에 평등한 자가 없었다. 무엇보다 대륙몸통 공산세력과 해양가지 민주세력과의 수평관계를 유지해 나가기 위해서는 가깝고도 먼 나라 열도두둑과의 소통이 우선되어야 한다. 왜 그래야만 하는 것인가. 이로운 운용주체가 아쉬운 활동주체의 손을 잡고 나가야 하듯이 두둑 스스로 뿌리의 손을 잡지 못하는 데 있다. 1988년 서울 하계올림픽을 개최하기 전까지 대부분의 서양가지의 물질문명은 두둑을 거쳐 뿌리의 부산을 경유하여 서울로 들어왔었다. 이후에 다시 대륙몸통 북경으로 올라갔는데 두둑이 뿌리보다 물질문명이 앞서가는 가장 큰 이유가 해양가지의 전초기지라는 점이고, 물질경제의 추격은 1988년부터 시작되었다.

특히 뿌리의 보호막이라는 점을 감안한다면 쉽게 납득하지 않을까. 게다가 뿌리는 음의 기운의 모체로서 몸통과는 순망치한 관계이고 해양세력의 전초기지 두둑과는 남귤북지 관계다. 그리하여 뿌리와 가지와의 관계는 곧 뿌리와 두둑의 관계라고 해야 할 것이다. 세 개의 차원으로 나뉘어 운행되는 세상에서 뿌리는 천기(天氣)로, 몸통은 지기(地氣)로, 가지는 인기(人氣)의 움직임에 따라 인간사 변화의 추이도 3대·3단계·3개의 차원으로 이어진다.

따라서 뿌리의 자원은 보이지 않는 기운(정신)이며, 몸통은 자원은 물질과 정신의 교역에 있고, 가지는 보이는 물질자원이기 때문에 서양가지의 물질문명이 두둑을 거쳐 들어오는 것은 순화(醇化)의 법칙이라고 할까. 또 몸통으로 올라가는 순환기간은 20년 안팎으로 순화의 근본은 뿌리의 정신질량을 부가키 위한 것에 있다. 살펴보면 열도두둑의 동경 하계올림픽은 1964년에 개최되었으며, 24년 후에는 1988년 반도뿌리 서울에서, 20년이 지난 2008년도에는 대륙몸통 북경에서 하계올림픽을 치렀다. 예컨대 물질경제는 동족상잔 6.25 이후에 두둑에서 뿌리로, 뿌리에서 다시 몸통으로 이어지기까지의 기간은 65년으로, 1897년 사(死)의 대한제국으로부터는 120년 안팎의 세월이 흘렀다. 2018년 평창 동계올림픽을 1년 앞둔 오늘에 이르러 뿌리는 하나 되는 정신질량을 마련하여 대륙몸통을 통해 해양가지로 올릴 수 있느냐에 대한 과제가 남겨졌다. 뿌리가 양의 물질로 본연의 질량을 찾는다면 어려운 일은 아니지만 음의 정신을 외면하는 날에는 무질서해진 몸통에서 은연중에 표적질을 한다는 사실이다. 떼려야 뗄 수 없는 몸통은 뿌리하기 나름이라 이기의 물질에 이타의 정신도 함께 반드시 공급해야 한다. 몸통의 자원은 물질과 정신이 교역에 있음이라 화합의 질량이 소원한 만큼 무질서에 막혀 심각한 모순을 양산하는데 자칫 폭발이라도 하는 날이면 책임이 고스란히 뿌리로 전가된다는 것이다.

한편, 두둑강점기에 태어난 기계식 1세대는 천기(天氣)의 힘으로 1안의 물질경제를 이루기 위해 노력해 왔고, 베이비부머 아날로그 2세대는 지기(地氣)에 힘으로 기계식 1세대가 구축한 물질경제를 토대로 2안의 정신문명 창달을 위해 노력해야 한다. 1988년 업그레이드 시대 전후로 태어난 에코부머는 디지털 3세대로서 1안의 물질을 개척한다거나 2안의 정신을 창출하기 위해 태어난 세대가 아니다. 오로지 1세대 개척한 물질에 2세대가 창출한 정신을 부가한 삶을 실어 나르기 위해 태어난 메신저 세대이므로 오늘날 한류 열풍의 중심에 섰다. 에코부머의 타고난 재능은 물질개척과 정신 창출을 제외한 문화·예술·스포츠 등의 다양한 방면에 두루두루 분포되었다. 이를테면 꽃밭에서 춤추며 살아가야 할 세대로서 안정을 기반으로 '널리 인간 세상을 이롭게 하라'는 홍익인간 이념을 가지와 몸통으로 실어 나르기 위한 세대라고고 한다면 받아들일 수 있을까. 주어진 대로 있는 그대로에서 삶의 안위를 추구하며 살아가려 드는 3세대라는 점이다.

☪ 3대 계승

제2차 경제 5개년 계획을 실시한 때가 1967년 5월 3일 6대(2선) 대통령에 박정희가 당선되던 해였다. 맨손으로 물질경제를 이루어야 하는 기계식 1세대는 개천에서 용이 나는 세대다. 물론 정관계 인사도 포함이야 되겠지만 천(天)의 선천적 기운으로 대기업을 일으킨 대표적인 사업가 중에 한 분이 삼성 초대 회장 이병철(1910~1987)이다. 하늘의 사명으로 오늘날 세계유수 기업으로 도약할 수 있었고 문제는 2018년 평창 동계올림픽을 전후해서 내가 만들어 나가는 지(地)의 기운 시대라 화합의 정신질량을 마련하지 못하면 3대 계승에 심각한 문제를 초래한다는 점이다. 비단 삼성만의 문제가 아니라 초인류기업이 당면한 문제로서 특히 독재 3대 계승의 딜레마에 빠져있는 3·8이북이 요동치고 있다.

1대가 36년 동안 천기의 힘입어 물질경제를 개척하고, 2대는 36년 동안 지기에 힘입어 물질에 부가할 정신질량을 창출하면, 에코부머 메아리 3세대는 인기에 힘입어 하나 되어 나가는 뿌리의 근본이념을 몸통·가지로 실어 나르게 된다. 기업이 이루었다면 3대, 도합의 108년 동안 세계 최고의 기업으로 우뚝 서게 되고, 반도뿌리가 3세대 108년 동안 이루었다면 몸통·가지의 중심을 잡아 나가는 운용주체 조종(祖宗)국으로 우뚝 선다. 부자(富者)가 3대를 넘기기 힘들다는 부불삼대(富不三代)라는 소리가 있다. 권세가 제아무리 높아도 10년을 넘지 못한다는 권불십년(權不十年)이라는 소리도 있다. 3대 계승에 가장 중요한 정신질량이 부재하면 나라는 환란에 빠지고, 기업은 좌초의 위기를 맞이하는데 자칫 좌절을 위해 대자연의 선순환 법이 자리하는 것으로 오해하기 십상이나 절대 그렇지 않다. 선천적 권세와 물질은 자신을 드러내기 위한 방편일 뿐 후천적으로 하나 되어 살아가지 못하면 물거품이 된다는 사실을 일깨우기 위한 것일 따름이다.

아날로그 2세대 베이비부머는 기계식 1세대에게 물질경제를 물려받음으로서 개천에서 용이 날 세대도 아니거니와 정신질량을 마련하지 못하면 디지털 시대에 이르러 패가망신의 표적을 받는다. 간혹 중기업 정도야 일으키겠지만 정신질량 없는 2대 계승이 가능할지 모르겠다. 그렇다면 에코부머는 소기업이 전부라는 소리인데 이처럼 메신저 3세대의 미래는 오직 아날로그 2세대에게 달려 있다. 2세대가 물려준 대로 살아가게 되는 3세대는 개척과 창출의 주역이 아닌 만큼 베이비부머가 빚어낸 양극화 현상으로 취직과 혼인 그리고 저출산 문제에서 비롯된 인구절벽 시대와 고령화 시대는, 젊은 날을 자살로 마감하는 이들까지 늘어나는 추세다. 도전과 응전보다 안정을 추구하는 세대에게 불확실성한 미래를 안겨다 준 이들이 누구인가를 생각해 보자.

치우침은 정신질량 부재로 일어나는 현상이다. 물질로 바로잡을 수 있다고 생각하는 자체에서부터 쏠림을 심화시키고 있다는 사실을 알아야 한다. 공무원 시험에 목숨을 걸어야 하는 에코부머의 비애는 공무원 시험을 외면하고 살아왔던 베이비부머의 비애가 아닐까. '우리는 민족중흥의 역사적 사명을 띠고 이 땅에 태어났다'는 국민교육헌장에서 비롯된 베이비부머 교육과 '새벽종이 울렸네 새 아침이 밝았네'로 시작되는 새마을 운동으로 기계식 세대는 뼈를 깎아야 했다. 그 덕분에 공부한 세대가 누구인가. 안다고 해도 과연 정신질량 창출세대임을 아는 이가 있을까.

1971년 4월 27일 박정희는 7대(3선) 대통령에 당선되어 1972년 7월 4일 남북공동성명을 발표할 때만 하더라도 통일을 단박에 이룰 듯싶어 이산가족은 물론 남과 북의 만백성은 기쁨을 감추지 못하였다. 그런데 말이야, 남과 북의 이념은 물론 지도체제도 하나여야 하는데 그 대안을 수뇌부들이 마련해 놓고 시작이나 한 것일까. 가능했다면 화합의 대안을 마련했다는 소린데 말이다. 공산주의는 고인 물의 이념과도 같아 흐르는 물을 표방한 민주주의 이념이 흡수·혼화하지 못하면 화합은 불가능하다. 자본주의 본질이 사유재산에 있는 만큼 분명 공동생산 공동분배를 이율배반적인 사고로 받아들일 터, 민주주의가 공산주의로의 흡수는 가당치도 않은 일이다. 이기적인 공동분배와 차원이 전혀 다른 이기적인 사유재산에 정신질량을 부가할 때 비로소 하나 된 삶을 살아갈 수 있기 때문이라고 할까. 물론, 공동분배를 위한 공동생산물에 화합의 질량을 얼마든지 부가할 수야 있지만 이쯤 되면 민주주의 체제와 별반 다를 바 없고, 이기의 공동분배에 자기 셈법을 첨가하면 체제의 붕괴를 촉발시키는 행위가 나타나지 않을까 싶다. 게다가 진화의 추이는 나를 위한 이기의 행보에서 너를 위한 이타의 행보에 이르기까지 합의 없는 화합은 사상누각이나 다를 바 없기에 사랑을 하나 행복하지 못하면 반드시 되돌아봐야 한다.

새마을 운동이 한창인 시절엔 3·8이북보다 뒤쳐져 있었고, 또 남북한 쌍방의 독재노선이라 남북공동성명은 상호 체제의 우월성을 드러내 보이기 위한 것에 있지 않나 싶다. 게다가 공동이념 체제와 사유이념 체제 모두 물질성장에 부가될 정신질량이 없으면 화합은 어림도 없는 일이라 쌍방 간의 독재체제 결속을 위해 남북한 모두 만백성을 기만한 행위로밖에 보이지 않는다.

한편, 1972년 10월 17일 유신체제 구축을 위해 비상계엄령을 선포하였는데 계기는 7·4남북공동성명에 있는 듯싶고, 김일성 주석의 독재정권을 의식한 박정희 대통령 독재체제를 구축하기 위한 유신헌법이 등장하였다. 어떠한 말이 필요하겠느냐만 흐르는 물이 고여 썩어갈 무렵 엘리트층에서 정화를 위해 노력해야 했었는데 비겁해서 그런 것은 아닐 터, 베이비부머가 서서히 독재와 맞서 싸우기 위해 거동하기 시작했다.

한편 70년대 중후반부터 몸가지역 중동의 모래바람을 시작으로 물질경제의 주역이 되자 서민에서 대거 중산층 반열에 오르는 계기가 마련되었으나 정신질량을 놓치는 바람에 풍요 속에 빈곤이라는 이상야릇한 양극화 시대가 펼쳐지기에 이르렀다. 구석구석 예견하지 못한 문제점이 수없이 도출되자 지역마다 세대마다 상하좌우 할 것 없이 가정파괴 분열의 시대를 맞이한 듯싶었다. 그리고 인류의 시원 뿌리민족은 유구한 단일민족국가다. 업그레이드 시대에 이르자 한류열풍으로 다문화 가정 함께 외국인 노동자가 밀려와 태반이 3D업종에 종사하고, 축제열풍과 더불어 귀농·귀촌·귀어 바람이 부는 이유를 모른다면 정녕 대안 마련은 어렵다.

비상계엄령 선포로 1972년 12월 23일 제8대(4선) 대통령에 박정희가 당선되면서 뿌리만의 독특한 민주주의 독재 이념 유신헌법을 선포하자 아니나 다를까 3·8이북에서도 사회주의 헌법을 선포하기에 이르렀다. 말도 많고 탈도 많은 유신시대 제4공화국(1972~1979)과 더불어 시작된 제3차 경제 5개년 계획(1972~1976)은 만백성의 피와 눈물로 소기의 목적을 달성하였지만 애처롭게 정권은 고인 물이 되어 부패되어 가고 있었으니 정신질량 창출과는 관계가 멀었다. 물론, 물질경제 기반 위에 정신경제를 세워 나가야 하는 것이겠지만 상호상생 선순환 법은 한 사람의 지도자로 이루어 질 과업이 아니라 1세대 36년, 3대 108년 동안 이루어야 할 민족의 사명이라는 사실을 앞서 밝힌 바 있다.

즉, 물질 1세대와 메아리 3세대의 중심잡이로 정신 2세대가 우뚝 서 있으면 인연맞이 업그레이드 시대에 풍요 속에 빈곤이라는 기이한 현상은 일어나지 않는다는 것이다. 특히 3선에 이르는 민주주의 독재정권이라 하더라도 경제를 물질과 정신이 어우러진 선순환 원리에 입각했다면 흐르는 물에 가까워 4선의 정권도 만백성의 갈채가 뒤따랐을 터, 나 아니면 안 된다는 독재자 특유의 기갈에 꺼둘려 그만 김대중(1924~2009) 납치라는 악수를 두고 말았다.

그뿐만 아니라 고인 물이라 부패가 심해질수록 그에 걸맞은 표적이 수시로 들어가는데 우려했던 바대로 1974년 8월 15일 국모로 추앙받던 육영수(1925~1974) 여사가 애석하게 총에 맞아 서거하였다. 크건 작건 불통의 표적은 그 누구도 예외 없지만 만백성의 가슴 깊은 곳까지 스며든 슬픔은 부패한 정권을 교체시켜야 한다는 대자연의 강력한 메시지가 담겨 있었다. 1977년에 중진국 반열에 들어서고자 제4차 경제 개발 5개년 계획(1977~1981)을 발표하였지만 물질 기술혁신이 전부인지라 불균형에 따른 부정부패가 심화되면서 바르다는 정(正)과 이롭다는 덕(德)은 4H회의 '바르게 살자'라는 실속 없는 문구에 포장되어 마을 초입의 입간판으로 가십거리가 되었다. 필경 '착하게 살아야 한다'는 의미와도 다를 바 없어 바른 것이 착한 것이고, 착한 것이 바른 것이라고 아는 시대에는 정부가 시키는 대로 말 잘 듣고 따르기만 하면 먹고사는데 지장 없으니 무조건 따라야 한다는 힘의 논리 형국과 다를 바 없었다. 정녕 쇄신해야 할 곳은 고여서 부패한 정부인데도 대책 없이 만백성만 닦달한다는 사실을 알고 있을까. 설사 아는 이가 있어도 권력유지를 위해 모른 척 해야만 하는 시대였다.

유신의 산물 통일주체국민회의에서 1978년 7월 6일 박정희 후보를 제9대(5선) 대통령으로 선출하였다. 갈수록 심해지는 대학가의 화염병은 최루가스에 맞서기 위함이었고, 도심에 심하게 훼손된 보도블록은 유신체제의 모순을 대변하고 있다. 1979년에는 재야까지 요동쳤으며 강경대응으로 반정부 인사들의 잇따른 억압에 10월 17일 부마항쟁이 발생 10월 26일 박정희 대통령이 총격으로 사망하면서 유신체제의 4공화국도 막을 내렸다.

3·8이남의 초대 대통령 이승만은 해양 가지세력의 민주이념을 최초로 뿌리에서 실행했으나 비리와 부패로 빛이 바라자 3선 11년 8개월 11일 만에 하야하였다. 윤보선은 4대 대통령으로서 1년 9개월 10일 동안 역임하였고 박정희 대통령은 1960년 4.19를 문제 삼아 1961년 5.16쿠데타로 정권을 잡고 5선까지 독재하다가 총격으로 사망에 이르기까지의 세월은 15년 10개월 9일이었다. 당시 윤보선에 대한 필자의 소견은 이승만과 박정희를 연결시키는 가교 역할에 있지 않나 싶으며 1937년 삼성상회를 시작으로 오늘날의 삼성그룹이 있게 한 실업가 1세대 이병철 씨도 경제적으로 뿌리 민주화에 부응하였다. 그런데 3대 계승을 위한 2세대 계승자 이건희 회장의 몫은 물질경제보다 정신경제 창출에 있었으나 미치지 못하자 당면한 일들이 풀릴 듯 풀리지 않는 복잡 미묘하게 얽히고 설켜 3세대 계승자 이재용에 이르러 위기를 맞이하고 있다.

한편, 대륙몸통 공산주의 이념을 받아들인 3·8이북의 1세대 김일성 주석의 권력 이양은 아들 2세대 김정일에 거쳐 손자 3세대 김정은에 이르기까지의 부자세습은 누구나 다 아는 일이다. 그들만의 주체사상에는 정신질량이 필요 없을 듯싶지만 고인 물인데다가 부자세습의 악순환은 3대에 이르면 완전 부패하여 붕괴일로에 서게 된다. 물론, 고인 물 공산이념은 흐르는 물 민주이념 하기 나름이지만 그들만의 주체사상은 뿌리민족을 일깨우기 위한 사자의 서(書) 역할을 하기 위한 것에 있다. 1988년 서울 하계올림픽 전후로 3·8이북의 경제는 기울고 3·8이남은 뿌리의 위상을 대륙몸통과 해양가지 전역으로 드높이면서 1안의 물질경제의 기초를 다졌다.

퇴행일로를 걷고 있는 북한체제를 위해 해야 할 일이 무엇이 있을까. 내가 만들어 나가는 업그레이드 시대가 뜻하는 바를 알고 있느냐는 것인데 아쉬운 활동주체의 손을 이로운 운용주체가 잡고 나가야 하는 시대는 분명하다. 그만큼 아쉬운 이들이 이로운 이들을 찾아다니는 시대로서 이를 방증할 만한 증거는 핸드폰으로서 저마다 들고 다니며 아쉬울 때마다 전화한다는 점과 양의 기운은 아쉬운 활동주체로서 언제나 이로운 음의 기운 운용주체를 찾아다닌다는 점이다. 그리하여 양의 기운이 차오르는 시대에 맞춰 음의 기운 뿌리에 음의 기운 여성 대통령이 자리하기에 이르렀다. 무엇을 하기 위해서인가. 운용주체 음의 소명을 밝혀내기 위함이며, 만약 음의 기운 운용주체의 소임을 저버리고 양의 기운 활동주체 행위나 해댄다면 어떻게 될까. 본연의 삶을 일깨우기 위한 표적이 들어가지 않을까 싶고 재임기간 중에 해야 할 일은 이로운 운용주체로서 아쉬운 활동주체의 방안을 강구하는 일이다. 다시 말해 운용주체는 운용주체의 하는 일에 대하여, 또 활동주체는 활동주체의 하는 일에 대하여 밝혀내야 하는 일에 있었다.

　가장 불행한 일은 음의 기운이 넘쳐나는 뿌리에서 활동주체 만백성을 아우르는 운용주체가 치우쳤는지도 모르고 만사를 도모하는 일이다. 어떻게 될까. 운용주체 뿌리뿐만 아니라 활동주체 몸통·가지의 정세도 혼란스럽기는 마찬가지 아닐까. 하나 되어도 시원치 않을 판국에 힘의 논리가 덕치(德治)의 가면을 쓰고 당동벌이나 해댄다면 바르다는 정(正)과 다르다는 선(善)과 치우쳤다는 사(邪)의 분별이 어려울 터, 이쯤 되면 정의사회 구현은 물 건너갔다. 4차 산업 부흥을 위해서라도 뿌리의 정책은 활동주체를 위한 운용주체 교육에 앞장서야 한다. 너를 위한 운용주체가 나를 위한 활동주체 행위를 해댄다면 쌍방 간에 주어지는 곤궁의 표적으로 말미암아 화합의 질량은 자연스럽게 희석된다.

　1988년 서울 하계올림픽을 치르고 몸통·가지에서 많은 인연이 찾아오는 이유가 어디에 있을까. 어느 날 갑자기도 분명한 이유가 있는 것처럼, 과연 조선의 26대 고종(1863~1919)은 1897년 연호를 광무로 정하고 10월에 황제즉위식을 거행한 뒤 국호를 대한제국으로 선포한 것이 과연 운용주체 뿌리가 활동주체 몸통에게 조공을 바쳐 왔던 모순의 세월을 깨우쳐서 한 행위였을까. 그리고 아무런 대책도 없이 13년 동안 황제의 나라라고 버티다가 당해야 했던 두둑강점기와 동족상잔 6.25의 비통함을 달랠 길이 있었는가. 해양가지세력의 원조로 살아야 했던 가난이 부끄럽지 않은 시절의 만백성은 조국을 위해 뼈를 갈아도 아깝지 않았다. 그러다가 이윽고 경제를 성장시켰다. 그런데 물질만 취하려고 득달같이 달려든다. 결국 양양이 상충하여 쏠림이 심화되자 직업난에 허덕이는 불평등한 사회가 되어 지방대학과 중소기업을 기피하고 있다. 주어진 대로 살아가는 에코부머 고통의 시대가 분명한 듯싶다. 늘그막에 맞이한 베이비부머 시련의 시대이기도 하다. 나를 위할 때와 너를 위할 때를 안다면 있을 수 없는 일이겠지만 무엇이 잘못되어 벌어지는 상황인지 모른다면 상식이 통할 리 만무다. 버는 법을 배웠다면 쓰는 법을 배워야 하듯, 나를 위해 선천의 삶을 살아왔다면 너를 위한 후천의 삶을 살아가야 하지 않겠는가. 진정 활동주체 가지·몸통에서 물질이 필요하여 뿌리로 찾아드는 것인가. 그들의 호주머니만 노리면 이반하고 분열은 빤한 일, 필경 사람으로 승화되어 사람들과 사람답게 살아가는 모습을 찾아보기 위함이 아닐까 싶은데 과연 이 땅 어느 구석에 그런 곳이 있을까. 뿌리는 몸통의 롤 모델이라, 있다고 한다면 통일 대박이 문제이겠는가. 만민의 칭송을 받으며 살아갈 터인데 말이다.

9. 2018년 평창 동계올림픽

1979년 10월 26일 박정희 대통령 시해사건이 터지자 전두환(1931~) 소장을 중심으로 신군부세력은 12.12사태의 군권을 장악하고 1980년 5월 17일 비상계엄령을 확대하면서 5·18광주민주화운동(5.15~5.27) 유혈의 참사를 빚기에 이르렀다. 최규하(1919~2006) 국무총리가 대통령 권한대행 수행하다가 1979년 12월 10대 대통령에 당선된 이듬해 8월 신군부 세력에 의해 취임 8개월 10일 만에 하야를 해야 했다. 이에 박충훈(1919~2001) 국무총리서리가 1980년 대통령 권한대행을 보름 남짓 수행하였고, 다음해인 1981년 3월에 소장이었던 전두환이 11대 대통령으로 취임하면서 제5공화국 시대를 맞이하였다. 쿠데타로 이룬 유신정권을 저격과 쿠데타로 물리쳤을 때에는 응당 민주정치가 자리해야 하겠지만 형태만 바꾼 군부정치가 자리하였을 따름이다.

동족상잔 6.25로 남북이 총칼을 맞대며 이념대립을 하는 만큼이나 국가안보가 우선이겠지만 힘으로 군림하려드는 이상 뿌리에 걸맞은 민주주의 꽃은 피어나지 않는다. 가뜩이나 가지민주 해양세력과 몸통공산 대륙세력 그 중심에 위치하다 보니 이를 견제하기 위한 장교 육성 사관학교가 필요하듯이 해양이념과 대륙이념을 아우르는 정신질량 인재육성 교육기관도 필요한 법인데 고작 서양가지의 이념을 가르치는 곳뿐이라 화합의 근본에 접근하기가 용이치 않다. 국방과 경제는 소통과 화합을 일으키는 제1의 방편으로 권력을 움켜쥐면 한껏 부릴 수 있을 터이니 대안 없는 명분은 만백성을 위하는 척 결국 자기 뜻대로 하고자 함에 있지 않나 싶다. 하나둘 베이비부머가 기성세대로의 진입을 앞둔 시점에서의 자화상은 정의를 구현하고자 들떠 있지만 그게 어디 쉬운 일인가.

그런데 참으로 우스꽝스러운 일은 1981년 제12대 대통령으로 전두환(1981~1988)이 선출(2선)되면서 정의사회구현, 복지사회건설, 선진조국창조 등을 슬로건으로 내걸었다. 가능한 일이었을까. 상명하복 명령체계에 그것도 야전사령부 현역장성 지도자에게 자유 민주주의 실현이 가능하겠느냐는 것이다. 명령은 법이자 목숨이라 피로 물들여 성취한 권력인데다가 무시무시한 삼청교육대로 주눅 드는 것은 민초요, 활개 치는 것은 군부세력이었으니 말이다. 그만큼 육군사관학교는 권력의 중심에 있어 그 어느 대학보다 인기충천이었지만 지금까지 힘으로 흥하고 힘으로 군림한 자 힘으로 망하였는데 업그레이드 시대를 앞둔 시점에 쿠데타가 또 일어날까. 이미 1981년 9월 30일 서독 바덴바덴(Baden-Baden)에서 서울이 당당하게 1988년 제24회 올림픽 개최도시로 선정되었다. 있을 수가 없는 일인데 기적이 일어났다.

일제강점기와 동족상잔 6.25로 동서남북으로 사분오열된 이후에 찾아온 뿌리민족의 해빙기이자 몸통공산과 가지민주의 해빙기라 해도 좋을 법한 시대가 펼쳐지는 듯싶었다. 쑥대밭이 된 삼천리금 수강산을 36년 만에 한강의 기적을 일으켜 조화가 만발했으며, 탈냉전시대를 위한 화해와 평화를 기원하며 치른 1988년 서울올림픽은 뿌리 본연의 삶을 찾아 살아가기 위한 도약기였다. 온 인류가 혼화의 정신을 부가키 위해 치른 올림픽이었고, 세계인의 화합의 장이 되었던 서울 코리아는 대한민국 정부수립 후 가장 위대한 순간이자 노력한 만큼 꿈을 이룰 수 있는 시대이기도 했다. 그런데 어찌된 노릇인가. 다시 오지 못할 최고의 순간이었다고 되뇌는 작금은 심화되는 쏠림현상으로 IT 시대의 공무원은 꿈을 잃은 에코 세대에게 꿈의 직장이 되어 버렸다. 2018년 평창 동계올림픽을 한 해 앞둔 시점에서 바라볼 때, 아날로그 시대의 베이비부머의 젊은 날은 타오르는 열정으로 승승장구하던 시절이었고, 이후부터는 퇴보를 거듭하더니 에코부머의 꿈까지 상실하게 만들었다. 이유가 어디에 있을까. 물질이 넘쳐나는 시대에서 말이다.

시대정신은 물질에 물질을 업그레이드할 때마다 걸맞은 정신질량을 부가하지 못하면 퇴행하기 마련이다. 지금까지도 불리는 서울올림픽 주제곡 '손에 손잡고'는 가슴 벅찬 뿌리 민족의 염원이자 몸통·가지의 열망이기도 하였다. 다시 한번 뿌리의 중심부에서 퍼졌으면 한다. 가사 하나 하나가 심장을 뜨겁게 달구어 전율이 돋았고, 가슴 깊은 곳에서 솟구친 뜨거운 눈물이 하염없이 흐르는 것을 보아, 짧지만 민족적 사명이 함축되어 있는 서사시라 해도 무방하지 않을까.

하늘 높이 솟는 불 우리들 가슴 고동치게 하네

이제 모두 다 일어나

영원히 함께 살아가야 할길

나서자

손에 손잡고 벽을 넘어서

우리 사는 세상 더욱 살기 좋도록

손에 손잡고 벽을 넘어서

서로 서로 사랑하는 한마음 되자

손잡고

어디서나 언제나 우리의 가슴 불타게 하자

하늘 향해 팔 벌려

고요한 아침 밝혀주는 평화

누리자

손에 손잡고 벽을 넘어서

우리 사는 세상 더욱 살기 좋도록

손에 손잡고 벽을 넘어서

서로 서로 사랑하는 한마음 되자

손잡고

사람으로 승화되기 전까지 인간생활은 이기적일 수밖에 없어 양의 물질만을 업그레이드해 나간다면 자원고갈을 빌미로 전쟁도 불사할 것이며, 인공지능에 의존도가 높아질수록 제어하지 못하는 감정으로 사회는 무질서해 질 것이고, 종교로 승화하지 못한 신앙의 이간질로 말미암아 울부짖으며 살아가야 할지도 모른다. 서울올림픽을 치르기 전까지 양의 지식의 산지 가지는 베일에 가려진 음의 지혜의 보고 뿌리에 대해 알지 못하였다.

15세기 서양가지의 대항해 시대에서 비롯된 16세기 동북아 1차 서세동점은 지리상의 발견이라고도 할 수 있다. 19세기 2차 서세동점은 산업혁명으로 기계화 시대의 열강세력들에 의한 세계대전의 불씨가 지펴지면서 동북아의 순위는 몸통, 두둑, 뿌리의 순위가 아니었나 싶고, 베일에 가려진 신비의 나라 해 돋는 땅 뿌리는 뒤늦은 발걸음을 하였다. 몸통은 대륙의 큰 덩치만큼이나 육상의 실크로드로 일찌감치 개척된 상태이고, 두둑은 열도이자 보호막이고 해양세력의 전진기지라는 점에 있어 해상의 실크로드로는 16세기 전후로 개척되고 있었다. 무엇보다 반도뿌리는 드러나지 않는 음의 세력으로서 대륙 몸통세력을 좌지우지함에 따라 해양 가지세력과 수평구도를 유지해 나가야 하는 위치다. 때문에 활동주체 해양가지 쪽으로 기울면 대륙몸통이 들썩일 터이고, 활동주체 대륙몸통 쪽으로 기울면 해양가지가 들썩일 것이므로 운용주체로서의 뿌리의 행로는 1안의 인프라 물질문명을 구축할 때까지 거룩한 음의 기운을 고이 간직해야 하는 일에 있었다. 조선에서 급변한 대한제국은 뿌리의 실체를 만천하에 알리는 일련의 과정으로서 그 가치는 일제강점기를 통해, 실상은 동족상잔 6.25로 전하는 중이라 최대빈민국을 면하지 못하였다.

88서울올림픽으로 뿌리의 기치를 드높이기까지의 세월은 기계식 세대의 뼈와 베이비부머 최루가스 눈물이 이룬 쾌거다. 단 한 가지의 소임을 배임한 결과가 군사에서 문민으로 정권교체가 이루어지면서 많은 문제가 불거져 나오기 시작하였다. 초고속으로 경제가 성장하는 데에서 오는 불평등 해소는 힘에서 덕으로 전환해야 가능한 것처럼 문민정부를 수립한 정권에게 주어진 과제였다. 계급에 의존하는 집단일수록 바르고, 다르고, 그르다는 분별을 은근한 힘에 의지하려 할 터, 덕으로 하나 되어 평준화를 이루어 나가는 문민질서와 군부질서는 시간이 흐를수록 차이가 날 수밖에 없다. 더군다나 20세기 말기는 1안의 인프라 물질문명이 구축된 업그레이드 시대이자 인연맞이 시대로서, 세계적인 추세는 민주국가와 공산국가 간의 불신의 장벽을 허물고 동·서양의 화합하고자 세계는 하나라는 슬로건을 내걸고 지구촌이라고 불릴 때였다. 때마침 1985년 아프리카 난민을 돕기 위해 가지권에서 내로라하는 인기가수 45명이 함께 부른 '세계는 하나'라는 '위 아 더 월드(we are the world)'가 세계 곳곳에 울려 퍼졌다.

1986년 몸통권인 아시아의 화합을 위한 아시안 게임을 치르고, 지구촌의 축제 1988년 서울 하계올림픽의 슬로건은 '손에 손잡고'였다. 몸통 아시아를 넘어 가지 세계로의 발돋움을 알리는 대한민국 KOREA는 남북으론 이념대립, 동서로는 지역감정으로 사분오열된 뿌리인지라 성공적인 대회를 치르기 위해 총역량을 집중하였다. 특히 중산층 반열에 올라서기 시작한 서민들의 생활수준은 하루가 달랐다. 무엇보다 올림픽 개폐회식이나 주제곡이나 30년이 지난 지금까지도 여운에 남는 것은 기성세대의 핵심이 될 무렵인데다가 아마 해냈다는 자부심과 더불어 안으로 골병들고 겉으로 뭇매를 맞다시피 살아온 지난날의 세월 때문이 아니었을까. 구석구석 '손에 손잡고 벽을 넘어서'가 뿌리를 넘어 몸통·가지로 울려 퍼진 덕분에 그런 것인가. 1989년 가지독일의 베를린 장벽을 만백성의 힘으로 무너뜨리자 마침내 서독은 동독을 흡수통일을 하기에 이르렀다. 가외몸통 소련은 고인 물의 핵심세력 소비에트 사회주의 공화국 연방으로서의 그 위세는 실로 대단했으나 1991년 해체의 수순을 밟기 시작하여 본래 15개의 독립국가 체제를 형성하기에 이르렀다. 이와 같이 지구촌의 한 곳은 흐르는 물 민주체제가 고인 물 공산체제를 흡수하였고, 또 한 곳은 흐르는 물이 되기 위해 자유 분산하기에 이르렀다.

그런데 뿌리는 여전히 3·8이북은 고인 물 체제 공산이념이요, 3·8이남은 흐르는 물 체제 민주이념으로 대립각을 세우고 있다. 이유를 어디에서 찾아봐야 하는 것일까. 억센 사투리만큼이나 자기 뜻을 굽히지 않는 지도자들 때문이기도 하겠지만 뿌리의 체제는 가지와 몸통과는 사뭇 다르다는 점에 있다. 즉, '덕이 되고 득이 되는' 상호상생은 먼저 주고 후에 받는 이로움의 행위라 가지민주와 몸통공산의 장단점을 추려 혼화하지 못하면 하나 된다 하더라도 재차 분열은 시간이 문제다. 민주주의 삶도 그렇고 공산주의 삶도 그렇고 둘을 하나로 결속시키는 뿌리의 이념을 창출할 때까지 분단은 계속 지속될 것이다. 또 이원화체제는 일원화체제의 보고이자 진화발전의 원동력으로 유일하게 남아 있는 분단국가라는 점은 음의 기운이 운집한 조종국임을 증명하는 것이라고 할까. 몸통·가지의 추세도 뿌리에 맞추어 몸통 공산세력과 가지 민주세력으로 나뉘어 마주 보고 있다.

폐허 속에 1대 36년이라는 짧은 기간 동안에 기적을 일으킬 수 있었던 것은 아날로그 2세대를 위한 기계식 1세대의 희생이 있었기 때문이며, 다시 오지 못할 아날로그 최고의 시절을 보낼 수 있었던 것도 그들 세대에게 주어진 사명 때문이다. 사명이란, 민주와 공산의 이원화체제에서 일원화체제의 정신질량을 추출하는 일로서 군부독제에서 벗어난 문민시대 이후 여성대통령에 이르기까지 고난과 불행의 연속이었다는 것은 소명을 다하지 못했다는 표적의 일환인바 무엇이 문제였던 것일까. 그렇다고 1980년 5.17쿠데타로 비롯된 군부정치가 옳다고 말하는 것이 아니다. 총칼을 앞세운 군부 대통령의 삶은 더하면 더했지 덜하지는 않았듯이 뿌리민족 대통령의 자리에는 물질에 정신을 부가할 대안을 마련하지 않고 올라선다면 그 순간부터 분열로 곤욕을 치르다가 오점을 남기고 퇴임하면 그나마 다행이지만 앞으로는 하야 아니면 탄핵 사태가 연이어 발생한다. 언제까지냐 하면, 하나 되는 대안을 마련할 때까지다. 한편, 세계인의 축제 서울 하계올림픽은 육신의 피와 땀을 흘린 만큼 물질경제는 최고가를 이루었으나 정신경제가 뒤쳐진 상태 그대로 고대하던 문민정부가 때맞춰 들어섰다. 우연일까.

☾ 베이비부머

이미 IMF 구제금융의 표적은 잠재해 있었으며, 점차 물질풍요의 시대와 맞물려 들어선 문민정부는 군부정권이 입으로만 외쳐왔던 화합의 질량을 공고히 다져 나가기 위한 것에 있었다. 그런데 힘으로 밀어붙이는 군부정치와 물질로만 해결하려는 문민정부와 다를 바 없었는지 여전히 상극상충 쏠림의 시대를 벗어나지 못하였다. 결혼하기만 하면 행복한 줄 아는 시대가 있었다. 아쉬운 자는 이로운 자를 찾아 부탁하기만 하면 어려움을 무조건 극복할 수 있다는 무한한 믿음을 갖고 있는 것처럼 말이다. 과연 부인이 음의 기운 운용주체요 남편이 양의 기운 활동주체라는 사실을 알고 있는 가정이 있을까. 아쉬워서 찾아가는 자가 활동주체요, 이로워서 맞이 하는 자가 운용주체라는 사실에 대해서 말이다.

육생경제를 위해 활동주체가 운용주체의 말에 무조건 따라야 하는 물질의 선천시대를 지금까지 살아왔듯이 앞으로는 활동주체를 위한 운용주체의 법도가 필요한 정신의 후천시대다. 아쉬운 자의 손을 이로운 자가 잡고 나가는 법도가 마련되어야 하는 업그레이드 시대라는 것이다. 그저 내 등 따시고 배부르면 그만이듯 비굴함도 모르고 살아가야 하는 판국이라 이로운 이를 위한 힘의 법도만 자리할 뿐이다. 과연 바른 분배가 가능할까.

나 하기 나름의 달리 나타나는 작용반작용의 법칙 상대성 원리는 만고불변의 법칙이다. 일어나는 모든 일에는 그럴만한 이유가 있는 법이라 '나 하기'란 하나 되기를 기원하며 '나름'은 통제, 절제, 융통성 등을 나타내고 '달리 나타난다'는 필자가 누누이 강조한 바와 같이 믿음, 책임, 신뢰, 기대, 화합 등을 이루어 나가는 상호상생 행위를 뜻한다. 언제나 문제의 발단은 내 앞에 있는 인연으로부터 기인하므로 화합을 하려거든 덕(德)이 되는 정(正)과 실(失)이 되는 선(善)과 해(害)가 되는 사(邪)의 행위의 실체를 알아야 한다. 내 욕심의 발로 생각은 지식을 낳아 이기의 물질을 생산하고, 너를 위할 때 쓰이는 지혜는 에너지 차원의 마음으로서 이타의 정신을 생산하기 때문인데, 다시 말해 양의 지식은 물질과 물질을 결합시켜 발전하는 것이고, 음의 지혜는 물질에 정신을 부가시켜 진화해 나가는 것이라, 진화와 발전은 너와 내가 하나 되어 살아가기 위한 것에 있다는 사실을 받아들이기만 한다면 덕(德)의 정(正)과 실(失)의 선(善)과 해(害)의 사(邪)의 실체를 분별하게 된다는 것이다.

어느 날 갑자기 아무런 이유도 없이 어려움이 주어지는 것일까.

하나 되어야 할 때 하나 되지 못한 때가 쌓이고 쌓여 폭발한 것으로 너를 위할 때임에도 불구하고 나를 위해 살아가다 표적을 받게 되는 것이므로 그 누구도 예외일 수는 없다. 그리고 '나름'과 '달리'는 행위의 결과를 나타내는 바라, 성인이 된 후 반드시 물질의 지식차원을 넘어 옳고 그름에 대한 지혜의 정신차원을 가르침을 받아야 한다. 살림살이가 어려워졌을 때에는 경제를 보강해야 하는 것이겠지만 모면했다면, 어려워진 이유와 원인을 찾아내어 재발을 방지해야 한다. 국가의 부도 위기상황에서는 경제부처의 수뇌부가 노력하고, 또 위기를 벗어난 후의 노력을 한결같이 물질적인 측면으로만 계산하고 덧붙였기에 디지털 시대에 들어 에코부머는 흙수저·금수저 논란에 헬조선이 되어 '이게 나라냐'는 소리를 해대며 살아가고 있다.

참으로 희한한 노릇은 대졸이 80%인 나라인데 동족상잔 6.25 이후보다 어렵게 살아가야 하는 에코세대는 등록금을 외상 한다. 사회생활을 빚으로 시작한다면 상호상생이 가능할까. 사제지간은 간극이 생길 터 누구의 잘못일까. 1988년 서울 하계올림픽부터 2018년 평창 동계올림픽까지 30년 동안 인연맞이 시대의 책임은 전적으로 베이비부머이고, 1년도 채 남지 않은 시점이 쏠림이 심화된 풍요 속의 빈곤을 벗어나려 한다면 시급히 인연맞이 대책을 강구해야 한다. 서울 하계올림픽에서 2024년이 꽉 찬 36년이 되는 해이지만 인간에서 사람으로 승화의 시기가 '나름'의 서울 하계올림픽이어야 했고, 사람답게 살아가는 시기는 '달리'의 평창 동계올림픽이어야 한다. 다시 말해 양의 기운이 차오르는 1988년부터 인연맞이 시대가 시작되어 30년이 지난 2018년의 삶의 모드는 벌어들이는 이기의 시대에서 소비하는 이타의 시대로 전환하기 때문이다. 그야 말로 70%가 산으로 둘러싸인 뿌리는 금수강산으로 정말 아름다운 나라다. 나머지 30%의 평야는 기름진 옥토로서 칠칠하게 여문 곡식을 생산한다. 생각의 지식에 의지하여 살아가야 하는 활동주체 민족이 사는 곳이 아니라 마음의 지혜로 만민을 아우르는 운용주체 민족이 사는 곳이기에 3:7 음양합의 0의 수가 이루어졌으니 인연을 맞이하며 살아가야 하는 곳이라는 소리다.

한편, 인간에서 사람으로 승화의 시대가 다가오자 곁가지의 핵심 미국에서 "세계는 하나"라고 운을 띄웠고 뿌리에서는 "이제 모두 다 일어나 영원히 함께 살아가야 할 길" "나서자"라고 답하였다. 곧 이어 "손에 손잡고 벽을 넘어서"로 이어진 함성은 세계평화를 위한 것이지만 이보다 뿌리의 통일이 우선이라고 외치는 순간이 아니었을까 싶다. 맨손으로 한강의 기적을 일으킨 것도 나름 하나 되고자 하였기에 가능했던 것처럼 '하나의 세계'는 손에 손을 잡고 나아갈 때 이루어지는 법이라 시대가 영웅을 만들듯 만민의 노래가 시대정신을 부추긴다. 당시에 집에 가면 엄마가 기다리고 있었고, 친구 집에 가도 친구의 엄마가 기다리고 있었다고 X세대와 N세대는 말한다. 아마도 이 시기부터가 에코세대의 엄마이자 베이비부머의 부인들이 한 푼 벌어 볼 심산으로 맞벌이 사회진출을 시작하였다. 그런데 작금의 삶의 모습이 요 모양이라면 무엇이 잘못 되어도 단단히 잘못된 것이 아닌가. 이유를 어디에서 찾아봐야 하는 것일까. 양극화가 맞벌이를 부추겼던 것일까. 아니면 맞벌이가 양극화를 부추긴 것일까.

네 화음에 내 화음을 맞추지 못할 때 일어나는 불협화음 그 원인이 마치 너에게 있는 것인 마냥 탓이나 해대며 부부지간이 따로 따로 놀자 '손에 손잡고'는 공염불이 되면서 '서로 서로 사랑하는 한 마음 되자'는 어느새 공허한 메아리가 되어가고 있었다. 오직 나만 잘 먹고 잘살면 그만이라는 듯이 아쉬워서 찾아오는 인연의 호주 머니만 노리는 모습이라 '고요한 아침 밝혀주는 평화'를 느낄 여유나 있었는지 모르겠다. 분명 돈만 있으면 물질이 가져다주는 쾌락과 만족을 누리는 것은 부인할 수 없는 사실이다. 하지만 그로 인해 받게 되는 고통의 표적은 나밖에 모르는 욕화 때문이었다는 사실을 인정하기보다 쓴맛 단맛 보면서 살아가는 것이 인생이 아니냐고 그럴 듯한 핑계로 일관하는 이들이 대다수다. 그래서 요 모양 요 꼴을 면치 못하고 있는 것이 아닌가.

내가 받는 고통은 내 고집에서 일으킨 불통의 표적이라 근본적인 이유와 원인을 밝혀내지 않고서는 결코 화합의 대안마련을 할 수 없다. 물론, 이리하면 이리된다는 본보기야 되겠지만 네 근기에 맞게 벌어진 상황이 마치 내게도 벌어질 것인 냥 무조건 수용하다 낭패를 본다면 누구의 잘못일까. 지식의 물질분석과 지혜의 화합 분별은 너와 나의 차원을 나누어 가면서 인식해야 할 사항이라 선천적 질량을 성취하는 과정에서 맛보는 좌절은 보약이라 할 수 있지만 후천적 질량, 즉 성공 후의 실패는 최악이라 좋을 것이 없다. 또한 성취 중의 좌절과 낙담은 성장통이라고 할 수 있지만 성취 후의 실패는 재기 불가능할 수도 있는 문제라 이때 성장통이라는 위로의 말을 건네는 행위는 참으로 위험천만하다.

이러한 이들로 인해 즐거운 비명을 지르는 곳이 어디일까 생각해 봤는데 아마도 기복을 종용하는 신앙이 아닐까 싶다. 매 순간 지식에 의존하는 경향이 크다면 나를 위한 이기적 분석의 삶을 살아가는 것이고, 지혜에 의존한다면 너를 위한 이타적 분별의 삶을 살아가는 것이라 좌절은 성공을 위한 것이 되겠지만 그렇다고 최악이라 말하는 성공 후의 실패는 신이 내리는 벌이 아니라는 사실이다. 모든 사안은 분별이 어리석어 벌어진 것이므로 이기적인 똑똑함보다 이타적인 슬기로움이 필요하다고 말한다. 하나 되어야 할 때 하나 되지 못해 받는 표적이라는 사실을 부정하고 복불복과 호불호를 따져 가며 기복에 의지한 행위를 버리지 못하면 그때는 진정 대자연이 회초리를 내리친다. 신에게 도와 달라 구걸하듯 살아가는 이들의 행태를 살펴보자.

간절하게 기도하면 하늘도 탄복한다는 신앙의 가르침에 세뇌되어 하나 되지 못해 어려움이라는 표적을 받은 것인데 구걸하듯 기도로 해결해 보려다 되레 불통의 고통을 앓다가 죽어 간다는 사실을 모른다. 천당과 지옥은 인과응보 사필귀정의 결과라고 말하지만 내 앞의 인연과 하나 되지 못하는 자체가 지옥이라는 사실을 인지한다면 상황은 다르다. 열정페이 헬조선에 이게 나라냐는 말이 식을 줄 모르면 조만간 '누가 이 꼴로 만들어 놓았냐'고 할 텐데 이쯤 되면 2018년 평창 동계올림픽 이후 뿌리의 생태계는 돌연변이 이론이 혼란을 야기해 기형적 논리를 정당화할지도 모른다. 사실, 제5공화국(1980~1987) 전두환(1931~) 대통령의 재임기간은 하계올림픽 준비기간으로 뿌리 민주화의 틀을 세우는 기간이어야 했으며, 노태우(1932~)의 제6공화국(1988~1993)은 이상적인 민주화를 실현하는 단계에까지 이르러야 했었다. 1987년 6.29를 선언하고 보통사람을 강조한 그해 7.7선언으로 북방정책을 추진한 역사적인 일에 신기하게도 두 사람 다 12.12쿠데타와 5.18광주민주화운동을 무력 진압한 신군부세력의 주역이라는 점이다. 1988년 서울 하계올림픽은 양의 기운이 차오른 업그레이드 시대인데다가 힘의 논리 장성들이 수뇌부를 장악했다는 것은 험난한 뿌리 미래의 단면을 보여 주었다.

　메케한 최루가스가 가실 날 없었던 서울 중심가도 어느덧 뿌리의 기운을 부가키 위해 찾아온 몸통·가지의 인연들로 북적인다. 그 사이 군부정치에 민주화의 꽃이 싹이 튼 것은 아닐 터이고, 그렇다면 인연맞이하는 것과 자유 민주주의는 별개라는 소리인가. 자본주의 병폐는 점차 드러나겠지만 올림픽은 인류화합을 위한 것에 있다. 그런데 이타의 질량은 오간데 없고 이기의 물질에 도취된 스포츠 행사에 불과했는지 음의 기운이 잠재한 뿌리에서 정작 그들에게 필요한 사람 사는 세상의 모습을 보여 주지 못하고 있다. 뿌리의 모습이 이렇고 저런 것이라고 내세울 만한 곳이 있다면 모를까. 저마다 제 밥그릇 챙기기에 혈안이라 정의로운 민주주의는 가당치도 않다. 경제 정도에 따라 원로인사들도 민주주의 해석이 분분한 것을 보아하니 잘 먹고 잘 살면 그만이라는 생각을 젊은 날 가졌던 것은 아니었을까.

　기성세대 즈음에 중산층 반열에 올라서기 시작한 베이비부머, 이팔청춘 때의 꿈이 무엇인지 그리고 이루었는지를 뒤돌아볼 시간을 가져야 했다. 뿌리의 역사상 그 어느 세대보다도 숱한 기회가 주어졌고, 성공 후의 실패마저도 전화위복으로 삼았던 세대다. 그러나 에코부머에게 있어 실패는 곧 나락이자 좌절이며 고통이라, 사람답게 살아가는 차원이 전혀 다르게 설명된다.

　변화의 과정이어서 일까. 아니면 진화의 과정이기 때문일까. 이도저도 아니면 삶의 가치가 그저 먹고살기 위해 공부해서 좋은 직장 취직하는 것이 전부일 수밖에 없다. 민주주의가 자칫 에코부머가 기성세대에 이르러 심하게 왜곡되기라도 하는 날에는 충성과 효의 개념이 완전히 뒤틀릴지 모른다. 작금도 불확실성한 미래로 인해 철저하게 자기 위주의 삶을 살아가면서 기계식 1세대와 마찰을 빚고 있다. 이쯤 되면 상호 균형을 바로잡아 나가야 하는 세대가 누구인지를 상기해야 한다. 물질개척 1세대와 정신창출 2세대 그리고 물질에 부가된 정신을 실어 나르는 3세대는 메신저로서 2세대가 물려준 그대로의 삶을 살아가는 세대다. 물질의 지식과 정신의 지혜가 부족하다는 소리가 아니다. 메신저의 삶을 살아가야 하기 때문에 개척이나 창출의 모험보다 안정적인 삶을 선호하는 3세대의 습성을 바로 알아야 한다는 것이다.

직업을 통해 삶의 안위를 보장받지 못할 경우 1세대와 3세대 간에 생기는 균열은 분명 사명을 잃고 살아가는 2세대의 내리치는 회초리다. 혹여 안정적인 삶은 자기 편안한 대로 살아가는 것이 아니냐고 오해하기 십상인데 2세대가 역할을 다하지 못하면 3세대에게는 안정은커녕 그 어느 것이든 그저 벽찰 따름이다. 이렇게 1안의 개척과 2안의 창출을 해야 하는 세대가 있다면 이를 토대로 살아가야 하는 세대가 있다. 문명의 진화발전은 1세대 36년, 3대 도합 108년의 퍼즐로 중심잡이 2세대의 역할에 따라 그림이 그려진다. 시작과 마무리를 위한 중심잡이 정신의 역할이 없다면 균열이 일어나 화합을 위한 합의의 가치와 행복을 위한 사랑의 가치가 헌신짝 취급을 받는다는 사실이다.

☯ 빈익빈부익부

국가의 이념은 철학이자 행복추구권이다. 그렇다면 널리 인간세계를 이롭게 하라는 홍익인간은 대륙몸통 공산세력과 해양가지 민주세력의 중심잡이 이념이라 해도 무방하지 않을까. 그리고 올림픽은 선진국에서 4년마다 돌아가며 치른다. 문화와 경제가 앞서가는 만큼 화합의 질량과 이념도 그만큼 실천 가능해야 한다. '손에 손잡고' 나가기 위해서 말이다. 그런데 갈수록 올림픽은 험악해지는 분위기다. 테러위험 속에서 치러야 하는 것을 보면 이념과 이념 그리고 신앙과 신앙 간의 적대적 골은 수천 년이 지나도 다를 바 없어 보인다. 스포츠에는 이념도 없고 신앙도 없다고 말한다. 그리고 세계가 하나 된 가운데 조국과 명예를 위해 갈고닦은 기량을 겨룬다. 206개 역대 최대 국가가 참전한 2016년 브라질 리우데자네이루 하계올림픽 선수들의 안전을 위해 삼엄한 경계 속에서 올림픽을 치렀다. 왜 하필이면 전 세계인이 모여 축제를 벌일 때마다 테러의 공포에 떨어야 하는 것일까.

그만한 이유가 있어 테러를 모의하는 것일 텐데 나라마다 실속을 챙기느라 쉬쉬하기 바쁘다. 또 그렇게 해서라도 채울 수 있다면 모를까. 곪아터진 부분 도려내라고 환부를 드러내 보이건만 되려 숨기려드니 이러다가 전체를 도려내야 할지 모른다. '더도 말고 덜도 말고 한가위만 같아'라고 말하는 뿌리 고유명절과 흡사하다. 객지로 떠난 자식을 맞이하는 부모님의 기쁨이야 이루 말할 수 없겠지만 오랜만에 만난 자리에서 꼭 형제간에 큰 싸움이 벌어지곤 한다. 풍요의 계절을 맞이하여 형제의 우애를 나누고자 하는 자리다. 그것도 부모님 앞에서 평생 안 볼 것 마냥 형제간에 다투는 일이 허다하다. 사소한 일에서부터 서운함이 쌓여 가는 법이라 부딪쳐야 할 때까지 방치해 뒀다면 누구의 잘못일까. 운용주체가 누구인가를 알면 화합에 쉽게 다가서지 않을까싶고, 알고서도 화해하지 못하면 어려워지고 나서나 후회한다. 159개국이 참전한 1988년 서울올림픽보다 무려 47개국이 더 참가한 이유도 있겠지만 이념이 상충을 치는 한, 신앙이 상극을 빚는 한, 하나 되기 위해 모였더라도 하나 되어 살아가기는 힘들다.

연방국가에서 주권을 되찾아 독립 국가를 선포한 것은 흐르는 물처럼 민족고유의 삶을 되찾기 위한 것에 있다. 참견과 간섭은 고인 물과 다름없어 민족 고유에 삶을 살아갈 수 없다. 저마다 흐르는 물이라 주장하며 돌아가면서 유치하고, 내거는 캐치프레이즈는 분명 지구촌 형제를 위한 것인데 돌아서면 그뿐, 정녕 하나 되어 살아가고자 한다면 윤리강령과 행동강령을 마련해야 하는데 가능할까. 통제, 억압, 규제 등의 논리로 엮인 법도는 결국 오늘날처럼 풍요 속의 빈곤만 자리하게 만든다. 흐르는 물 민주는 운용주체요, 고인 물 공산은 활동주체로서 적대적 대립체제를 유지하는 이유가 어디에 있는가를 생각해 보자.

하나 되지 못할 이념의 모순 때문이 아닌가 싶은데 내 것으로 취하게 만드는 물질은 이기로서 상극상충을 유발하고, 화합을 일으키는 이타의 정신은 상호상생을 일으키므로 여기에 대자연의 섭리나 하기 나름의 달리 나타나는 작용반작용의 법칙 상대성 원리를 부합시켜 나가면 어떠할까. 활동주체를 위한 운용주체의 법도를 위해서 말이다.

음의 기운 대자연과 양의 기운 인간은 불가분의 관계로서 활동주체인 인간은 운용의 주체 대자연의 섭리에 벗어나서 살아갈 수 없다. 인간생활에 있어서도 아쉬운 자와 이로운 자는 떼려야 뗄 수 없는 사이인 만큼 삶을 활성화시키기 위해서라도 양기를 운용해 나가는 음기의 법도가 뒤따라야 한다. 운용주체는 선천질량에 의지해 온 덕분에 아쉬운 활동주체의 법도만 정비해 왔을 뿐 이로운 자의 행위에 대한 법도는 마련하지 못했다. 여전히 지구촌에는 한 뜸도 바뀜 없이 힘의 논리가 자생하는 터라, 아쉬워서 찾아가는 이들을 이로워서 맞이하는 자들이 관대하게 거둬드린 하수인쯤으로 생각해서 그런 것이 아닌가 싶다. 받아 온 기본금 선천질량은 활동주체와 함께하기 위한 후천의 자본금으로 상호상생을 일으키지 못하는 운용주체는 도산하여 소리 없이 사라진다.

힘의 논리는 군림하려 드는 자의 것으로 아쉬움을 채워야 하는 활동주체는 너의 아쉬움을 채워 주겠노라는 운용주체가 시키는 대로 할 수밖에 없다. 그 결과 빈익빈부익부가 고착된 듯싶은데, 지니계수(Gini coefficient)라고 할까. 이대로라면 소득분배의 불균형을 바로 잡지 못한다. 패권주의, 군국주의, 봉건주의, 권위주의 등을 물리치고자 나라마다 통수권자의 이념을 내걸지만 권력의 맛이라고 할까, 돈의 맛이라고 할까. 제왕적 대통령과 재벌총수라는 말이 생겨난 것도 아마도 육생의 맛 때문이 아닐까. 어떻게 분배해야 할까. 자본주의 민주이념도 그렇고 사회주의 공산이념도 그렇고 살맛난다고 소리치는 이들의 태반이 이로워서 맞이하는 운용주체다. 아쉬운 활동주체들이 살맛난다 소리치는 곳이 있을까. 아쉬운 서민들이 살 만하다면 무슨 문제가 있겠느냐만 헬조선이 되어가면서 디지털 3세대가 기계식 1세대에 반감을 갖기 시작했다는 것은 심히 우려스러운 일이다. 분명 뜻하는 바가 있을 텐데 헬조선은 만백성의 활동주체와 지도계층 운용주체 간에 삶의 간극이 벌어지면서 만들어낸 시대상이라 해결방안은 활동주체를 위한 운용주체의 법안을 제정(制定)하는 일이다. 아날로그 2세대는 1·3세대의 운용주체이므로 활동주체인 1·3세대를 위한 삶을 살아가야 한다. 누구나가 지금 이곳에서 활동주체일지라도 어느 곳에서는 분명 운용주체가 되기도 하므로 실제 가장 필요한 법이다.

뿌리·몸통·두둑으로 이어지는 동북아의 상황을 고려하더라도 뿌리의 질량으로 살아가는 곳이 몸통임을 알 수 있고, 무질서는 이기의 물질에서 비롯되기보다 이타의 정신부재로 일어난다는 것을 알 수 있다. 그리고 서양가지는 물질에 정신을 첨가하고자 해양기지 두둑을 통해 뿌리로, 뿌리는 다시 몸통으로 올려 보냈다. 이때 하나 되어 나가는 정신까지 실어 보냈다면 사면초가 3·8이북에서 핵으로 으름장을 놓을까. 누구로 인해 사자가 된 것일까. 3·8이남은 몸통과 가지의 균형을 잡아 나가야 하는 운용주체임을 상기시키고자 상대적으로 해대는 행위다.

한편, 해 돋는 땅에서 하계올림픽을 치른다는 것은 화합의 기운이 뿌리에 서렸음을 증명하는 것이자, 선천의 자리 조종국임을 만방에 고하는 행사였다. 이후부터 하나 되어 살아가겠다는 후천의 삶을 약속한 바와 다를 바 없는데 어찌된 노릇인가. 올림픽 폐막 후 10년 만인 1997년도에 되레 IMF를 맞이했다. 표적이 뜻하는 바가 무엇일까. 기계식 1세대가 일으킨 기업들이 줄줄이 도산하는 사태를 그저 바라볼 수밖에 없었던 아날로그 2세다. 예나 지금이나 뿌리의 만백성은 나라가 위기에 처할 때마다 똘똘 뭉쳐 극복하는 저력을 보였다. 무엇보다 침탈과 겁박이 있을 때마다 조정과 문무대신은 국난의 원인을 소명해야 하는데도 불구하고 천도(遷都)와 당파싸움뿐이라 만백성의 고통만 더 가중시켰다. 작금도 다르지 않다. 깜깜히 시대를 맞이한 에코부머 3세대에게 있어서는 말이다. 2세대 베이비부머가 만들어 나가야 하는 후천의 시대는 하나 되어 살아가야 하는 업그레이드 시대다. 밀레니엄을 몇 해 앞두고 맞이한 깜깜히 시대에 비극의 세대를 양산하는 것도 지도층의 정신부재로 벌어지는 일이라는 사실을 모르고 있다.

그렇지만 아직까지는 정신세계를 담당하는 수많은 신앙이 자리하고 있어 다행이다 싶고, 특히 주제자(主祭者)의 태반이 베이비부머 아날로그 세대라는 점에서 안심되기도 한다. 하지만 달갑지 않게 기복에 매달려 삶의 질은 제자리걸음이고, 한편으론 경제성장과 맞물린 세월 때문이라는 평계가 그럴듯하게 들리지만 이 꼴로 만들어 놓은 책임에서 벗어나지 못한다. 어렵고, 힘들고, 고통스러울 때 찾는 곳이 어디인가. 바로 신앙이지 아니한가. 어려워진 이유와 원인을 방만한 체 기복으로 일관한 무지함으로 말미암아 종교로 승화하지 못한 책임을 어떻게 할 것인가. 인간에서 사람으로 승화시킬 주제자여야 하건만, 선천질량을 통해 후천의 삶을 살아갈 수 있도록 이끌어야 하는 주제자이건만 술(術)의 독(毒)에 빠져 바르게 살아가는 도(道)의 법(法)에 이르지 못해 전혀 다른 차원의 삶이 전개되고 있다. 문제는 다르게 살아가는 삶이 바르게 살아가는 삶인 마냥 인식하고 있다는 것이다. 그리하여 받게 되는 대표적인 표적이 어려움, 힘듦, 고통인데 이를 면해 볼 요량으로 기복으로 깨춤 추다가 앞앞이 말 못하고 구석구석 눈물 흘리지 않는 집이 없다. 그 길이 바른 길이라면 헬조선이 되었을까. 바른 길과 다른 길과 그른 길 그리고 바르다는 것과 다르다는 것과 그르다는 차원을 분별하지 못하면 에코부머가 사자로 돌변하여 베이비부머 가슴에 비수를 꽂게 된다는 것이다. 하지만 작금의 사태를 냉철히 둘러보면 얼마든지 수습해 나갈 수 있다는 데 대해 과연 감사해야 할까, 아니면 질타해야 할까.

☽ 균형잡이 질량

컴퓨터가 실용화되기까지는 나를 위해 살아야만 했던 시대였다. 인터넷과 함께 보편화되면서 너를 위해 살아야 한다는 시대정신이 업그레이드 용어에 함축되어 널리 보급되었다. 뭐랄까. 컴퓨터는 1안의 인프라 선천적 물질문명 알리는데 일조했다면, 인터넷은 2안의 인프라 후천적 정신문화 콘텐츠의 시대를 시사하고 있다고 할까. 블로그에는 자신에 대해 올리고, SNS로는 소통하고, 유튜브에는 만인에게 도움이 되는 정보를 싣고 공유한다. 그야말로 인터넷은 세계인의 정보와 지식을 총망라하고 있는데 그만한 이유가 있을 터. 그저 '나 먹고 살기 위해서', 그게 아니라면 '화합과 소통을 위해서', 궁(窮)하면 통(通)하는 곳인 인터넷 세상이다. 그리고 변(變)해야 하는 것이겠지만 정신질량이 배재된 물질질량뿐이라 변화를 추구할수록 양양상충으로 용두사미 결과를 초래하고 있다.

지식으로 분석차원을 넘어설 때 지혜의 분별차원에 다가서고, 이기의 생각차원을 넘어설 때 이타의 마음차원에 다가선다. 즉, 이기의 지식은 물질을 생산하고 이타의 지혜는 화합의 정신을 창출한다는 소리다. 그리하여 물질과 정신이 수평을 이루는 구도가 화합이므로, 이기의 물질과 이타의 정신을 혼화하여 수평을 유지해 나갈 민족이야말로 민주와 공산의 장단점을 아우르며 살아가는 민족이지 않을까 싶다. 너와 나의 사이에서 옳고 그름을 분별하지 못하면 바르고 다르고 그른 차원에서 바르다는 정(正)과 착하다는 선(善)과 치우쳤다는 사(邪)를 분별해야 할 터, 이도 하지 못하면 영혼을 잃어버린 좀비들의 삶과 다를 바 없다. 절대분별로 살아가야 하는 인간은 사람처럼 살고자 하는 열망으로 가득 차 화합의 정보를 제공하는 정도에 따라 삶의 차원은 확연히 다르다. 이쯤 되면 인터넷 상에서까지 먹고살기 위해 바동거릴 필요가 없다.

한편, 보통 사람을 강조하던 제6공화국 노태우 대통령의 군사정부는 직선제를 약속하여 마침내 1993년 김영삼(1927~2015)은 문민정부의 주창자로서 14대 대통령에 취임하면서 30년 군사정권의 종지부를 찍기에 이르렀다. 그렇다고 고여서 썩은 물을 하루아침에 정화시킬 수는 없는 법. 진정한 문민시대를 열어 가기까지는 넘어야 할 산들이 너무 많다. 특히 만백성을 위할 문민정부가 우선해야 할 일은 동서화합에서 기인하는 남북통일에 역점을 두는 일이다. 따라서 민주와 공산체제의 모순을 다각적인 면에서 연구해야 했으며, 특히 물질경제 순환구조는 선천적 물질의 아쉬움과 후천적 정신의 이로움이 일으키는 선순환 행위에서 비롯되므로 이기의 물질에 이타의 정신을 혼화할 방안 마련을 위해 박차를 가할 때이기도 했었다. 신한국 창조를 위해 세계화를 외치다가 그만 역대 어느 대통령보다도 경제와 물적 인적 재난에 이르기까지 많은 표적을 받았는데 순리에 순응하지 못한 결과였다. 비록 역사에 나라 살림을 거덜 낸 대통령이라는 오명을 남겼지만 군정과 문민의 과도기라 어느 누가 대통령 자리에 오른다 하더라도 혼화의 질량을 마련하지 못하면 못지않게 욕을 먹게 되어 있다.

　군부의 힘으로 다스려 온 세월에서 이로움으로 살아가야 하는 시대였다. 달라진 점이 무엇이 있을까. 배불리 먹고 육신을 살찌우는 일일까, 아니면 배불리 듣고 정신을 살찌우는 일일까.

　대한제국을 통해 일제강점기를 맞이하여 동족상잔 6.25를 치러야만 했던 근본을 밝히려 든다면 사람답게 살아가는 세상, 하나 되어 살아가는 세상을 구현하기 위한 것에 있다는 사실을 알 수 있다. 전후 자유의 맛을 보기도 전에 군부정권에 세뇌 당해 버린 기계식 1세대는 으레 그러려니 해왔던 민주주의를 아날로그 2세대가 투쟁으로 문민정부를 일구었다 싶었던 어느 날인가 중상층에다가 기성세대의 핵심주역이다. 아니나 다를까 무사안일주의에 체면을 중시하는 보수성향이 자리 잡기 시작하였다. 가뜩이나 물질만족을 사랑과 행복으로 연계하는 바람에 배금주의자들까지 속출하여 천민자본주의로 타락일로에 서는 듯싶었다. 뿌리에 가지의 민주주의가 정화 없이 고착된다면 지식의 물질이 지혜의 뿌리로 흡수되어야 할 이유가 있을까. 아무런 관계가 없다면 힘으로 겁박 당하고 비굴하게 눈치나 보며 살아가야 한다.

　가지 민주주의만으로는 사람 사는 세상이 가당치 않다. 뿌리의 질량을 혼화할 때 비로소 기초가 세워지는 법이다. 뿌리다운 것이 몸통다운 것이자 가지다운 것이라, 널리 인간 세계를 이롭게 하기 위해 이 땅에 들어선 것이 바로 문민정부다. 전반적으로 시대의 흐름에 부흥하지 못하자 국가제정이 극도로 어려워진 1998년 2월에 제15대 김대중(1924~2009) 대통령이 취임하면서 IMF 외환위기를 등에 업고 햇볕정책을 펼치기에 이르렀다. 같은 해인 1998년 현대

그룹 창조주 정주영(1915~2001) 회장은 6월과 10월 2차례에 걸쳐 1,001마리 소 떼를 몰고 방북하여 금강산 관광을 성사하였으며 그해 11월 뿌리의 염원을 안고 분단 50년 만에 첫 관광을 시작하였으나 안타깝게 10년 만인 2008년 7월 11일에 중단되었다. 2000년 6월 김대중 대통령이 평양을 방문, 6.15남북공동성명을 발표하였고, 2003년 6월 개성공단 착공식을 가진 지 1년 6개월이 되던 해인 2004년 12월에 드디어 남북합작으로 생산된 제품을 반출하기에 이르렀다. 햇볕정책의 결과라고 해야 할까. 화해무드로 뿌리에 통일이 다가오는 듯싶었으나 공산정권 독재정치 3대 세습 김정은(1984.1~)의 느닷없는 핵실험으로 가동 12년 만인 2016년 2월에 폐쇄하였다. 왜 하나같이 용두사미 결과를 보인 것일까. 지속적인 남북교류는 동서화합이 이루어 질 때만이 가능하다고 말했던 것처럼 먼저 영·호남 화합을 이루지 못하면 3·8이북과의 화합은 어렵다. 3·8이남이 하나 되는 법을 모르는데 어떻게 3·8이북과 하나 되어 살아갈 수 있을까. 혹여 복불복을 기대했던 것은 아닐까.

느닷없는 핵실험이란 공산주의 3·8이북은 민주주의 3·8이남 하기 나름에 따라 적대적이 되기고 하고 상호보완적인 관계가 되기도 한다는 의미가 담겨 있다. 물론, 부자세습의 독재체제 유지를 위해서라도 눈에 보이는 게 없어야 하겠지만 그렇다 치더라도 운용주체 3·8이남체제가 이로웠다면 사자짓을 해댔을까. 쌍방 간에 이로움과 아쉬움에 대한 분별이 명확히 서지 않는 상태라면 상대방 체제를 존중하며 상호보완적인 관계를 유지해야 한다. 남북통일은 동서화합을 이루는 데서부터 기인하는 사실을 모르는 것처럼 특히 서민들은 하나 되어 살아가기를 갈구하나 지도층에서 권력쟁

취의 도구로 이용하기에 화합이 어렵다고 말한다. 권좌에 오른 후에도 체제구축을 위해 상호비방과 선동질을 해대는 것이 가장 큰 문제라고 하면서 말이다. 게다가 지도부의 생각은 경제적으로 월등하다면 흡수통일 후에 화합이 가능하다고 생각하는 모양인데 물론 이기의 물질경제만으로도 여건은 충분하지만 결속의 대안을 마련하지 않으면 통일 후 대륙세력과 해양세력의 간섭으로 재차 나뉘어 귀속될지 모른다. 무엇보다 3·8이남은 운용주체로서 영·호남을 사리사욕의 도구로 사용하지 않는다면 활동주체인 3·8이북이 내민 손을 얼마든지 잡고 나갈 수 있다. 허나 체제유지용으로 이용하려는 한 지속적인 남북교류는 어렵다. 진정 남북이 하나 되고자 한다면 동서 지역감정부터 해소해야 한다.

화합의 조건은 영·호남 중에 1차 산업을 유지하고 있다면 활동주체요, 2차 산업으로 변화했다면 운용주체라, 3차 서비스 산업은 1·2차 화합에서 기인하므로 4차 산업 혁명을 목전에 둔 시점에 2차 산업이 1차 산업의 손을 잡지 못하자 3차 산업 시대에 들어 결국 쏠림만 심화되었다. 그리고 사이버 인공지능의 4차 산업은 혁명에 가까워 이로운 운용주체는 갑이요 아쉬운 활동주체는 을이라는 사실을 받아드리지 못하면 못할수록 힘의 논리가 득세하여 혼란만 가중된다. 서쪽의 가지는 1안의 활동주체요, 동쪽의 뿌리는 2안의 운용주체라는 사실에 입각해 동서(영·호남)화합의 질량을 추출해야 하는 쪽이 어디인지 이만하면 알 수 있지 않을까. 이는 곧 남북화합의 질량이자 대륙세력 공산과 해양세력 민주의 균형잡이 질량이 될 터, 대안 없이 부르짖는 통일은 한낱 구실에 불과할 따름이다. 고무적인 것은 정치권의 핵심세력에 낭만세대 베이비부머가 자리하였다는 것이다. 군림하고자 정관계가 영·호남을 통해 3·8이북을 이용하려 드는 한 몸통의 겁박에 주눅 들고, 가지의 엄포에 뱁새눈의 비루한 삶을 벗어나지 못한다는 사실을 누구보다 잘 아는 세대다. 그러니까 햇볕정책은 영·호남의 화합이 따라주지 못해 결국 실패할 수밖에 없었다는 것이다.

한편, 햇볕정책의 바통을 이어받은 제16대 노무현(1946~2009) 대통령(2003~2008)은 지역갈등 해소를 위해 화합의 전도사를 자처한 인권변호사로서 노동자 농민의 인권옹호와 권익신장을 위해 노력했었다. 그런데 재임 1년 만인 2004년 3월 12일 선거법 위반과 측근비리와 경제파탄의 책임을 물어 국내 헌정사상 처음으로 대통령 탄핵소추안이 발의되었고 2달 만인 5월 12일 기각되었다. 무엇 때문에 받아야 했던 표적이었을까.

민주주의를 위해서인가. 기각은 반드시 해야 할 일이 남아 있어 재차 기회를 준 것이라 이를 염두하고 국정을 운영해 나가야 했다. 2007년 10월 초에 북한을 방문하여 김정일(1942~2011) 국방위원장과 발표한 남북공동성명은 2000년 6.15 남북공동성명을 재확인하는 절차에 가까웠다. 퇴임 후 김해 고향에서 생활하다가 친인척 수뢰 혐의로 검찰의 수사를 받던 중 안타깝게 목숨을 끊었고, 생전의 뜻을 기리고자 사람 사는 세상 노무현 재단을 설립하였다. 양의 기운이 넘쳐나는 인연맞이 시대에 음의 기운이 부족하여 벌어진 사건이라는 점을 알고 설립한 것일까. 사람 사는 세상은 음의 기운을 부가해 나갈 때서나 가능한 일인데 말이다. 내가 만들어 나가는 업그레이드 시대의 상은 양이 음을 앙망함이라, 아쉬운 활동주체를 위한 이로운 운용주체의 나아갈 바를 강구해야 했으며, 이를 위해 영·호남의 내실을 다지기 위한 노력을 게을리 하지 말아야 했다.

한때 노무현 대통령은 스스로를 좌파 신자유주의자라 지칭하다가 웃음거리가 되었다고 한다. 무엇이 그리도 우스운지 원.

운용주체와 활동주체를 표방하는 보수(우파)와 진보(좌파) 이원화체제는 일원화체제를 위한 대표적인 적대보완적인 구도로서 너와 나의 공존은 상호조율로 차차 공유하게 된다는 것이다. 이로운 운용주체와 아쉬운 활동주체는 갑을(甲乙)관계이자 음양(陰陽)관계로서 상호합의는 인생방정식으로 풀어나가는데 과정에 있어 치우침의 농도에 따라 음음상극 혹은 양양상충으로 혼란을 야기한다. 아울러 상충의 징조는 외면에서 나타나고, 상극의 징후는 내면에서 기인하여 불의의 불상사는 파기를 예고하는 대표적인 표적이다. 두둑강점기와 동족상잔 6.25를 치르고 60여 년 동안 만백성의 뼈골로 쌓아올린 국격을 2016년 국정농단을 규탄하는 진보 촛불과 보수 태극기의 평화적인 맞불 집회에서 '계엄령을 선포하라', '군대 일어나라'는 것도 모자라 '빨갱이는 죽여도 된다'는 섬뜩한 피켓의 등장으로 떨어뜨리지 않았나 싶다. 왜 죽여도 되는 것일까. 내 뜻과 같지 않다고 배척하고, 내가 손해 보는 것 같다고 해서 무조건 죽여야 하는 세상이라면 모태신앙마저도 부정해야 하지 않겠는가. 받아 온 선천질량은 내가 만들어 나가는 후천질량의 토대인지라 다하지 못할 경우 어떠한 경로를 통해서든지 그에 따른 징조가 전후로 나타나게 된다. 참으로 안타까운 일은 힘의 논리가 신앙에 귀의한 이들로부터 되살아나고 있다는 점이다. 아이러니하게 쿠데타를 종요하는 이들의 태반이 신앙심 깊은 만백성이라는 점이다. 누가 부추겼겠는가.

⚫ 적대보완적 음양 관계

모태신앙과 모태이념의 다른 점이 무엇일까. 원하던 원하지 않던 따라야 하는 실정이라 함께하지 않는다고 배척이나 해대면 이미 치우쳐 분별이 어리석어진 상태다. 폄훼하여 치우침을 조장하는 이들이 사람처럼 살고 싶어 하는 이들에게 질타 받는 사실을 알아도 폄훼를 할까. 이기와 이타 행위는 처한 형편에 따라 달리해 나가기 마련이고, 상대적 행위는 이득 여하에 따라 취하기 마련이므로 나무랄 자격은 누구에게도 주어지지 않았기 때문에 실패와 어려움과 고통도 너로 인해 발생하지 않는다는 점이다. 의논을 통해 합의에 다가서려 한다거나 합의를 통해 화합을 이루었다면 조건은 하나 된 것이라 추락하더라도 함께하는 고통은 그만큼 반감된다. 분명한 사실은 하나 되지 못하는 책임은 수장에게 있지 함께하기 위해 따르는 이들에게 있지 않다는 것이다.

한편, 두둑강점기에 파생된 공산이념은 광복 후 민주이념과 대립하면서 3·8이북의 공산은 좌파로 불리기 시작하였다. 특히 동족상잔 6.25 때 이북을 빨갱이 공산주의 좌파집단이라 불렀으며, 1990년대 초까지 군부정치로 일관해 온 3·8이남은 자연스럽게 우파 민주주의 정부로서 이에 저항하는 세력을 좌익(좌파) 빨갱이라 몰아세우기에 이르렀다. 유의할 점은, 고인 물 체제가 3·8이북의 공산주의 좌파 체제이지 3·8이남의 진보 좌파를 가리키는 소리가 아니라는 것이다.

그렇다고 보수 우파가 흐르는 물 체제 민주주의 대변하고 있는 것도 아니다. 보수와 진보는 만백성의 옹호하는 정도에 따라 운용주체가 되기도 하고 활동주체가 되기도 하므로, 하나 되어 살아갈 수 있는 이념이 부재하면 자칫 줏대 없는 중도가 될 수도 있고 기득권을 챙기려드는 수구가 될 수도 있다. 그나마 수구세력은 극단적 이기주의 행태를 드러내 놓기라도 하지만 어정쩡한 중도세력은 이익에 따라 걸치는 양다리는 소신이 없음이라 누구에게도 이로움을 주지 못한다. 보수나 진보나 모두 사람 사는 세상을 위한 적대 보완적인 관계라 정의사회 구현은 정당을 흠집 내는 것에 있지 않다. 극단의 빨갱이 종북 놀음을 해대는 것에 있지도 않다. 쌍방 간의 장단점을 얼마나 알고 보완해 나가느냐에 따른 문제로서 어느 쪽으로도 치우치지 않고 중심이 바로 설 때 가능하다. 그렇다고 가치와 철학이 미진한 중도세력이 되어야 한다는 것도 아니다. 자칫 매너리즘에 빠진 수구세력만도 못할 경우가 있을 수 있으므로 너를 통해 나의 모순을 바르게 볼 수 있어야 한다는 것이다.

우선 바르다는 정과 착하다는 선과 치우쳤다는 사의 분별이 어려우면 모(矛)와 순(盾)의 분별조차 바로세우지 못한다는 점이다. 과연 바르다는 정은 무엇이고, 다르다는 선은 무엇이며, 치우쳤다는 사는 무엇일까. 이롭고, 아쉽고, 해로움의 차이로 유리알처럼 투명해지는 업그레이드 시대에 양의 기운 혹은 음의 기운만으로 가득 차면 치우쳤다 할 것이요, 음양이 화합을 이루면 바르다 할 것이며, 이도저도 아닌 행위에 놀아나면 다르다 할 것이다. 음과 양이 상대적인 것처럼 보수와 진보도 상대적이라 상호 균형을 잡아 나가지 못하면 치우친 사(邪)의 세력일 뿐, 바른 정(正)의 세력을 위해 화합의 질량을 마련해야 한다. 그것은 바로 아쉬운 자와 이로운 자를 분별해 내는 일이다.

양의 기운이 충천한 만큼 음의 기운이 충만해야 할 텐데, 방법이 있을까. 제17대 대통령(2008~2013)으로 취임한 이명박(1941.12~)의 경력은 참으로 화려하다. 1977년 36살의 나이로 현대건설 대표이사 사장에 오르더니 47살 되던 해인 1988년도에 현대건설 회장이 되었다. 이후 14·15대 국회의원을 역임하고, 2002년 7월에 제32대 서울특별시장(2002~2006)의 자리에 오르면서 청계천 복원사업을 2003년 7월 1일에 시작하여 2005년 10월 1일에 마무리하였다. 차오른 양의 기운을 음의 기운으로 채워 나가듯 대통령에 취임 해인 2008년 녹색 뉴딜을 내세워 4대강 사업을 12월에 착공하여 3년 4개월 만인 2012년 4월에 완공하였다. 기실 언제인지 모르게 물 부족국가라는 소리가 들려왔다. 그러더니 2003년 기준으로 세계 5위에 랭크되었다. 몸통·가지는 활동주체로서 양의 기운이다. 뿌리는 운용주체로서 음의 기운인지라 물이 부족한 만큼 몸통·가지는 고사위기에 처할 터, 하루속히 음의 기운 물을 흡수해야 한다. 또 물은 하늘에서 내리는 천기의 운동수단으로 심한 가뭄으로 역병이 돌기라도 하는 날에는 흉흉한 민심은 이루 말할 수 없을 것이라 하나로 아우를 특효약을 마련했다면 모를까 없다면 암담하다.

그리고 만약 이러한 일이 일어났다면 인재(人災)일까. 아니면 천재(天災)일까. 인재를 가장한 천재 앞에서 인간의 하찮은 과학으로는 어림없다. 자연재해(천재지변)는 하늘과 땅의 음양조화를 이루지 못해 일어나는 것처럼, 인간재해(부닥침)도 이로운 운용주체와 아쉬운 활동주체가 화합을 위한 합의를 이루지 못할 때 일어난다.

좀 더 깊숙이 적대보완적인 음양 관계를 인간생활에 비추어 보자. 물질은 이기의 도구로서 편리함을 가져다주지만 인간과 물리적 화합반응을 일으키지 못하면 파괴의 도구로 사용되었다. 반면, 아쉬운 자와 이로운 자를 만나게 해주는 방편이기도 하므로 만났다면 이로운 자가 아쉬운 자의 손을 잡고 나가야 한다. 여기에서 아쉬움을 크게 두 가지로 나누어 볼 수 있다. 첫 번째가 물질적인 아쉬움이고, 두 번째가 정신적인 아쉬움이다. 이에 따라 이로움의 존재도 물질과 정신으로 나뉘어 물질은 언제나 생각차원 이기적 본능에 따라 움직이고, 정신은 마음차원 이타의 분별에 의해 움직인다. 육신의 배고픔을 면해야 정신의 빈곤함을 운운하는 것처럼 물질의 아쉬움을 호소하면 1안의 활동주체요, 정신의 아쉬움을 호소하면 2안의 운용주체다. 살아가는 데 있어 이기적 물질은 타고난 선천의 근기에 맞게 주어지는 것이요, 이타적 정신은 내가 만들어 나가야 하는 후천의 차원이므로 언제나 물질은 아쉬운 양이고 이로움의 정신은 음이다. 그리하여 음기를 배제한 양의 물질과 물질은 양양이 상충을 일으키는 것이고, 양기를 배제한 음의 정신과 정신뿐이라면 음음이 상극을 일으킨다. 또 양과 음, 물질과 정신을 따로 분리하면 이기의 아쉬움과 이타의 이로움으로서 대자연의 순환의 법도는 선천적 양의 아쉬움이 후천적 음의 이로움을 찾아 나설 때부터 시작된다.

말하자면 음을 그리워하는 것이 양이고 또 음이 양과 화합할 때 생명이 태동하므로 모든 양의 기운 생명체는 지기(地氣)에서 생성한 육(肉)을 쓰고 살아가기에 천기(天氣)의 운송수단 음의 기운 물 없이는 번식할 수 없다.

70%의 물이 30%의 지판을 운영하여 만물을 소생시키듯, 70%의 혈액이 30%의 인육을 운영하여 육신이 살아 숨 쉬고, 물질로 육을 건사하여 만족을 느끼고, 정신으로 화합을 이루어 행복을 영위한다. 만족은 어린 시절이나 성인 시절이나 물질로 충족시켰고 어린

시절의 행복은 부모님으로부터, 성인 시절의 행복은 바로 내 앞의 인연으로부터 구가하는 것이다. 반드시 3:7 음양합의 0의 수가 드러난 21세 이후에 결혼해야 하는 것은 독립하여 행복의 복음자리 가정을 꾸릴 수 있기 때문이다. 특히 힘의 아버지와 지혜의 어머니의 화합의 장소이자 충전소로서 활동주체 아버지의 출세는 운용주체 어머니의 지혜를 더할 때 가도를 달리게 된다.

한편, 이명박 대통령이 시행했던 청계천 복원사업이나 4대강 사업이나, 활동주체 양의 물질에 운용주체 음의 정신을 부가해 나가는 민족의 사명까지 아울러 병행했다면 작금에 비선실세의 국정농단으로 총체적 난국을 맞이하지 않았다. 물질을 위시한 생각차원 가지의 지식에 의지한 결과가 마음차원 뿌리의 지혜에까지 다다르지 못해 안타깝게 행보가 물질에서 멈추고 말았다. 물과 인간은 불가분의 관계이듯, 물질과 인간도 불가분의 관계다. 그런데 지식의 문명세계를 지혜의 정신세계로 오인하는 통에 인간의 역사가 피로 물들었다. 몸통·가지의 역사가 모순의 역사처럼 뿌리의 역사도 모순의 역사다. 왜 이기와 모순으로 점철된 물질문명이 발전해 온 것일까. 안위를 위한 것에 있겠지만 정신질량을 구하기 위함이라 피로 물들인 대가를 치러야 했다는 것은 그만한 오류가 발생했다는 것이고, 상극상충을 극복하고자 끝내 컴퓨터라는 대혁신기기를 발명하기에 이르렀다. 컴퓨터는 그야말로 인류의 모순을 끌어 모으는 알라딘의 요술램프다. 필요할 때마다 요정 지니를 불러내면 될 터이니 말이다.

또 모순을 통해 발전하는 것이고 보면 바르다는 정도 치우쳤다는 사를 알 때 정립이 가능하므로 치우침의 극치 모순을 전 세계

곳곳에서 컴퓨터에 저장하고 있으니 유리알처럼 투명한 시대가 펼쳐지고 있다. 지금도 쉼 없이 치우친 사가 바르다는 정으로 둔갑하여 혼란을 야기하는 정황을 포착하여 저장하고 있다. 누군가는 과도기를 거론하지만 치우친 사가 무엇인지 모르는 시대에서 과연 치우친 사가 이렇고 저런 것이라고 정의할 수 있을까. 치우친 시대상이 정립되는 시기가 업그레이드 시대이므로 바르고 다르고 그른 시대상을 정립하는 시기이기도 하다. 흙탕물을 일으키는 불순물을 정화제 없이 자기 셈법대로 정화시킨 시대와 그 불순물을 통해 정화제를 만들어 정화시켜 나가는 시대와의 차이는 무얼까.

치우쳤다는 사가 바르다는 정을 위해 차곡차곡 저장되자 숨기거나 감추려 할수록 드러나게 되는 시대이자, 하나 되기 위해 사의 모순이 드러나는 나는 시대이고, 정의시대를 위해 바르다고 생각하는 일들을 추구해 나가는 시대다. 운용주체 갑과 활동주체 을의 소명이 뚜렷하게 나타나는 시대이며, 나만 잘해서도 안 되는 시대다. 양의 기운을 위해 음의 기운이 태동해야 하는 때라 미덥지 못한 자의 티끌만한 모순이라도 발생한다면 표적은 대자연의 일갈인지라 그 누구도 예외일 수 없다. 합의로 이루어지는 화합과 사랑으로 영위하게 되는 행복에는 어떠한 수식어가 붙어도 어색하지 않다. 그런데 뿌리에서 하나 되어 살아가겠다는 노래를 부른 지가 어언 30년이 되어 간다. 알고 있을까, 자유 민주주의를 넘어 정의를 외치는 업그레이드 시대상에 대해서 말이다. 환멸감을 느낀 사의 세상이기 때문에 정의 시대정신을 운위하지만 하나같이 물질문명에 갇혀 모순의 수레바퀴에 놀아나고 있다는 사실을 모른다.

설령 벗어났다 치더라도 자기모순의 덫에 걸려 본래 싸우고, 충돌하고, 부딪치는 와중에 성장하는 것이라고 자기최면을 건다. 어렵고, 힘들고, 고통스러운 과정을 넘어서야 성공하는 것이라고 하면서 말이다. 그런데 이 모든 과정을 거쳤는데도 불구하고 나이 들어 실패한다. 이도 과정일까. 그때는 미혹되지 않는다는 불혹의 나이 40을 넘어 하늘의 뜻을 안다는 지천명의 나이 50에 다다랐거나 훌쩍 뛰어넘었을지도 모른다. 무엇보다 하늘의 뜻을 안다는 지천명의 실패는 어지간해서 재기가 불가능하다.

한편, 2018년 평창 동계올림픽은 1988년 서울 하계올림픽 때처럼 손에 손잡고 하나 되기 위해 춤추며 노력해야 하는 시대를 넘어 하나 되어 사람처럼 살아가야 하는 시대여야 한다. 30년 전 여름에 벌인 축제는 뿌리의 가치를 알리고자 하는 것에 있었고, 30년 후 겨울에 벌이는 축제는 하나 되어 사람처럼 살아가는 모습을 보이기 위해 벌이는 것에 있다. 따라서 평창 동계올림픽은 인류구원 프로젝트, '이기의 인간에서 이타의 사람으로 승화하여 사람 사는 세상을 구현'하는 데 있음으로 대회성공을 경제적인 측면만 계산하면 혼란은 걷잡을 수 없이 번진다. 하계올림픽 이후 30년 동안 뿌리의 위상을 물질경제로 드러냈다면 정신경제로 드러내야 할 차례가 동계올림픽이라는 것이다. 뿌리·몸통·두둑으로 이어지는 동북아 삼국의 중심축은 뿌리다. 대륙몸통 공산세력과 해양가지 민주세력의 힘겨루기는 물질문명을 위한 싸움인 듯싶지만 이면은 화합의 정신질량을 뿌리에게 부추이고 있다. 왜 우리가 사는 이 땅이 이념과 감정의 대립의 장이 되어야 했는가를 생각해 보자.

해양 가지세력으로 치우치면 대륙 몸통세력이 발끈할 것이요,

대륙 몸통세력으로 치우치면 해양 가지세력이 발끈할 것이라, 몸통과 가지의 중심을 잡아 나가는 일은 3·8이남 뿌리 반도화합에 달린 문제다. 3·8이북은 활동주체라 3·8이남, 영·호남이 하나가 될 때 비로소 음의 기운 운용주체로서의 완전 변신을 꾀할 수 있기 때문이다. 가지와 몸통이 양(陽)이듯, 민주와 공산도 양이고, 물질문명까지도 양의 기운이다. 양양상충의 완충제는 뿌리 음(陰)의 기운에 있으므로 천기를 머금은 뿌리가 화합반응을 일으키지 못하면 끔찍한 19세기 대한제국 백이십여 년 전으로 퇴보할지도 모른다. 동북아 시대를 맞이하여 대륙몸통과 열도두둑에게 필요한 것은 반도뿌리의 정신질량이다. 천기의 질량으로 원기를 회복했다면 사랑으로 행복을 일구어 나가는 합의로 화합을 이루어 나가는 지기의 정신질량을 반드시 추출해야 한다.

한편 청계천 복원 공사와 4대강 공사가 1안의 물 공사에 멈추자 시대가 2안을 갈망한 나머지 뿌리 역사상 처음으로 제18대 대통령(2013.2~2017.3 탄핵)의 자리에 음의 기운 박근혜(1952.2~)가 앉았다. 뿌리는 음의 기운답게, 가지는 양의 기운답게, 음과 양의 순환을 담당한 몸통은 몸통답게, 또 뿌리가 뿌리답지 못하면, 몸통도 몸통답지 못하고, 가지도 가지답지 못할 터, 뿌리하기 나름이다. 음의 기운이 음의 기운으로서 도리를 다할 때 양의 기운도 양의 행위를 다하듯이 운용주체가 이로운 행위를 다할 때 활동주체도 그에 따른 행위를 다하게 되는 법이다. 활동주체 양의 기운 그것도 곁가지의 핵심 미국이 운용주체마냥 인류의 화합을 위한답시고 동분서주하지만 총칼로 윽박지르고 군림하는 판국이라 가지권은 몸가지역의 전쟁과 테러의 공포 속에서 살아가고 있다. 인류의 평화를 총칼로 이룰 수 있는 일일까. 정당방위를 운운하지만 부닥침은 그만한 이유가 있어 벌어지는 일인데 가지권에서 행사하는 민주주의가 만민을 위한 바르다는 정(正)의 법도라면 전쟁과 테러의 공포에 떨며 살아가지 않는다.

바르다는 정은 아쉬움과 이로움이 만나 쌍방 간에 덕 된 행위를 지향하므로 좌우 음양 관계가 조금이라도 치우치는 날에는 치우쳤다는 사의 행위에 대한 표적이 지체 없이 주어진다. 더구나 힘의 논리는 덕을 잊은 상태라 이롭다는 정의 행사를 바르게 할 수 없다. 즉, 힘의 활동주체가 지혜의 운용주체가 될 수 없다는 뜻으로, 음의 기운 운용주체가 양의 기운 활동주체로 살아간다면 다하지 못한 행위에 대한 표적을 반드시 받게 된다는 것이다. 경우에 따라 어느 정도 선까지는 할 수도 있겠지만 음이 양이 될 수 없듯, 지상의 만물이 천기의 운송수단 물이 될 수 없는 것처럼, 행위가 고착되면 상극상충으로 자멸한다. 2011년 7월 123차 IOC 총회에서 2018년 강원도 평창을 동계올림픽 개최지로 결정한 지 두 해 만에 여성 대통령이 자리하였다는 것은 참으로 고무적이다. 그런데 무얼 하기 위해 자리한 것일까.

☪ 변화의 물결

몸통의 무질서와 몸가지역의 전쟁 그리고 가지의 테러의 공포까지도 뿌리하기 나름이라, 뿌리답게 살아갈 즈음이 동북아가 하나 되어 살아갈 때이자 인류가 하나 될 때가 아닌가 싶다. 그런데 뿌리답게 사는 삶이란 무엇일까. 천기(물)를 머금었을 때 음의 기운 지혜는 운용주체로서의 기능을 다하게 되므로 뿌리다운 삶의 방도를 찾기 위하여 음의 기운의 대명사 여성 대통령이 자리하였다. 이보다 앞서 여성 정책을 종합적으로 기획·조정하는 여성가족부가 2001년 초에 창설되어 양성평등을 넘어 여성상위 시대를 지향하고 있다. 음의 기운의 여성은 운용주체인지라 양의 기운 활동주체 남성보다 기운이 월등히 우수한데도 불구하고 양성평등을 부르짖으며 활동주체가 되어가려 한다. 가능한 일일까. 스스로 고결한 운용주체의 가치를 격하시킨다는 사실을 모르면 원상복귀는 가능하지 않다. 더구나 음의 기운 운용주체 뿌리가 활동주체로 살아온 역사적 사실에 비추어 봐도 다를 바 하나 없이 전개되어 왔지 않은가. 그 옛날 음의 민족 뿌리의 영광을 되찾으려 한다면 운용주체로 발돋움해야 하는 것처럼 여성가족부는 거룩한 음의 기운을 되살리기 위한 노력을 게을리 하지 말아야 한다.

하나 된 일국시대 고려와 조선도 뿌리 본연의 삶을 되찾지 못해 사(死)의 대한제국을 통해 물갈이 일제강점기와 밭갈이 동족상잔 6.25를 치르고 다시 태어나야 했다. 그런데 상황은 되레 이국시대로 전개되어 나가고 있다. 무슨 소리냐면, 양성평등 넘어 여성 상위시대는 활동주체와 하나 되기 위한 운용주체 본연의 삶을 찾아가는 데에서부터 시작된다는 것이다. 몸통·가지 활동주체 민족의 여성들이야 활동의 주체로 살아가도 그에 따른 삶이라 차별은 있다하되 뿌리만큼 심하지는 않다. 하지만 뿌리민족 운용주체 여성들이 활동주체가 되어갈수록 격려보다는 비난의 수의가 높아진다. 누구한테, 운용주체 음의 기운을 간절히 바라는 뿌리민족 활동주체 양의 기운 남성들에게서 말이다. 받아 온 명(命)이야 당연히 가야 하는 길이겠지만 활동주체로 변신을 꾀하는 여성들 태반이 가정파괴의 덫에 걸린다. 생활고에 시달려 어쩔 수 없이 뛰어들어야 했겠지만 상대적으로 내조를 받지 못한 남편의 수입(활동반경)은 급격하게 떨어진다는 점을 감수해야 한다. 입신(立身)을 통한 양명(揚名)은 의논합의, 즉 음의 기운 아내의 내조에 힘입은 양의 기운 남편만이 달릴 수 있는 길이기 때문이라고 할까.

아울러 음의 기운 운용주체는 음의 기운에 걸맞은, 양의 기운 활동주체는 양의 기운에 걸맞은 행위의 대안을 마련하기 위해 각개 부처에 여성 장관도 하나둘 자리하기 시작하였다. 또한 양성평등을 넘어 여성상위 뿌리를 위한 길이자, 몸통을 위한 길이며, 가지를 위한 길이다. 지구촌의 운명은 작금의 뿌리 민족의 여성 대통령과 여성 장관들에 달려 있다 해도 과언이 아닌데 국정을 책임지는 최고통수권자 박근혜는 아버지 박정희 전 대통령 힘의 논리유신에 묻혀 살아온 과거에 머물러서는 안 될 일이다.

힘의 모순시대는 덕을 지향하는 정의시대를 위한 밑거름이다. 뿌리의 자원은 겉으로 드러나는 생각차원 지식의 물질에 있는 것이 아니라 드러나지 않는 마음차원 지혜의 정신에 묻어 있기에 지금까지 전개된 일련의 사태는 미래의 자원이다. 문제는 쓸 줄 아느냐 인데 여성 대통령과 여성가족부가 있지 않은가. 허나 국민행복시대를 위한 국민대통합 의제를 내세워 미래창조과학부를 신설하여 창조경제와 문화융성을 위해 노력했다고 강조하지만 양의 기운 활동주체 행위에 국한되었고, 양성평등을 위해 활동주체로 변신을 꾀하다가 비선실세 국정농단으로 탄핵 당하고 말았다. 뿌리의 창조경제는 물질문명을 업그레이드하는 것에 있지 않다. 정신차원 운용주체 본연의 삶을 살아갈 때 청년실업과 고용창출은 창출과 고용으로 분리되어 자연스럽게 해결된다.

풍요 속의 빈곤이 찾아든 뿌리, 양극화 현상으로 아쉬운 활동주체들이 외톨이가 되어 가는 마당에 이로운 운용주체의 개혁 없이 눈 가리고 아웅 하는 식의 고식지계(姑息之計) 정책으로는 절대 실업률을 해소하지 못한다. 30년 전부터 3차 서비스 산업의 개선안을 꾸준히 모색해 왔더라면 호주머니만 노리는 물질교류에 온 힘을 쏟을까. 그 대가로 에코부머 3세대에게 흙수저, 헬조선을 안겨주어야 했다. 서비스 산업은 물건을 팔고 돈을 벌기 위한 것에 있지 않다. 간판 걸고 맞이하는 자는 이로운 자요, 간판 보고 찾아가는 자는 아쉬운 자라 걸어 놓은 '간판을 통해' 만났다면 '하나 되어' 살아가기 위한 서비스 산업이 뒤를 받쳐야 하는데 오히려 고객을 호갱으로 만드는 문화가 자리했다. 삭막해지면서 쏠림의 심화는 당연지사, 여기에 알파고까지 대세이다 보니 4차 산업 변화의 물결에 편승하고자 하는 움직임들이 심상치 않다.

과연 3차 산업시대에 이룬 것이 무엇이 있을까. 합의를 통한 대화합의 시대, 사랑을 통해 만민이 행복을 영위해 나가는 시대여야 하건만 제 밥그릇만 챙기는 풍경 속에 국론이 분열되었다. 3차 산업의 기초를 다져 놓지 않고 4차 산업혁명을 일으킨다면 어떻게 될까. 지식 집약적인 시대는 물질만능주의가 기승을 부릴 터, 지혜를 잃고 살아가는 민족에게 돌아오는 것은 비겁한 속국밖에는 없을 것 같다. 천지인 육해공 상중하 등으로 나뉘어 운행되는 인간의 세상에서 4차 산업은 3차 산업의 연장선일 뿐 4차 산업이란 없다. 동물처럼 살아가겠다면 모를까.

인공지능, 로봇, 생명과학 등이 주도하는 차세대 산업혁명이라 말하지만 실상은 3차 산업에 불과한 곁가지다. 만물은 인간에 사람으로 승화되어 사람처럼 살아가기 위한 방편으로 만나서 하나 되어 살아가지 못하면 동물이 느끼는 만족이라면 모를까 행복은 가당치도 않다. 그리고 2018년 평창 동계올림픽이 뜻하는 바가 무엇인가를 생각해 보자. 운용주체 뿌리의 생기를 활동주체 몸통과 가지에게 북돋기 위한 것에 있다. 왜 북돋우려 하는 것인가. 운용주체 민족으로서의 화합을 위한 합의의 행위에 다가서기 위해서다. 따라서 성공적인 행사 개최를 위해 스포츠 방편에만 몰두하지 말아야 한다. 올림픽을 위해 세계인들이 대한민국 KOREA로 모이지 않았는가. 그렇다고 한다면 정작 무엇을 추구해야 할 것인가에 대해 고민해야 하지 않을까. 인연을 불러들였다면 물질문명을 자랑하기보다 사람답게 사는 정신문명을 보여야 한다.

한편, 1988년 전후로 뿌리에 양의 기운이 차오르는 시대였었고, 2018년 전후까지는 양의 기운이 꽉 찬 시대였으며, 2018년 이후부터는 양의 기운이 넘쳐나는 시대다. 시대정신은 차오른 양의 문명에 부가할 음의 정신을 염원하는 데 따른 문화융성이니 융복합이니 하는 말들이 나돌기 시작하였다. 그런데 아이러니하게 음음상극이 발생하고 말았다. 양양상충보다 고충이 배가 되는 현상으로 만백성은 그 어느 곳에 의지할 때 없는 참으로 어려운 시대를 맞이하여 살아가고 있다. 화합의 근본원리를 안다면 있을 수도 없는 일인데 그것도 양의 기운이 꽉 찬 시대에서 음음상극이라 참으로 말도 안 될 일이 벌어지고 말았다.

탄핵에 따른 보궐선거가 2017년 5월 9일 일명 장미대선을 통해 19대 대통령으로 문재인(1953~)이 당선되었다. 인권변호사로서 16대 노무현 대통령과 합동법률사무소를 설립하였으며 노무현 정부 대

통령비서실 민정수석을 역임하였고 18대 대선에 낙마하고 19대 대
선에 당선되어 최초로 대통령 인수의 과정 없이 업무를 곧바로 시
작한 정권이다. 정의로운 나라, 통합의 나라, 원칙과 상식이 통하는
나라를 만들겠다는 슬로건을 냈다. 대안을 마련한 것일까. 아쉬운
자가 내민 손을 이로운 자가 잡고 나가지 않으면 실행이 어려운 대
안인데 말이다. 역대 어느 대통령과 마찬가지로 초기에 화합을 강
조하고 협치를 강조했지만 여성 대통령도 결국에 너 따로 나 따로
놀아나다 말기에 레임덕의 표적을 받았다. 이유가 어디에 있는 것
일까. 화합은 합의를 통해 이루는 것이므로 나도 할 터이니 너도
해야 한다거나, 내가 잘할 터이니 너도 잘해야 한다는 식으로 강제
성을 떤다면 문제는 더욱 심각해진다. 오직 너에게 이로워야 내게
도 이로운 법이라 상호상생의 질량 '덕이 되고 득이 되는' 이로움
의 대안을 창출하는 일밖에는 없다.

특히 지금까지 때리니 맞았고 맞았으니 때리려 들 터, 활동주체
를 위한 운용주체의 대안을 마련하지 않으면 탄핵은 되풀이될 수
밖에 없고 국정운영을 전반적으로 지식차원의 물질문명에 의존한
다면 얼마나 버틸 지가 초미의 관심사가 되는 시대다. 부분의 지식
은 나를 위해 쓰이는 반면 전체의 지혜는 너를 위할 때 쓰이는 화
합의 질량이다. 그리고 창출 앞에 나눔은 방편에 지나지 않아 거기
에 머물면 멈추는 바라 업그레이드 시대에 진정한 화합은 창출에
있지 나눔에 있지 않다. 벌어드리는 데 있지 않고 쓰는 데 있다는
것이다. 창조가 물질생산의 지식에 국한된다면 뿌리의 청년 실업
률이 줄어들지 의문이다. 한류열풍으로 다문화 가정이 자리할 즈
음 귀농열풍이 전국을 강타하면서 축제문화가 자리하였다. 그럴만
한 분명한 이유가 있을 텐데, 인문학 열기까지 후끈 달아오르면서

정의로운 민주주의를 갈망하는 만백성은 촛불을 들고 마침내 길거리로 나서기에 이르렀다. 정의와 민주는 쌍방 간에 이로운 것이라는 사실을 알까.

수백만이 모인 현장은 시위라기보다 축제를 벌인다고 해야 할 것 같다. 세계가 주목하는 가운데 염원하는 군주민수(君舟民水)의 시대를 폭력 하나 없이 오직 촛불만으로 이루어냈으니 말이다.

이 얼마나 위대한 민족인가. 감히 어느 민족이 해낼 수 있으리라 생각하는가. 정치적으로 이용하려 들지만 않는다면 앞으로 뿌리보다 살기 좋은 나라는 없을 것이다. 촛불과 태극기 집회 양양(陽陽)의 기운을 규합할 대안을 마련한 후보만이 진정한 지도자로 우뚝 설 것이라는 소린데, 정의실현은 창조경제에 있는 것도, 나눔의 물질에 있는 것도 아니다. 창출의 정신화합에 있다는 사실을 알아야 한다. 건강한 숲에는 다양한 나무들이 서식하는 것처럼, 뿌리의 건강은 영·호남 화합을 필두로 다문화 가정의 안정화에서 비롯된다 해도 과언이 아니다. 이는 곧 메신저이기도 하므로 인종차별은 쏠림만 유발할 뿐 그 누구에게도 이롭지 않다. 단일민족의 유구한 역사는 30년 전 업그레이드 시대 전후로 희석되기 시작하였다. 그렇다고 해서 인류시원이자 천손의 고유의 종(種)까지 희석이 될까. 절대로 그렇지 않다. 어우러져 하나 되어 살아갈수록 추앙받는다.

뜻을 세운다는 입지(立志)의 나이 30세를 넘어서는 에코부머 3세대를 위해 육순(六旬)의 나이를 넘어버린 베이비부머 2세대가 해야 할 일이 무엇이 있을까를 생각해 보자. 천여 번 넘게 침탈당한 역사는 하나 되지 못해 써내려 가야만 했던 가슴 아픈 역사다. 탄핵과 보궐선거로 국내 정세가 불안한 틈을 타 한반도 위기설이 급부상하고 있다. 어디에선가는 자강론을 운운한다. 물질의 힘을 비축하자는 소린가. 아니면 화합의 정신을 뜻하는 말인가. 합의 넘어 화합이고, 사랑 넘어 행복이다. 자주국방이 실현될 때 삶의 질을 향상할 수 있는 것이겠지만 결국 총칼도 하나 되고자 들이대는 것이 아니겠는가. 생각의 지식과 힘 그 넘어 마음의 지혜와 상생의 이로움이 자리하고 있다. 활동주체 넘어 운용주체다. 힘의 활동주체를 위한 지혜의 운용주체의 대안을 마련하지 않는다면 자강론뿐만 아니라 그 어떠한 대책도 무의미할 따름이다.

대륙세력과 해양세력 사이에서 작은 반도가 해야 할 일은 '널리 인간 세계를 이롭게 하라'는 '홍익인간' 뿌리 고유의 정신을 되살리는 일이다. 실현 가능하기에 인류에게 주어진 희망이다.

에필로그

내 앞의 인연은 나 하기 나름이라는 표현을 줄곧 써 왔다. 작용 반작용의 법칙과 상대성 원리까지 거론하며 '인생방정식'에 대입해 보자는 말도 심심치 않았다. 무엇을 가려보자는 것이었을까. 물질은 선천질량 활동주체 양의 기운으로 컴퓨터가 보편화될 때까지 정신문명을 빙자하여 이기의 문명을 발전시켜 왔다. 정신은 후천질량 운용주체 음의 기운으로 활동주체 양의 기운 물질에 부가하여 행복한 인생을 누려보자는 것에 있다. 그리고 '작용반작용의 법칙'은 아이작 뉴턴(Isaac Newton, 1642~1727)의 물체의 운동을 다루는 세 개의 물리 법칙 중에 제3법칙이다. 제1법칙은 '관성의 법칙'이요, 제2법칙은 '가속도의 법칙'으로 갈릴레오 갈릴레이(Galileo Galilei, 1564~1642)가 실험으로 증명하였고, 뉴턴이 공식화했다. '상대성 이론'은 특수 상대성 이론과 일반 상대성 이론으로 나뉜 시간과 공간에 대한 물리 이론으로 1915년에 알버트 아인슈타인(Albert Einstein, 1879~1955)이 제창 발표하였다. 그 시기가 일제강점기 즈음으로 서양(가지)에서 비롯된 모든 물질문명은 업그레이드 시대를 맞이할 뿌리로 항해 중이었다.

선천적 육생질량은 눈에 보이는 물질로서 1안의 물질 인프라가 구축되어야 보이지 않는 2안의 정신 인프라에 주목하듯이, 육생질량을 담당한 서양의 법칙은 보이는 1안의 물질질량을 위한 것이고, 인생질량을 담당한 동양의 법도는 보이지 않는 2안의 정신질량을 위한 것에 있다. 마침내 일제강점기와 동족상잔 6.25를 치르고 한강의 기적을 일으키자 업그레이드(대화합) 시대가 찾아왔다. 육생(肉生)문화의 물질을 토대로 인생(人生)문화 정신을 쌓아나가지 못하면 심화되는 양극화는 지극히 당연한 현상이다. 더군다나 아쉬운 활동주체가 이로운 운용주체를 위해 살아온 시대가 선천의 물질문명 시대가 아닌가. 후천의 정신문명은 업그레이드 시대를 통하여 이루어야 하므로 앞으로 운용주체가 활동주체의 손을 잡고 나가지 못하면 좌절보다 더 무서운 실패의 고통에서 벗어나지 못하는 시대에서 살아갈지 모른다. 방도는 아쉬운 활동주체를 위한 이로운 운용주체 행위의 대안을 마련하는 일에 있다.

인간 상대성 원리와 작용반작용의 법칙 등이 '육생문화'에 기여했다면, 정신질량은 하나 되어 살아가는 '인생문화' 발전을 위한 요소다. 나를 위한 어린 시절을 통해 너를 위한 성인 시절을 맞이하듯이 나를 위한 육생(본능, 동물처럼)을 살아왔다면 너를 위한 인생(분별, 사람처럼)을 살아가야 한다. 어떻게 맞이하고, 어떻게 살아갈 것인가. 만남은 선천적 물질을 통해 이루어지고 하나 되어 살아가는 행위는 후천적 정신이 가미될 때 가능한 일이다. 상호상생은 정신이 부합된 후천 행위의 결과이고, 반쪽반생은 선천 행위 힘의 논리에 따른 결과인바 모든 행위는 작용반작용의 법칙 상대성 원리로 드러나게 되는데 이를 나 하기 나름에 달리 나타나는 인생방정식이라고 명명하였다.

먼저 주고 후에 받는 선순환 법은 상호상생(相互相生)으로 '덕 되게 사니 득이 되더라', '무덕하니 무익하더라', '해하니 독이 되더라'는 스스로 벌어지는 정의(正義) 순환법이라고 할까. 양양상충(陽陽相沖)은 육생의 지식에 양의 물질만을 부가한 결과요, 음음상극(陰陰相剋)은 음의 정신에 정신만을 부합한 결과다. 선천의 물질을 관장하는 이들이 활동주체요, 후천적 정신을 주관하는 이들이 운용주체다. 인생질량 행복은 양의 기운 선천질량을 관장하는 활동주체와 음의 기운 후천질량을 주관하는 운용주체가 하나 되어 살아가는 삶의 차원을 말한다.

이쯤에서 반도·대륙·열도로 이어지는 동북아 삼국의 실상을 바라보자. 반도의 남(南)으로는 해양세력 민주주의와 북(北)으로는 대륙세력의 공산주의가 대치하고 있어 좌우 중심을 잡아 나가야 하는 운용주체 위치다. 해양세력으로 치우치면 대륙세력이 발끈할 것이고, 대륙세력으로 치우치면 해양세력이 발끈할 것이라 해양과 대륙의 손을 함께 잡고 나갈 대안을 마련하지 못하면 통일이 가당할까. 방안은 영·호남의 화합에 있지 않나 싶다. 인연맞이 업그레이드 시대와 운용주체와 활동주체 그리고 동서양의 화합차원을 분별하기만 한다면 영·호남의 화합을 통해 남북통일에 한발 다가설 수 있으리라.

대륙의 공산이념과 해양의 민주이념을 혼화시킨다면 어느 쪽으로도 치우치지 않을 터, 가지·몸통을 위한 뿌리 고유의 삶 '널리 인간 세상을 이롭게 하라'는 홍익인간 이념을 고취시킨다면 어렵지 않은 일이다.

이로울 법 하니 찾아가고, 아쉬우니 찾아간다. 이롭지 않은데 찾아가고, 아쉽지 않은데 찾아가는 이가 있을까라는 소리와 다르지 않다. 언제나 이로워서 맞이하는 자가 운용주체요 아쉬워서 찾아 가는 자가 활동주체라는 소리다. 이 문제를 어떻게 해야 풀어 나갈 까. 사랑을 통해 행복을 영위하지 못한다면 내 가정은 물론 이웃과 사회와 조국을 위해 살아갈 방도가 없다. '운용주체'와 '활동주체' 는 부부지간이자 부모자식지간이며, 주종지간이자 사제지간이며, 이웃지간이자 지인지간이고, 군신지간이자 노사지간이다. 음양이 든 의논이든 합의하여 나가야 하는 것이 인생인지라 본디 내조는 부부지간에만 국한된 것이 아니다. 물은 삼라만상 음의 기운 운용 주체로서 만물 양의 기운 활동주체와 화합하는 법이 본래 자리하 였다. 개념이 단지 홀수, 짝수라는 천편일률적인 음양 법에 머물러 깨우치지 못했을 뿐이다. 인간으로 태어난 것은 사람처럼 살아가 기 위해서다. 그 방법을 알고 있을까. 지위고하를 막론하고 이래라 저래라 참견하는 행위가 누구를 위한 것인가를 생각해 보자.

너를 인정하지 않는 나를 너는 인정할까. 태반이 제 속 편키 위 한 행위를 해대고서는 너를 위한 일이었다고 말한다. 도와 달라 요 청했던가. 그런데도 나섰다면 자기 뜻대로 해보겠다는 것밖에 더 되겠는가 이 말이다. 운용주체가 눈치나 보며 제 속 편키 위한 행 위만 해대면 활동주체와의 화합은 어렵다. 지금 이순간도 행의 현 장에서 제 밥그릇 챙기기 혈안이라 곧잘 사회를 전쟁터로 비유하 곤 하는데 국제 사회는 더하면 더했지 덜하진 않는다. 나밖에 모른 다면 패배주의에서 벗어나지 못할 것이라 주관을 잃어버린 자가 눈치나 보며 살아가는 꼴과 다를 바 없다는 것이다. 그리고 작은 반도에서 살아간다고 약소국가일까. 커다란 땅덩어리에서 살아간 다고 강대국이냐는 것이다. 덕으로 살아가야 할 운용주체 민족이 힘으로 살아가는 활동주체 민족이 되려 할수록 힘을 앞세우는 활동주체 민족에게 겁박과 침탈을 당하게 된다. 왜 그런 것인가. 음의 기운이 부족할수록 양의 기운은 살기 위한 몸부림으로 상충을 친다는 데 있다.

물은 생명의 근원으로 돌연변이 사고(思考)를 일으키지 않는다. 공급을 받지 못한 만물이 일으킬 따름이다. 그 대신 책임 회피의 대가는 부패한다는 것에 있다.

저자소개

　1980년대 초 입대를 앞두고 우연히 들어간 암자에서 역서(易書) 몇 권을 훑어본 덕택에 선무당 짓을 해야 했었나보다. 속 빈 강정 채워보려 애썼지만 태반을 기억하지 못한다. 인연도 예외는 아니었다. 그러다가 불쑥 튀어나오는 말문으로 현혹시킨 모양인데, 역시나 사람을 잡는 것은 선무당이다.

　30세 즈음인가. 두어 평짜리 역술원 간판을 걸고 병원에 실려 갔었다. 무식한 게 용감한 것이라나 어쨌다나, 그 길로 나와 피 토하도록 술을 마셨다. 꼴에 역술원장이라 꿀리긴 싫었는지 온갖 잡서를 닥치는 대로 읽었다. 내용을 기억하지 못하는 점에선 별반 다르지 않다.

　잘나가는 이들만 찾는가 싶었던 어느 날 찾는 이들마다 형편이 어려워졌다는 소리가 들린다. 왜일까. 글문이나 영통으로 상대방의 앞날을 내다본다 하더라도 때가 되면 어쩔 수 없는 모양이다. 그러던 어느 날 60대 후반의 노파의 사연을 들었다. 막내 다섯째가 세 살 먹은 해에 남편은 죽고, 큰 아들은 서른 즈음에 돌연사 하였다. 둘째 아들은 뇌성마비에, 셋째 아들은 유치장을 제집 드나들듯이 한다 하고 넷째 아들은 집 나가 몇 해째 소식이 없다는 것이다. 그나마 막내를 의지하며 살아왔는데 척추를 다쳐 장애등급을 받았다는 것이었다. 소설을 쓰는 것일까.

1990년 기와 명상 열풍이 전국을 강타할 무렵 함석헌 사상을 접하면서 괴테와 쇼펜하우어를 알았다. 헤겔과 키르케고르와 니체를 알고 에리히 프롬을 통해 라마나 마하르시, 지두 크리슈나무르티, 오쇼 라즈니쉬 등을 접하였다. 새 천 년을 두어해 앞두고 동해바다와 마주한 태백산, 두타산, 청옥산을 쉽게 오갈 수 있는 곳에 터전을 마련하였고, 힐링과 웰빙 바람이 불 무렵 정선 움막으로 거처를 옮겼다. 그러다가 사제의 인연을 맺었다. 나름 난다 긴다는 산속인연들이 극구 만류했었다. 인간 스승을 두어서는 안 될 이가 두려운다면서 말이다. 정법을 논하는 분이시다. 입 닫고 눈으로 보고 귀로만 듣고 생활하던 어느 날이었다. 나가라고 한다. 2년 남짓했는데 쫓겨난 것이었다. 애제자의 항명소리가 들려왔다. 지체 없이 뛰었다. 대다수가 떠나버린 도량은 황량하기 그지없다. 3년이 채 되기도 전에 이상한 소리가 들려온다. 제 발로 걸어 나와야 할 차례인 모양이다.

이후 '뿌리민족의 혼' 시리즈 제1편 『업그레이드 시대 역사의 동선』, 제2편 『내조, 지혜의 어머니』, 제3편 『생활의 도, 자유인이 되기 위하여』를 출간하였다. 제4편 『일제강점기와 동족상잔 6.25』가 2017년 6월에 출간되었으며, 앞으로도 힘닿는 데까지 '뿌리민족의 혼' 시리즈를 꾸준히 써내려 갈 예정이다.